**Report**
# E-Learning in deutschen Unternehmen –
**Fallstudien, Konzepte, Implementierung**

Internet-Adresse:
www.symposion.de/elearning

Herausgegeben von
PHILIPP KÖLLINGER

Mit Beiträgen von
R. CHINA, A. DEML, L. FUHRMANN, S. HOFBAUER, W. JÄGER,
E. KLAS, P. KÖLLINGER, W. KRAEMER, P. SPRENGER, C. LA DOUS,
A. LINDNER-LANGE, J.-O. NOLL, J. VERING, U. WILKEN

D1683556

symposion

**Impressum**

*Herausgeber*
PHILIPP KÖLLINGER

*Projektentwicklung*
MARKUS KLIETMANN,
Symposion Publishing

*Lektorat*
MARKUS KLIETMANN

*Satz*
MARTINA THORENZ,
KAREN FLEMING,
Symposion Publishing

*Umschlaggestaltung*
meseDesign/MetaDesign

*Druck*
Akadémiai, Ungarn

ISBN 3-933814-81-2
1. Auflage 2002
© Symposion Publishing GmbH,
Düsseldorf
Printed in Hungary

*Internet-Adressen*
www.symposion.de/elearning

Redaktionelle Post bitte an
Symposion Publishing GmbH
Werdener Straße 4
40227 Düsseldorf

Die Deutsche Bibliothek – CIP-Einheitsaufnahme

Report
E-Learning in deutschen Unternehmen –
Fallstudien, Konzepte, Implementierung
Hrsg.: Philipp Köllinger
Düsseldorf: Symposion Publishing, 2002
ISBN 3-933814-81-2

Das Werk einschließlich seiner Teile ist urheberrechtlich geschützt. Jede Verwertung außerhalb der engen Grenzen des Urheberrechtsgesetzes ist ohne Zustimmung des Verlags unzulässig und strafbar. Das gilt insbesondere für Vervielfältigungen, Übersetzungen, Mikroverfilmungen und die Einspeicherung und Verarbeitung in elektronischen Systemen.

Alle in diesem Buch enthaltenen Angaben, Ergebnisse usw. wurden von den Autoren nach bestem Wissen erstellt. Sie erfolgen ohne jegliche Verpflichtung oder Garantie des Verlages. Er übernimmt deshalb keinerlei Verantwortung und Haftung für etwa vorhandene inhaltliche Unrichtigkeiten.

Die Wiedergabe von Gebrauchsnamen, Handelsnamen, Warenbezeichnungen usw. in diesem Werk berechtigt auch ohne besondere Kennzeichnung nicht zu der Annahme, dass solche Namen im Sinne der Warenzeichen- und Markenschutz-Gesetzgebung als frei zu betrachten wären und daher von jedermann benutzt werden dürften.

# Report
# E-Learning in deutschen Unternehmen –
## Fallstudien, Konzepte, Implementierung

www.symposion.de/elearning

Mit diesem Band...
...erhalten Sie einen umfassenden Überblick zum Thema E-Learning. Das Buch legt den Schwerpunkt auf eine praxisnahe Darstellung der Möglichkeiten und Grenzen von E-Learning. Zahlreiche Fallstudien illustrieren, wie deutsche Unternehmen E-Learning in die Abläufe ihrer Personalentwicklung integrieren. Dabei werden neben Technologien, Tools und Standards auch geeignete E-Learning-Strategien vorgestellt.

Die CD-Rom zum Buch »Wissensmanagement in deutschen Unternehmen – Studien und Fachbeiträge« bietet mit ihrem leistungsfähigen Index eine konfortable Volltextsuche.

Mehr Fachinformation zum Thema Personal finden Sie im Internet unter:
www.flexible-unternehmen.de

**Symposion Publishing...**
... ist ein Fachverlag für Management-Wissen. Das gesamte Verlagsprogramm steht auch über das Internet zur Verfügung – im Volltext. Der Leser bekommt hier per Mausklick Information in genau der Form, die er haben will: vom einzelnen Kapitel bis hin zum Individualbuch.

Wissen ist damit blitzschnell verfügbar – jederzeit, praktisch überall und zu einem attraktiven Preis, weil bei Herstellung und Vertrieb Kosten gespart werden. Liberale Nutzungsbedingungen geben dem Leser die Freiheit, die digitalen Fachinformationen mit anderen zu teilen.

www.symposion.de

## Report
# E-Learning in deutschen Unternehmen –
## Fallstudien, Konzepte, Implementierung

Autorenverzeichnis                                                                 7

### E-Learning für Unternehmen

**E-Learning –**
**vom Modethema zur Unternehmenspraxis**
Philipp Köllinger                                                                 13

**Die Basics –**
**Technologien, Tools und Standards**
Philipp Köllinger                                                                 37

### Fallstudien, Fehlschläge, Lernprozesse

**Web Based Training –**
**Fallstudie Infineon**
Armin Deml, Jan-Oliver Noll                                                       59

**Das virtuelle Trainingscenter –**
**Fallstudie Viterra Energy Services**
Ralf China, Uwe Wilken                                                            75

**Die Corporate University im Mittelstand –**
**Fallstudie KAESER**
Constanze la Dous, Sabine Hofbauer,
Annett Lindner-Lange                                                              95

## Strategien für die Praxis

**E-Learning –
Anwender, Kosten und die Frage: Make or Buy?**
Wolfgang Jäger                                                                 117

**Die Effizienz steigern –
der Return of Investment**
Juliane Vering                                                                 129

**Das integrierte Schulungskonzept –
I-Learning**
Leonie Fuhrmann, Erik Klas                                                     149

**Step by Step –
Von der Strategie zur Implementierung**
Wolfgang Kraemer, Peter Sprenger                                               175

# Autorenverzeichnis

RALF CHINA,
Dipl.-Oec., seit Januar 2000 Geschäftsführender der DLC – Distance Learning Consulting GmbH in Kassel. Jahrgang 1965. Berufsausbildung im öffentlichen Dienst, Führungskraft im Gesundheitswesen; Wirtschaftswissenschaftliches Studium an der Universität Kassel. Von 1993 bis 1995 Projektleiter der Forschungsgruppe Management + Marketing. Von 1995 bis 1999 Geschäftsführer der M+M Management + Marketing Consulting GmbH. Seit 1991 Beratungsprojekte mit Industrie und Dienstleistungsunternehmen. Schwerpunkte: Business Excellence, Personalentwicklung und Marketing.

ARMIN DEML,
wurde 1972 in Neumarkt in der Oberpfalz geboren. Er ist seit November 2000 in seiner Hauptaufgabe als Process Manager für den Strategieentwicklungs- und Planungsprozess von Infineon dafür verantwortlich, zusammen mit dem CEO als Process Sponsor und dem Leiter von Corporate Strategy als Process Owner, diesen zu optimieren und die weltweite Implementierung voranzutreiben. Parallel zu dieser Aufgabe obliegt ihm die Projektleitung für die Entwicklung des web based Trainings zum Thema »Geschäftprozessmanagement bei Infineon«.

Parallel zu seinem Studium zum Diplom Betriebswirt (FH) an der Fachhochschule in Nürnberg gründete er sein eigenes Unternehmen. Anschließend war er von 1997-1999 bei einem namhaften Beratungsunternehmen der Deutschen Bank als Management Consultant beschäftigt. Vor der Aufnahme seines Beschäftigungsverhältnisses bei der Infineon Technologies AG absolvierte er von 1999-2000 ein MBA Studium mit Studienaufenthalten in England, Frankreich und Deutschland.

LEONIE FUHRMANN,
Dr., ist seit November 2000 in der Zentralen Aus- und Fortbildung der Wirtschaftsprüfungsgesellschaft KPMG als Trainerin im Softskill Bereich und in der Personalentwicklung tätig. Neben dem Design und der Evaluation von Präsenzveranstaltung fungiert sie für das KPMG eigene Learning Management System als Curriculum Managerin. Nach Lehramtsstudium und Referendariat promovierte sie an der Universität Heidelberg und war zuvor mehrere

Jahre in der Erwachsenenbildung tätig.

SABINE HOFBAUER,
Autorin. Mitarbeiterin der KU seit März 2001. – Studium der Soziologie an der Universität Erlangen. Forschung und Lehre an der Fachhochschule Cottbus. Zusatzqualifikation Web-Design.

WOLFGANG JÄGER,
Prof. Dr., lehrt Personal- und Unternehmensführung und Medienmanagement am Fachbereich Medienwirtschaft der Fachhochschule Wiesbaden und ist Gesellschafter der Dr. Jäger Management-Beratung sowie Dr. Jäger Medienservice & Consulting, beide in Königstein i. Ts.

ERIK KLAS,
arbeitet seit März 1999 bei der KPMG Deutsche Treuhand Gesellschaft. Von Beginn seiner Tätigkeit an beschäftigte er sich mit der Konzeption und Planung des KPMG-internen Learning Management Systems »Virtual Campus« und begleitete dann den Projektprozess. Seit März 2001 ist er für dieses System als fachlicher Administrator, Redakteur und Projektleiter zuständig.
Herr Klas studierte an der Universität Potsdam Psychologie mit der Ausrichtung Pädagogik / Mediendidaktik. Während des Studiums war er Inhaber eines Internet – Unternehmens.

PHILIPP KÖLLINGER,
M. Sc. Econ. & Mgmt., ist Doktorand am Deutschen Institut für Wirtschaftsforschung (DIW Berlin). Für die Abteilung Informationsgesellschaft und Wettbewerb erforscht er die Diffusion und Auswirkungen von E-Business in Europa. Nach seinem Grundstudium in VWL an der Freien Universität in Berlin absolvierte er den internationalen Studiengang *Master's Program in Economics and Management* an der Berliner Humboldt-Universität. Er arbeitete als Unternehmensberater bei Accenture, als akademischer Tutor an der Humboldt-Universität sowie als Analyst für Berlecon Research. Bei Berlecon analysierte Herr Köllinger den E-Learning- sowie den Breitband-Internet-Markt in Deutschland. Seit März 2002 ist er am DIW Berlin tätig.

WOLFGANG KRAEMER,
Dipl. Wirtschaftsingenieur, promovierte 1992 am Institut für Wirtschaftsinformatik /Universität des Saarlandes und erhielt dafür den Forschungspreis für technische und

wirtschaftliche Kommunikationsforschung. Weitere Stationen: Bereichsleiter bei der IDS Prof. Scheer GmbH, Mitglied der Geschäftsleitung bei der ivl GmbH, Habilitand am Institut für Wirtschaftsinformation – beschäftigt mit der Konzeption und Realisierung von virtuellen Universitäten. Anfang 1997 Mitbegründer der imc GmbH. Als Vorstandssprecher verantwortlich für »eLearning Consulting«. Kraemer ist Mitglied des Schmalenbach Arbeitskreis »Online-Aus- und -Weiterbildung« und Leiter der Schmalenbach Arbeitsgruppe »Corporate Universities«.

PETER SPRENGER,
M.A. Germanist und Buchwissenschaftler, Studium an der Johannes Gutenberg Universität Mainz. Abschluss mit einer Arbeit über elektronische Publikationsformen und Lernprogramme für Literatur- und Geisteswissenschaften. Seit 1999 bei der imc, derzeit als Senior Consultant eLearning, Projekte u.a. DaimlerChrysler, E.ON, Bertelsmann. Schwerpunkte: Strategie, Konzeption und Implementierung von eLearning-Plattformen, insbesondere für Corporate Universities, Implementierung von Redaktionsstrategien, Learning Service Providing, Redaktionsmanagement, Change Management. Mehrere Buch- und Zeitschriften-Veröffentlichungen sowie Vorträge zum Thema eLearning und Corporate Universities. Weitere Stationen: Ausbildung zum Buchhändler und mehrjährige Tätigkeit als Abteilungsleiter EDV/Technik, Mitglied des Arbeitskreises Elektronisches Publizieren AKEP

CONSTANZE LA DOUS,
Dr., Autorin. Seit Februar 2000 »Dekanin« der KAESER University. - Studium der Physik und Astronomie in München, Promotion (Universität München) und Habilitation (Universität Tübingen) im Fach Astronomie. Forschung und Lehre an verschiedenen Universitäten und Forschungseinrichtungen in Italien, England, USA, Spanien und Deutschland. Zuletzt Leiterin der Sternwarte Sonneberg (Thüringen).

ANNETT LINDNER-LANGE,
Autorin. Mitarbeiterin der KU seit August 2000. – Staatlich geprüfte Betriebswirtin und IT-Systemkauffrau mit Spezialisierung auf Web-Design.

JAN-OLIVER NOLL,
wurde 1968 in Rosenheim geboren. Er studierte Betriebswirtschaftslehre an der Ludwig-Maximilians Universität in München. Danach begann er

1994 im Bereich Halbleiter der Siemens AG als Inhouse Consultant für Projekte im Rahmen der Initiative »top – time optimized processes«. Anschließend war er knapp 2 Jahre für Prozesse und kontinuierliche Verbesserung im Geschäftsgebiet Security & Chipcard ICs verantwortlich. Nach der rechtlichen Ausgliederung des Bereichs Halbleiter als Infineon Technologies AG übernahm er 1999 die Aufgabe, die Abteilung für Geschäftsprozessmanagement innerhalb der neuen Konzernzentrale aufzubauen. Er ist heute Leiter dieser Abteilung und verantwortlich für die Definition der Geschäftsprozesse bei Infineon sowie für das Geschäftsprozessmanagement.

JULIANE VERING,
M.A., ist seit 1991 bei KPMG in Stabstellenpositionen tätig. Seit 1996 leitet sie die interne Aus- und Fortbildung der KPMG Gruppe in Deutschland und beschäftigt sich seit zwei Jahren vornehmlich mit E-Learning Themen in Theorie und Praxis. Frau Vering hat Fachbeiträge veröffentlicht und Vorträge zum Thema gehalten. Nach Ihrem Studium der Literaturwissenschaften und Philosophie und einem Lehrauftrag an der George Washington University in Washington D.C., USA war sie mehrere Jahre selbständig in der Erwachsenenbildung und Personalentwicklung tätig.

UWE WILKEN,
Nach Abschluss eines betriebswirtschaftlichen Studiums (VWA) wirkte Uwe Wilken 12 Jahre lang als Betreuer und Referent im SAP-Umfeld. Anfang 2000 verlagerte er seinen Wirkungsbereich in das Training, weiterhin zunächst mit Schwerpunkt auf die betriebswirtschaftlichen Prozesse im SAP-Bereich. Parallel dazu übernahm Uwe Wilken die Projektleitung zur Einführung und Etablierung von E-Learning im Unternehmen. Unter dem Namen *e-viva* finden mittlerweile 11 SAP-Kurse, ein weiteres Software- und ein Hardware-Training in der virtuellen Lernwelt statt.

# E-Learning für Unternehmen

**E-Learning –
vom Modethema zur Unternehmenspraxis**
Philipp Köllinger

**Die Basics –
Technologien, Tools und Standards**
Philipp Köllinger

# E-Learning – vom Modethema zur Unternehmenspraxis

John Chambers, CEO des Netzwerk-Ausrüsters Cisco, beschrieb 1999 in einem viel zitierten Interview in der New York Times ein rosiges E-Learning-Zukunftsszenario: »The next big killer application for the Internet is going to be education. Education over the Internet is going to be so big it is going to make e-mail usage look like a rounding error in terms of the Internet capacity it will consume« [1]
Seit dem ist einige Zeit vergangen, und viele Träume der »New Economy« sind genau so schnell verflogen, wie sie gekommen waren. Wie sieht es aus beim E-Learning? Ist etwas dran am Lernen mit Hilfe von Internet-Technologien, oder ist hier auch der Hype größer als der Nutzen?

PHILIPP KÖLLINGER

Mit diesem Buch wollen wir versuchen, die wirklichen Potentiale von E-Learning im Unternehmen aufzuzeigen. E-Learning ist mittlerweile nicht mehr nur blumige Zukunftsvision und Modewort für Hightech-Kolumnen. E-Learning hat sich als Instrument der betrieblichen Aus- und Weiterbildung etabliert und zahlreiche deutsche Unternehmen können über erste Projekterfahrungen berichten. Die technischen Grundlagen bestehen. Eine Vielzahl von E-Learning Technologie-Anbietern verkaufen ihren Kunden leistungsfähige, robuste und ausgereifte Produkte. Und auch die Didaktiker und Ausbildungsanbieter haben sich mit dem neuen Medium vertraut gemacht und setzen E-Learning in die Praxis um.

E-Learning verspricht den Unternehmen einen Lösungsansatz für zwei drängende Probleme: Einerseits führt der Innovationsdruck und die Schnelllebigkeit des Wirtschaftslebens zu einem wachsenden Bedarf an kontinuierlicher Mitarbeiterschulung. Lernen und fortlaufendes Training haben sich als wichtige Elemente der Personalpolitik vieler Unternehmen fest etabliert. Andererseits zwingt der Wettbewerb aber auch zur sparsamen Verwendung betriebsinterner Ressourcen: Die Aus- und Weiterbildung der Mitarbeiter ist zwar gewünscht, soll jedoch möglichst wenig Zeit und Geld kosten.

**Aufbau des Buches**

In diesem Buch wollen wir dem Leser vermitteln, welchen Beitrag E-Learning zur Bewältigung dieser Herausforderungen leisten kann. Dabei geht es nicht um sonnige Zukunftsszenarien, sondern eine klar nachvollziehbare Darstellung dessen, was bereits in der Praxis umgesetzt wird. E-Learning soll den Mitarbeitern Wissen für die Unternehmenspraxis bereitstellen. Mit diesem Buch wollen wir für die Unternehmenspraxis Wissen über E-Learning vermitteln – prägnant und komprimiert. Die Beiträge wurden von erfahrenen Experten aus verschiedenen Industriezweigen geschrieben. Die einzelnen Kapitel des Buches bauen thematisch aufeinander auf. Die klare Gliederung in Grundlagen, Fallstudien, Strategie und Implementierung erlaubt es dem Leser aber, direkt zu den Beiträgen zu springen, die den höchsten Mehrwert für seine persönlichen Anforderungen versprechen.

Die ersten beiden Kapiteln widmen sich den Grundlagen des E-Learning. Der Leser erhält eine Einführung in die wichtigsten Fachbegriffe, die Eigenschaften und technischen Rahmenbedingungen. Die darauf folgenden Kapitel drei bis fünf sind Fallstudien aus der Unternehmenspraxis. Hier berichten die Entscheidungsträger aus deutschen Unternehmen von ihren E-Learning-Projekten und den Erfahrungen, die sie gesammelt haben.

In den Kapiteln sechs bis acht geht es um die strategischen Aspekte des E-Learning. Im Blickfeld stehen hier die Make-or-Buy

Entscheidung die finanziellen Dimensionen eines E-Learning-Projektes. Hier erfährt der Leser auch, wie sich der Return-of-Investment eines E-Learning-Projekts bestimmen lässt. Im achten Kapitel wird E-Learning dann auch aus einer umfassenderen Perspektive betrachtet und als Bestandteil einer ganzheitlichen, idealtypischen Human-Resource-Strategie diskutiert.

Den Abschluss des Buches bildet das neunte Kapitel, das ganz im Zeichen der realen Umsetzung und Implementierung von E-Learning im Unternehmen steht. Die Autoren zeigen auf, mit welchen Schritten und Entscheidungen man systematisch von der Idee zur erfolgreichen E-Learning-Praxis gelangt.

## Begriffliche Abgrenzung

Obwohl der Begriff E-Learning schon seit längerer Zeit in Publikationen und Vorträgen diskutiert wird, hält sich eine hartnäckige Verwirrung über dessen Bedeutung. Immer wieder wird das »E« in »E-Learning« als Abkürzung für »elektronisch« missverstanden. Dann würden jedoch alle elektronischen Formen der Distribution von Lernmaterial als E-Learning bezeichnet werden, inklusive CD-ROM's, Fernsehen, Radio oder Videokassette. Darum geht es jedoch nicht beim E-Learning. Gegenüber den traditionellen elektronischen Medien stellt E-Learning eine neue Generation dar. E-Learning bezeichnet die Nutzung Internet-basierter Technologien zur Vermittlung von klar definierten Lerninhalten. E-Learning ist
⇨ netzbasierte Aus- und Weiterbildung;
⇨ lauffähig über Internet, Intranet oder Extranet und kann mit einem üblichen Web-Browser wiedergegeben werden.

Im Spektrum der betrieblichen Aus- und Weiterbildung stellt E-Learning also eine neue Ausprägung medienbasierter Schulungen dar.
Abbildung 1 zeigt, das in der Aus- und Weiterbildung grundsätzlich unterschieden werden muss, ob Trainings in Anwesenheit eines

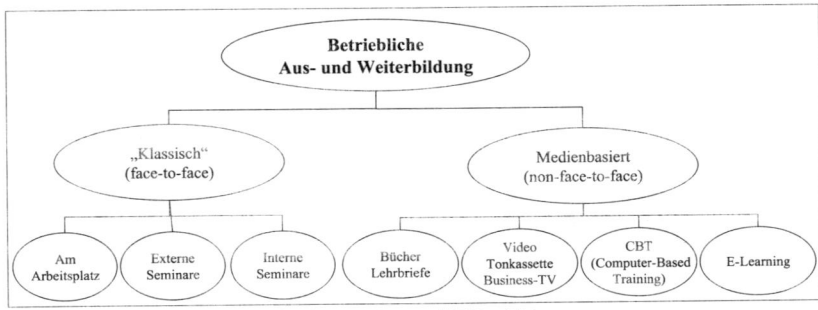

Abb. 1: *»Klassische« versus medienbasierte Aus- und Weiterbildung*

Kursleiters erfolgen, oder aber ohne physische Anwesenheit eines Kursleiters am Arbeitsplatz oder anderswo selbständig absolviert werden können. Die hier dargestellten Alternativen der Aus- und Weiterbildung stellen nur teilweise wirkliche Substitute dar. In den wenigsten Fällen wird eine Firma vollständig auf nur eine dieser Alternativen setzen. Vielfach ist es der Mix verschiedener Formen, der das gewünschte Ergebnis bringt.

Um noch einmal den Unterschied zwischen CBT's (Computer-Based-Trainings) und E-Learning zu verdeutlichen: CBT's sind reine Einzelplatz-Lösungen, die nicht mit dem Firmennetz oder anderen Computern verbunden sind. Häufig werden CBT's auf CD-ROM's ausgeliefert, die auf dem Computer des Anwenders eine eigene Benutzeroberfläche installieren und benutzen.

E-Learning findet zwar auch hauptsächlich am Computer statt (da der Computer das wichtigste Zugangsgerät zum Internet darstellt). Die Lerninhalte kommen hier jedoch über das Netzwerk auf den Bildschirm des Nutzers. Die Inhalte sind zentral auf einem Server abgelegt und werden von dort durch die angeschlossenen Clients aufgerufen. Anstelle also ein Lernprogramm hunderte oder tausende mal auf einen statischen Datenträger zu legen, der obsolet wird, sobald sich der Lerninhalt ändert, sind beim E-Learning die Inhalte nur einmal abgelegt. Auf den Server können dann viele verschiedene

Nutzer von unterschiedlichsten Aufenthaltsorten aus zugreifen. Zudem können die Nutzer vernetzt werden und miteinander kommunizieren. Die Pflege und Updates der Lerninhalte wird somit entscheidend vereinfacht und beschleunigt. Außerdem können die Nutzerdaten zentral gepflegt werden, was eine Einbindung eines E-Learning-Systems in die restliche Software-Infrastruktur einer Firma ermöglicht.

E-Learning vs. Knowledge Management

Eine weitere begriffliche Verwirrung besteht hinsichtlich E-Learning und Knowledge Management. Im Sprachgebrauch und in der allgemeinen Diskussion werden die beiden Begriffe häufig gleich gesetzt, oder man behauptet zumindest, es gäbe keine gravierenden Unter-

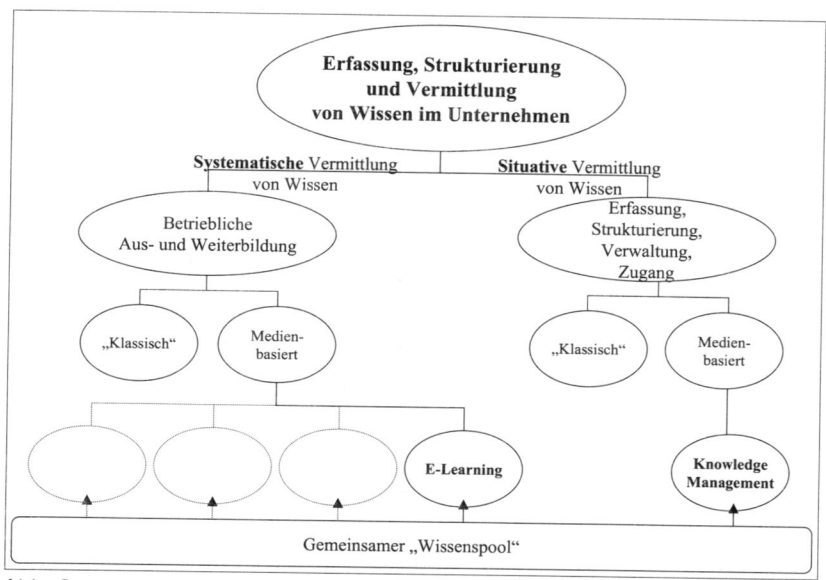

Abb. 2: *Erfassung, Strukturierung und Vermittlung von Wissen im Unternehmen*

schiede. Dabei haben beide Konzepte unterschiedliche Ansatzpunkte, wie Abbildung 2 zeigt.

E-Learning ist ein Teilbereich der Aus- und Weiterbildung: Klar definierte Lernziele sollen erreicht werden, um dem Teilnehmer systematisch eine bestimmte Kompetenz oder ein bestimmtes Wissen nachhaltig zu vermitteln.

Knowledge Management hat zum Ziel, das Wissen des Unternehmens zu erfassen, zu strukturieren und den Mitarbeitern leicht zugänglich zu machen. Knowledge Management hat also eher eine Informations-, als eine Ausbildungsfunktion. Während E-Learning seine Alternativen im »klassischen« Bereich in Präsenzseminaren und Lehrbüchern hat, sind die Alternativen zum Knowledge Management eher in Bibliotheken, Nachschlagewerken, Verzeichnissen und dem »sich umhören« unter Kollegen zu sehen.

Dabei weist Knowledge Management durchaus eine gewisse Lernkomponente auf: Es ermöglicht Mitarbeitern, anlassbezogen einfach und schnell Zugang zu bestimmten Informationen zu bekommen. Und häufig sind anlassbezogene Informationen wichtige Komponenten eines Lernprozesses. Informationen, Training und Lernen sollten jedoch nicht verwechselt werden – sie sind keine Synonyme.

Lernen ist ein persönlicher Prozess, Informationen in Wissen zu verwandeln. Wissen, das uns z.B. dazu befähigt, Probleme oder Situationen zu bewältigen, an denen wir zuvor gescheitert wären. Lernen geht über die Begriffe Training und Information hinaus.

Informationen allein reichen zum Lernen nicht aus. Nachlesen heißt noch nicht verstehen, geschweige denn merken und danach handeln. Erst zahlreiche Wiederholungen und Anwendungen in der Praxis führen in der Regel zu den gewünschten Verhaltensänderungen.

Aber auch Training, Aus- und Fortbildung sind noch nicht gleichzusetzen mit Lernen: Training, Aus- und Fortbildungsmaßnahmen sind zwar zielgerichtete Prozesse, um Lernen zu ermöglichen und anzuregen. Es gibt jedoch verschiedene Lernstile, und letztlich hängt der Lernerfolg auch von den persönlichen Neigungen und externen Umständen der Zielgruppe ab. Oftmals ergeben sich Momente, in denen situativ gelernt wird und gelernt werden muss. Vielfach ergibt sich in einer realen Lebenssituation ein Lerneffekt, wenn die richtige Information zur richtigen Zeit beim richtigen Menschen landet. Nicht für alle Situationen des Lebens kann man Trainings entwerfen.

E-Learning und Knowledge Management können also als die zwei Seiten ein und derselben Münze angesehen werden: Sie sollen den Mitarbeitern das Lernen ermöglichen. Jedoch tun sie dies mit unterschiedlichen Mitteln. E-Learning bietet den Mitarbeitern strukturierte Kurse mit klaren Lernzielen. Knowledge Management stellt den Mitarbeiter das Know-How der Firma situativ als Informationshappen zur Verfügung.

Im Unternehmens-Kontext ist Lernen ein Mittel zum Zweck. Generell geht es darum, die Leistungsfähigkeit der Mitarbeiter zu verbessern, was zu verschiedenen, für uns wertvollen Ergebnissen führen kann und soll: Bessere Produkte und Dienstleistungen, niedrigere Kosten, zufriedenere Kunden und eine bessere Positionierung im strategischen Wettbewerbumfeld.

E-Learning und Knowledge Management sind wichtige Werkzeuge, um diesen Zielen näher zu kommen – sie sind jedoch nicht das selbe.

## Stärken und Schwächen

E-Learning zeichnet sich, wie alle anderen Lernformen auch, durch eine Reihe von typischen Stärken und Schwächen aus, auf die in diesem Abschnitt genauer eingegangen werden soll. Aus diesen Stärken und Schwächen können dann Schlussfolgerungen auf sinnvolle Anwendungs- und Einsatzszenarien gezogen werden.

Einige dieser Stärken und Schwächen sind system-immanent, d.h. sie sind mit dem Begriff des E-Learning, so wie wir ihn dargestellt und abgegrenzt haben, fest verbunden. Andere Stärken und Schwächen von E-Learning, die wir heute feststellen können, sind hingegen nur Ausdruck des derzeitigen Entwicklungsstandes des E-Learning und können durch Weiterentwicklungen überholt werden. Beginnen wir mit den system-immanenten Eigenschaften des E-Learning:

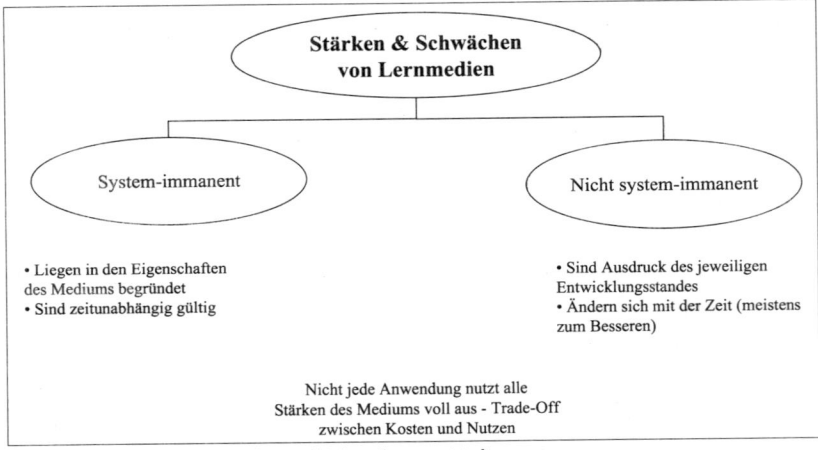

Abb. 3: *Systematik der Stärken und Schwächen von Medien*

Internet-basierte Lernumgebungen erlauben es, die benötigten Lerninhalte der richtigen Zielgruppe zur richtigen Zeit zur Verfügung zu stellen. Etwas allgemeiner ausgedrückt nutzt E-Learning die grundsätzlichen Vorteile des Internet (anyone, anytime, anywhere) als Kommunikationsmedium. Die Ausbildungsinhalte werden typischerweise zentral erstellt und verwaltet, können aber über das Internet global und jederzeit zur Verfügung gestellt werden. Ist ein E-Learning-Kurs also erst einmal programmiert, kann er schnell, kostengünstig und in konsistenter Qualität überall genutzt werden.

Die Distributionskosten für jeden zusätzlichen Nutzer sind verschwindend gering, wenn wir davon ausgehen, dass die technische Infrastruktur bereits besteht und der Kurs ohne den Einsatz von Kursleitern oder Online-Tutoren konzipiert wurde. In dieser rein EDV-gestützten Form des E-Learning, die auch als asynchrones E-Learning bezeichnet wird, liegen hohe Kosteneinsparpotentiale. Je mehr Nutzer man mit einem asynchronen E-Learning-Kurs erreicht, desto höher werden die möglichen Kostenersparnisse gegenüber traditionellen Trainingsformen. Zusätzlich zu den Skaleneffekten, die sich daraus ergeben, dass ein E-Learning-Kurs beliebig oft genutzt werden kann, eliminiert E-Learning die Umstände und Kosten die damit verbunden sind, Lehrer und Schüler zu einer bestimmten Zeit an einem bestimmten Ort zusammenzuführen: In vielen Firmen entfallen etwa 50-70% ihres Trainingsbudgets auf sekundäre Ausgaben, wie z.B. Reise-, Unterbringungs- und Seminarstättenkosten.

Zudem gewinnt der Nutzer an Flexibilität. Anstelle eine festgeschriebene Zeit am Stück für andere Tätigkeiten überhaupt nicht zur Verfügung zu stehen, erlauben es E-Learning Systeme, Lerninhalte über einen Zeitraum zu verteilen und ihn flexibel zu nutzen. Arbeitnehmer fallen dadurch z.B. nicht mehr für ganze Tage aus, und Privatanwender können parallel zu anderen täglichen Geschäften ihre Aus- und Fortbildung vorantreiben. Dadurch entfallen signifikante Opportunitätskosten.

Durch die zentrale Verwaltung von E-Learning Kursen ergeben sich Konsistenz- und Aktualitätsvorteile der Lerninhalte. Bei Präsenzveranstaltungen hängen die vermittelten Lerninhalte z.B. zu einem großen Teil von den Kursleitern, deren Interessen, Wissensstand und Lehrmethode ab. Außerdem entstehen bei Präsenzveranstaltungen immer zeitliche Verzögerungen dadurch, dass erst einmal die Kursleiter selbst das neue Wissen erlernen müssen, um es dann weitergeben zu können. Dann müssen die Veranstaltungen konzipiert und geplant werden – all das kann zu großen Verzögerungen in der Distribution von unternehmenskritischem Wissen führen.

Im Vergleich zu anderen medien-basierten Schulungsformen wie Print oder CD-ROM zeichnet sich E-Learning dadurch aus, dass durch eine Aktualisierung der Inhalte keinerlei neue Distributionskosten entstehen. Ändern sich die Schulungsinhalte häufig, kommen statische Lernmedien schnell an ihre ökonomischen Grenzen. Sie müssen neu entworfen, vervielfältigt und verschickt werden – dies kann gerade bei größeren Mengen schnell zu hohen Kosten führen. Zudem ist die Transparenz für den Nutzer eingeschränkt – welche Version des CD-ROM Kurses oder des Prozess-Handbuchs ist denn nun die aktuellste? E-Learning ist also eine interessante Alternative, wenn vor allem Schnelligkeit, Aktualität und Konsistenz von Lerninhalten gefordert sind.

Aus didaktischer Sicht bietet E-Learning ebenfalls einige interessante Eigenschaften. Auch wenn viele der verfügbaren web-basierten Kurse nicht viel mehr sind als in HTML generiertes Textmaterial, was statt vom Papier vom Bildschirm gelesen wird, bietet E-Learning grundsätzlich die Möglichkeit, den Lernenden durch eine Vielzahl von medialen Reizen (Text, Bilder, Video, Audio, Simulationen etc.) anzusprechen. Durch Interaktion und die Integration von Simulationen kann eine sehr intensive »learning by doing«-Umgebung geschaffen werden. Die Nutzer können mit ihrem eigenen Tempo die Lehreinheiten abarbeiten, Lehrinhalte können an die individuellen Bedürfnisse des Nutzers angepasst werden, und stehen jederzeit – auch zur Wiederholung – zur Verfügung. Durch die höhere Interaktivität und Kontrolle, die der Lernende bei ausgereiften E-Learning Lösungen hat, entsteht das Potential für eine steilere Lernkurve mit besserem langfristigem Lernerfolg.

Eine weitere Stärke von E-Learning besteht darin, das benutzerzentrierte Lernumgebungen entworfen werden können. Die

Lerninhalte werden an den Bedürfnissen und Ansprüchen des Nutzers ausgerichtet, und nicht an den Fähigkeiten des Dozenten. Der Dozent, wenn es denn einen gibt, wandelt seine Rolle vom »Weisen auf der Bühne« zum »Helfer an der Seite«. E-Learning kann daher in größerer Eigenverantwortung und einer reichhaltigeren, dynamischeren, auf die Bedürfnisse des Nutzers abgestimmten Lernumgebung resultieren. E-Learning-Kurse lassen sich an den Nutzer anpassen. Indem das Leistungsniveau und die Lernziele des Nutzers analysiert werden, wird es möglich, persönliche Lernprogramme zusammenzustellen. Basis dafür sind voneinander unabhängige, wiederverwertbare Lernmodule, die zu ganzen Lehr- oder Studiengängen kombiniert werden können. Die Aufgaben der Erfolgskontrollen werden den Lerninhalten ebenfalls angepasst. Der Nutzer lernt also nur das, was er wirklich benötigt. Nicht mehr, aber auch nicht weniger.

Gute E-Learning Lösungen bieten zudem hervorragende Möglichkeiten zur Interaktion der Nutzer untereinander. Elektronische Kommunikationsmedien können helfen, die Zusammenarbeit und Verständigung der Kursteilnehmer untereinander zu verbessern. Chats, E-Mail, schwarze Bretter, Fallstudien, Rollenspiele, Simulationen, persönliche Online-Tutoren sowie Diskussions- und Projektgruppen können eine interaktive Online-Lernumgebung schaffen. E-Learning Lösungen, die von diesen Möglichkeiten Gebrauch machen, können stimulierender sein und zu mehr kritischem Denken anregen, als große Lehrveranstaltungen in überfüllten Räumen.

Online Kurse sind darüber hinaus weniger einschüchternd als Lehrveranstaltungen in klassischen Umgebungen. Die Teilnehmer bewegen sich in einem risikofreien Umfeld, in dem Fehler und Experimente toleriert werden. Ein gutes Lernprogramm zeigt dem Teilnehmer die Konsequenzen seines Handelns und wo und warum Fehler aufgetreten sind. Nachdem ein Fehler begangen wurde, nehmen die Teilnehmer einen neuen Anlauf und probieren es erneut.

Diese Art des Lernens eliminiert das peinliche Gefühl, vor einer größeren Gruppe zu versagen.

All dies sind system-immanente Stärken und Potentiale von E-Learning. Jedoch muß darauf hingewiesen werden, dass sich die Entwicklung des E-Learning erst an ihrem Anfang befindet und viele der heute verfügbaren E-Learning Kurse nicht einmal annähernd alle positiven Potentiale ausnutzen. Außerdem ist zu bedenken, dass der gewünschten didaktischen Qualität eines E-Learning-Kurses auch immer ökonomische Budgetbeschränkungen entgegenstehen. So sind z.B. der Grad der Multimedialität eines Online-Kurses oder der Einsatz von Online-Tutoren große Kostentreiber. Es gilt also auch beim E-Learning: Alles hat seinen Preis. Dies ist sicherlich auch ein Hauptgrund dafür, das viele der heute verfügbaren Kurse nicht viel mehr sind als verlinkte HTML Texte, gespickt mit ein paar Grafiken und Multiple Choice Tests. Der didaktische Nutzen derartiger Produkte darf natürlich kritisch hinterfragt werden. Womit wir bei den system-immanenten Schwächen des E-Learning sind:

E-Learning ist ein Lernmedium, welches stark auf die selbstgesteuerte Nutzung durch den Rezipienten setzt. Anders als beim klassischen Präsenztraining sitzt der E-Learner in der Regel allein vor einem Rechner, und muss mit der technischen Umgebung, den Lerninhalten und seiner persönlichen Motivation allein klar kommen. Sollen auf diesem Weg anspruchsvolle Lernziele erreicht werden, setzt dies eine hohe Lernmotivation, Aufnahmefähigkeit, Selbstdisziplin und Medienkompetenz der Nutzer voraus. Nur wenige Firmen sehen sich wohl in der glücklichen Lage, diese notwendigen Rahmenbedingungen seitens ihrer Mitarbeiter uneingeschränkt voraussetzen zu können.

Das selbstgesteuerte Lernen vor dem PC bringt zwar viel Flexibilität und Effizienzpotentiale mit sich, die sozialen Rahmenbedingungen des Präsenztrainings werden jedoch häufig vermisst. Auch gibt es bestimmte Grenzen, welche Lerninhalte sich systematisieren lassen in Form eines E-Learning-Drehbuchs. Wenn z.B. soziale Kompetenz oder Rhetorik geschult werden sollen, ist der Computer mit seinem Latein ganz schnell am Ende.

Hinzu kommen eine Reihe von nicht system-immanenten Schwächen des E-Learning. Diese sind in erster Linie dem noch frühen Entwicklungsstadium des E-Learning geschuldet, und werden vermutlich recht schnell durch Weiterentwicklungen, Erfahrungen und Verbesserungen hinfällig:

Viele der heute verfügbaren E-Learning Kurse nutzen weder die technischen, noch die didaktischen Möglichkeiten aus, die theoretisch zur Verfügung stehen. Vielfach ist dabei noch nicht einmal der Mangel an finanziellen Mitteln ausschlaggebend, sondern vielmehr der Mangel an Erfahrung und Wissen darüber, wie man es besser machen kann. Typisch dafür sind eine große Vielzahl von »Klick-und-Lese« Kursen, bei denen sich der Nutzer über endlos lange HTML-Textseiten quälen muss. Diese werden dann gern durch ein paar Grafiken und simple Abfragen aufgelockert. Lesen ist zwar ein wichtiges Mittel zum Lernen, der Computermonitor eignet sich jedoch nur sehr eingeschränkt für längere Textpassagen – die Lernwirkung derartiger E-Learning-Kurse darf also mit Recht angezweifelt werden. Auf der anderen Seite dominiert manche E-Learning Kurse aber auch die Lust am Machbaren, die mit hohem technischem Aufwand viele Gimmicks ohne Nutzen erstellt. Darüber hinaus sind viele Lerninhalte nicht authentisch, d.h. sie geben dem Nutzer keine Bezugsfläche, die für ihn persönlich relevant wäre und ihm das Gefühl gibt, das vermittelte Wissen helfe ihm wirklich weiter.

Eine weitere Einschränkung ergibt sich aus einem eher technischen Aspekt der Kursgestaltung: Viele der heute verfügbaren E-Learning Kurse basieren noch nicht auf eigenständigen, wiederverwertbaren Lernmodulen, die in Kombination mit entsprechenden Analyse- und Lernplattformtools individualisierte und an den Nutzer angepasste Lernprogramme ermöglichen. Anstatt also die Möglichkeiten der Individualisierung von E-Learning Kursen zu nutzen, werden immer noch häufig undifferenzierte, einheitliche Kurse »aus einem Guss« entworfen, die keine Rücksicht nehmen auf die Vorkenntnisse, Bedürfnisse und Interessen des Nutzers.

In vielen Betrieben, die bereits mit E-Learning Erfahrungen sammeln, werden die Angebote derzeit noch von einer eher kleinen Zielgruppe tatsächlich in Anspruch genommen. Obwohl die Vorteile der universell zugänglichen Lernprogramme viel beschworen werden, werden diese in der Realität von nur wenigen tatsächlich genutzt. In Betrieben sind dies häufig die »Techies« und Außendienstmitarbeiter, also jene, die eine hohe Technologie-Affinität mitbringen, bzw. einen besonders hohen Bedarf an flexiblen, ortsunabhängigen Lösungen haben. In vielen anderen Unternehmensbereichen wird dagegen immer noch über eine Resistenz gegen computer-basiertes Lernen berichtet.

Die Diskussion ergibt ein recht differenziertes Bild von den Stärken und Schwächen des E-Learning. Es wird deutlich, das großen Potentialen auch ganz konkrete Nachteile und Einschränkungen gegenüber stehen. Einige davon sind auch durch Weiterentwicklungen und Verbesserungen kaum zu überwinden. Dies gilt jedoch nicht nur für E-Learning, sondern auch für jede andere Form der Mitarbeiterschulung. Ein genaues Verständnis dieser Rahmenbedingungen ist notwendig, um sinnvoll entscheiden zu können, wo sich E-Learning als beste Schulungsmethode einsetzen lässt, und wo es gilt, anderen Formen der Weiterbildung den Vortritt zu lassen. Im kommenden Abschnitt werden einige typische Anwendungsszenarien für E-Learning im Unternehmen dargestellt. Die system-immanenten Vor- und Nachteile von E-Learning sind in Tabelle 1 noch einmal kurz zusammengefasst.

| Tabelle 1: Stärken und Schwächen des E-Learning | |
|---|---|
| Stärken | Schwächen |
| ⇨ Anyone, anytime, anywhere<br>⇨ Skalierbarkeit<br>⇨ Flexibilität<br>⇨ Kosteneinsparpotentiale<br>⇨ Interaktivität<br>⇨ Konsistenz und Aktualität der Inhalte<br>⇨ Anpassbar an Bedürfnisse des Nutzers – nutzerzentrierte Lösungen<br>⇨ Unterstützt die Zusammenarbeit und Kommunikation der Kursteilnehmer<br>⇨ Weniger einschüchternd als das Lernen in großen Gruppen | ⇨ Mangel an direktem menschlichen Kontakt<br>⇨ Anforderungen an technische Infrastruktur<br>⇨ Anforderungen an Lernmotivation, Medienkompetenz und Selbstdisziplin der Zielgruppe<br>⇨ Einschränkung auf stark formalisierbare Schulungsthemen |

## Anwendungsszenarien

E-Learning kann vielen Anforderungsszenarien der betrieblichen Aus- und Weiterbildung gerecht werden. Es gibt sogar Fälle, in denen eine Lösung ohne den Einsatz von web-basiertem Training nur sehr schwer vorstellbar ist. (Die Fallstudie der Firma Kaeser in diesem Buch ist ein schönes Beispiel dafür.) In der Diskussion über Stärken und Schwächen von E-Learning wurde jedoch ebenfalls darauf hingewiesen, das E-Learning kein Allheilmittel ist. Manche Schulungsanforderungen lassen sich hervorragend mit Hilfe des web-basierten Trainings bewältigen, andere weniger. In diesem Abschnitt werden nun einige Indikatoren vorgestellt, die es dem Leser erleichtern sollen, das Für und Wider des E-Learning im konkreten Fall besser einschätzen zu können.

Dabei können drei grobe Kategorien unterschieden werden:
⇨ die Eignung des Schulungsthemas für E-Learning,
⇨ die Affinität der Zielgruppe zu E-Learning sowie
⇨ die betrieblichen Rahmenbedingungen

Nicht alle Schulungsthemen eignen sich dazu, im Selbststudium am Computer erarbeitet zu werden. Offensichtlich sind Trainings, in denen z.B. motorische Fähigkeiten (z.B. das Abtasten eines Patienten), Problemlösungkompetenz in Gruppensituationen, Rhetorik oder Verhandlungstaktik gelehrt werden sollen, weniger geeignet für E-Learning. Der Computer kann nur Trainings anbieten, die sich relativ eng an ein bestimmtes »Trainingsdrehbuch« halten und die Grenzen der Interaktions- und Kommunikationsmöglichkeiten des PC nicht sprengen. Alle Trainingsmodule müssen ja im Vorfeld konzipiert und technisch umgesetzt werden. Die Anzahl möglicher Trainingsszenarien ist somit nicht unendlich groß. Zudem ist der Computer immer noch ein primär visuelles Kommunikationsmedium. Es ist nach wie vor nicht möglich, mit einem Computer zu sprechen, oder z.b. den Tastsinn oder differenzierte Gesten und Handlungsabläufe mit dem Computer einfach zu simulieren.

Hingegen eignen sich E-Learning-Kurse sehr gut, um folgende Trainingsszenarien abzudecken:

⇨ Vermittlung von Basisinformationen und Allgemeinwissen (z.B. Namen, Definitionen, Kategorien, visuelle Informationen)
⇨ Vermittlung von Prozesswissen und Prozeduren (z.B. Softwareschulungen, Verkaufsprozesse, Umgang mit Formularen)
⇨ Einfache Rollenspiele (z.B. Umgang mit Standardbeschwerden)
⇨ Simulation von Entscheidungssituationen (ähnlich wie in Computerspielen)

Besonders erfolgreich und gern wird E-Learning derzeit für Software-, Produkt- und Prozessschulungen eingesetzt. Jedoch gibt es auch schon positive Erfahrungen mit dem Einsatz von E-Learning für die Schulung von grundlegende Managementfunktionen (z.B. Projektmanagement) und Soft Skills (z.B. Do's and Don'ts für Mitarbeitergespräche).

Bei Softwareschulungen kommen die Vorteile des E-Learning voll zum tragen. Zum Einen sind Softwareprodukte meist standardisiert – somit lassen sich die Schulungen ebenfalls stark standardisieren. Außerdem sitzt der Lernende in der Regel bei diesen Trainings eh vor einem Bildschirm – warum also nicht gleich den Computer als Lehrer benutzen? Softwareprodukte verändern sich zudem sehr schnell und häufig. Hier kommen die Effizienzvorteile von E-Learning voll zur Geltung. Zudem gibt es für viele Softwareschulungen einen großen Kreis an Interessen. Die Kosten der E-Learning-Kursproduktion können also in der Regel über eine breite Masse von Nutzern skaliert werden. Es verwundert also wenig, das gerade im Bereich der Softwareschulungen bereits eine große Anzahl qualitativ hochwertiger, standardisierten E-Learning-Kurse »von der Stange« angeboten wird. In der Fallstudie über Viterra Energy wird exemplarisch eine E-Learning-Lösung für eine SAP-Softwaremigration vorgestellt.

Aber auch für die Vermittlung von betriebsspezifischem Prozess- und Produkt-Know-How hat sich E-Learning mittlerweile fest etabliert. Vor allem große Firmen mit breitem Produktspektrum, hohen Innovationsraten, kurzen Produktlebenszyklen und großer Angestelltenanzahl profitieren hier von den Effizienzvorteilen des E-Learning. Die Fallstudie von Infineon zeigt ein derartiges Szenario. Aber auch für mittelständige Firmen kann sich eine Investition in maßgeschneiderte E-Learning-Inhalte durchaus lohnen – die Kaeser-Fallstudie ist ein Beispiel dafür.

Kommen wir zur Affinität der Zielgruppe zu E-Learning. Wie bereits erwähnt wurde, stellt E-Learning eine Reihe von Anforderungen an den Nutzer. Zunächst muss eine gewisse Sicherheit im Umgang mit dem PC und dem Internet gegeben sein. Davon kann in vielen Firmen bereits ausgegangen werden. Doch selbst wenn dem so ist, heißt das noch nicht automatisch, das die Zielgruppe auch gewillt ist, den PC als Schulungsmedium zu nutzen und zu akzeptieren. Zum einen gibt es nach wie vor bei vielen Menschen eine gewisse Technologie-Resistenz. Der direkte menschliche Kontakt oder die traditionell gewohnte Verfahrensweise werden häufig nur ungern aufgegeben. Auch sollte bei der Konzeption eines E-

Learning-Projekts die Lernmotivation und die Lerndisziplin der Zielgruppe nicht überschätzt werden. Der schönste E-Learning-Kurs hilft niemandem, wenn er nicht auch von denen genutzt wird, für die er bestimmt ist. Generell ist es leichter, in einer Zielgruppe Akzeptanz für E-Learning zu generieren, wenn das Angebot stark an den Bedürfnissen der Zielgruppe ausgerichtet ist, und die Nutzer den täglichen Umgang mit PC und Internet gewohnt sind. In der Praxis scheinen vor allem IT-Fachkräfte, Außendienstmitarbeiter, Büroangestellte und Führungskräfte besonders E-Learning-affine Zielgruppen zu sein. Sie alle sind den Umgang mit dem Internet gewohnt und schätzen die Vorteile von schnell und flexibel verfügbaren Informationen.

Letztlich sind die betrieblichen Rahmenbedingungen einer Prüfung zu unterziehen. Dazu zählt eine allgemeine Einschätzung darüber, ob sich ein Einsatz von E-Learning in einem Unternehmen realisieren lässt sowie eine projektspezifische Gegenüberstellung von Kosten und Nutzen. Diese Punkte sind jedoch so wichtig, dass wir sie an dieser Stelle nicht erschöpfend abhandeln wollen. Statt dessen sei auf die später folgenden Kapitel des Buches hingewiesen, in denen genauer auf die Return-of-Investment Rechnung sowie die vorbereitenden Schritte bei der Implementierung einer E-Learning-Lösung im Unternehmen eingegangen wird.

**Marktsegmentierung der Anbieter**

Dieser Abschnitt dient dazu, einen kurzen Überblick auf den Markt der E-Learning-Anbieter in Deutschland zu geben. Die Entwicklung des E-Learning-Marktes verläuft rasant und hat in kurzer Zeit bereits eine hohe Komplexität von verschiedenen Erscheinungsformen und Geschäftsmodellen hervorgebracht. Eine Segmentierung der Anbieter kann anhand ihrer Angebote und anhand des Kundensegments, welches sie bedienen, vorgenommen werden.

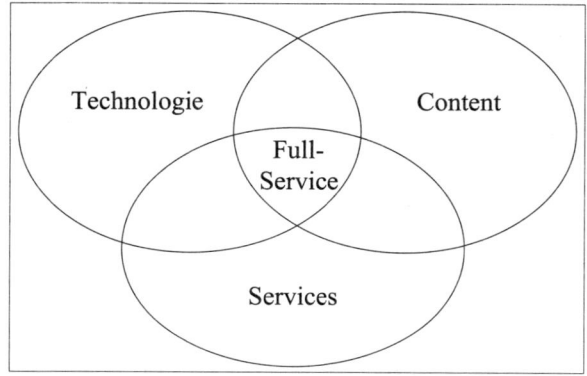

Abb. 4: *Schematische Einteilung der E-Learning Anbieter*

⇨ Auf Seiten der Anbieter wird unterschieden, ob sie E-Learning Inhalte, Technologien oder Dienstleistungen anbieten.
⇨ Auf Seiten der Nachfrager kann zwischen dem akademischen Markt, dem Firmenkunden- und dem Privatkundenmarkt unterschieden werden.

Viele der E-Learning Firmen sind in mindestens zwei der Marktsegmente auf Angebotsseite tätig. Die Trennung der einzelnen Segmente ist also nicht als starr zu betrachten. Vielmehr ist bei vielen Firmen eine Tendenz zu erkennen, ihr Leistungsportfolio in Richtung eines Komplettanbieters zu erweitern. Diese sogenannten Full-Service-Anbieter können ihren Kunden aus einer Hand die notwendige Technologie, die begleitenden Dienstleistungen und die gewünschten Inhalte bieten. Abbildung 4 zeigt den Zusammenhang der einzelnen Marktsegmente auf Angebotsseite.

Die einzelnen Marktsegmente können in weitere Unterkategorien zerlegt werden. Ohne alle denkbaren Details hier zu vertiefen, soll ein kurzer Überblick gegeben werden, um dem Leser die Orientierung auf dem E-Learning-Markt etwas zu erleichtern.

Der Markt der Inhalteanbieter lässt sich weiter danach unterteilen, ob die Firma selbst die Urheberrechte an den Inhalten hält, die Inhalte fremdbezieht und in eine E-Learning taugliche Form bringt, oder ob sie E-Learning-Inhalte lediglich weiterverkauft. Auch hier gilt – die Trennung der Segmente ist nicht starr, und viele Firmen decken mehr als nur einen Teilbereich ab. Auch kann weiter nach der Art der Inhalte unterschieden werden. So gibt es z.B. Firmen, die sich auf die Produktion von E-Learning-Inhalte für EDV-Schulungsthemen spezialisiert haben. Andere bieten Kursinhalte zu verschiedensten Themen des Wirtschaftswissens an. Dazu gehören z.B. auch Soft Skills, Buchhaltung oder Produktions-Know-How. Eine Vielzahl von Firmen fertigt für ihre Kunden auch maßgeschneiderte Inhalte nach vorgegebenen Drehbüchern an. Und schließlich gibt es auch Anbieter von E-Learning-Inhalten für den akademischen und den Freizeit-Bereich.

Im Technologie-Segment kann zwischen den Anbietern von Lernplattformen und denen von Spezialtools unterschieden werden. Lernplattformen stellen die wichtigsten technologischen Funktionen zur Verfügung, die benötigt werden, um eine firmenspezifische E-Learning-Umgebung aufbauen zu können. Bei den Spezialtools kann wiederum zwischen E-Learning-spezifischen und E-Learning-unspezifischen Spezialtools unterschieden werden. Unter E-Learning-unspezifischen Spezialtools sind solche Softwarewerkzeuge zu verstehen, die auch zur Erstellung, Verwaltung und Nutzung von E-Learning-Inhalten verwendet werden können, die aber nicht primär für diese Zwecke konzipiert wurden. Als Beispiel wäre hier Lotus Notes zu nennen – ein System, mit dem sich durchaus E-Learning-Umgebungen erstellen lassen, welches aber nicht in erster Linie zu diesem Zweck entworfen wurde. E-Learning-spezifische Tools stellen Funktionen zur Verfügung, die das Leistungsspektrum der Lernplattformen ergänzen und erweitern. So sind hier z.B. Autorenwerkzeuge zur Erstellung von E-Learning-Inhalten oder sogenannte

Zusammenarbeitstools zu erwähnen. Letztere erlauben den Nutzern, simultan in einem virtuellen Klassenzimmer zusammen zu arbeiten. Auf die Bedeutung und die wichtigsten Unterschiede bei den E-Learning-Technologien wird im folgenden Kapitel noch näher eingegangen.

Die Anbieter von E-Learning Dienstleistungen bieten ihren Kunden Unterstützung und Beratung in den verschiedenen E-Learning-Projektphasen. Dies beginnt mit der Analyse und Beratung vor Beginn des Projektes, geht über Implementierungsdienste bis hin zum Outsourcing, Hosting und der Pflege des Systems während des Betriebs. Zusätzlich fallen in diese Kategorie auch Anbieter von Teletutoring und Costumer Care, sowie Betreiber von E-Learning-Portalen, auf denen standardisierte Kurse verschiedener Anbieter katalogisiert und weiterverkauft werden.

Der Markt der E-Learning-Anbieter ist zum Zeitpunkt des Erscheinens dieses Buches noch stark fragmentiert. Eine große Anzahl von kleineren und größeren Firmen partizipieren an einem oder mehreren der oben genannten Marktsegmente. Obwohl im Laufe des Jahres 2001 eine erste Konsolidierungswelle stattfand, treten immer noch neue Firmen in den Markt ein. Dies sind in erster Linie jedoch nicht mehr die Start-Ups und Existenzgründer, die den Markt in der Zeit vor 2001 stark geprägt haben, sondern vielmehr etablierte Firmen, die in verwandten Branchen tätig sind und ihr Angebotsspektrum auf den E-Learning-Markt ausweiten. Dazu gehören z.B. eine Anzahl von etablierten Anbietern beruflicher Weiterbildung, die E-Learning als neuen Distributionskanal für ihre Inhalte ansehen. Aber auch andere Branchen, die nicht direkt mit der Weiterbildung ihr Geld verdienen, haben die Geschäftschancen im E-Learning-Markt mittlerweile entdeckt, und engagieren sich. Dazu gehören z.B. die Unternehmensberater, die Softwareindustrie und einige Fachbuchverlage.

### E-Learning Anbieter

*bit media* – www.bitmedia.cc – Fullservice-Anbieter, dessen E-Learning-Portal auch Privatkunden ansprechen soll.

*Docent* – www.docent.com – Technologie-Anbieter aus den USA, der weltweit tätig ist und eng mit verschiedenen Unternehmensberatungen bei der Einführung ihrer Lernplattformen zusammenarbeitet.

*Ed-Scout* – www.ed-scout.com – E-Learning-Portal mit zahlreichen Angeboten für Firmen- und Privatkunden.

*Hyperwave* – www.hyperwave.com – Anbieter von E-Learning-Technologien.

*Ibis Acam* – www.ibisacam.de – Traditioneller Anbieter von Weiterbildungsmaßnahmen, der sein Angebotsspektrum um E-Learning-Kurse erweitert hat.

*im-c* – www.im-c.de – Fullservice-Anbieter mit Schwerpunkten im Technologie- und Implementierungsbereich, sowie in der Erstellung von firmenindividuellen Kursinhalten.

*NETg* – www.netg.de – Fullservice-Anbieter mit Schwerpunkt auf standardisierte E-Learning-Kurse für EDV-Themen. Der Anbieter kommt ursprünglich aus den USA, bietet mittlerweile aber auch eine Vielzahl von Kursen in deutscher Sprache an.

*Saba* – www.saba.com – Technologie-Anbieter aus den USA, der weltweit tätig ist und eng mit verschiedenen Unternehmensberatungen bei der Einführung ihrer Lernplattformen zusammenarbeitet.

*Smartforce* – www.smartforce.de – Fullservice-Anbieter mit einer Vielzahl von standardisierten E-Learning Kursangeboten, die sich primär an Firmenkunden wenden. Smartforce kommt ursprünglich aus den USA, bietet aber auch Kurse in deutscher Sprache an.

*Viviance* – www.viviance.com – Fullservice-Anbieter mit Schwerpunkten im Technologie- und Implementierungsbereich, sowie in der Erstellung von firmenindividuellen Kursinhalten.

Außerdem gibt es mittlerweile eine Reihe großer, internationaler Firmen, die bereits seit längerer Zeit intern Erfahrungen mit E-Learning gesammelt haben und nun in Form einer Rückwärtsintegration ihre Lösungen und Inhalte an andere Firmen weiterverkaufen.

Der Markt ist also in ständiger Bewegung. Über die einzelnen Akteure in den Marktsegmenten, ihre Strategien und Erfolgsaussichten wird in den einschlägigen Marktstudien zum Thema E-Learning in Deutschland berichtet. Für unsere Zwecke soll dieser grobe Überblick genügen, um die Facettenvielfalt und die wichtigsten Unterschiede zwischen den Marktsegmenten darzustellen. Im Kasten sind einige E-Learning-Anbieter aufgelistet, die zum Anfang des Jahres 2002 auf dem deutschen Markt tätig waren. Diese Liste ist natürlich nicht vollständig, und soll keine Wertung oder Empfehlung darstellen.

## Literatur

[1] Berlecon Research »*Wachstumsmarkt E-Learning: Anforderungen, Akteure und Perspektiven im deutschen Markt*«. *www.berlecon.de, 2001.*

[2] Brandon Hall »*Building the Business Case for E-Learning*«. *www.brandonhall.com, 2001.*

[3] KÖLLINGER, PHILIPP »*E-Learning: Marktanalyse für Deutschland*«. *www.symposion.de, 2001*

[4] New York Times »*Foreign Affairs; Next, It's E-ducation*«. *17.11.1999.*

[5] ROSENBERG, MARC J. »*E-Learning: Strategies for Delivering Knowledge in the Digital Age*«. *McGraw-Hill, 2001.*

[6] The Institute for Higher Education Policy »*What's the Difference? – A Review of Contemporary Research on the Effectiveness of Distance Learning in Higher Education"*. *Washington, 1999.*

## Die Basics – Technologien, Tools und Standards

In diesem Kapitel werden die technologischen Grundlagen des E-Learning dargestellt. Dabei geht es nicht um eine detaillierte Darstellung der Netzwerk- oder Softwareebene, sondern um eine Kategorisierung und Beschreibung der verschiedenen Erscheinungs- und Realisierungsformen von E-Learning. Außerdem wird kurz auf die Bedeutung und den Entwicklungsstand der E-Learning-Standards eingegangen. Die hier vermittelten technologischen Grundlagen sollen es dem Leser erleichtern, einen Eindruck von den verschiedenen Umsetzungsmöglichkeiten des E-Learning zu erhalten. Auch ist ein Basiswissen über diese Grundlagen hilfreich beim Entwurf einer geeigneten E-Learning-Strategie.

Philipp Köllinger

### Lernplattformen und Spezialtools

Es gibt eine Reihe von Softwarewerkzeugen, die speziell zur Entwicklung und zum Betrieb von E-Learning-Lösungen entworfen wurden. Lernplattformen sind dabei die wichtigste Gattung spezieller E-Learning-Software. Sie sind die Kernkomponente einer betriebsinternen E-Learning-Lösung. Auf ihrer Basis erfolgen die Verwaltung der Teilnehmer, der Autoren und der Kursleiter sowie die Verwaltung, der Betrieb und die Pflege der Kursinhalte. Lernplattformen unterscheiden sich u.a. in ihrem Leistungsspektrum. Eine betriebsinterne E-Learning-Lösung enthält im Idealfall eine Lernplattform, die
⇨ Trainingsinhalte bereitstellt,
⇨ Kursbuchungen und eventuell auch Bezahlung durch den Anwender zulässt,

*Die Basics – Technologien, Tools und Standards*

⇨ Platz für die Vorstellung der Kursteilnehmer und Trainer hat,
⇨ Lernfortschritte dokumentieren kann,
⇨ eine Wissensdatenbank enthält,
⇨ synchrone oder asynchrone virtuelle Klassenräume anbietet,
⇨ ein Mailsystem zum Austausch von Nachrichten zwischen Trainern und Kursteilnehmern anbietet,
⇨ einen Live-Chat oder ein Schwarzes Brett zur Kommunikation innerhalb abgegrenzter Gruppen ermöglicht,
⇨ Kursverwaltungswerkzeuge für den Trainer aufweist,
⇨ ein Autorensystem zur Verfügung stellt, in das der Trainer oder Autor, möglichst ohne Programmierkenntnisse, Inhalte einstellen und pflegen kann.

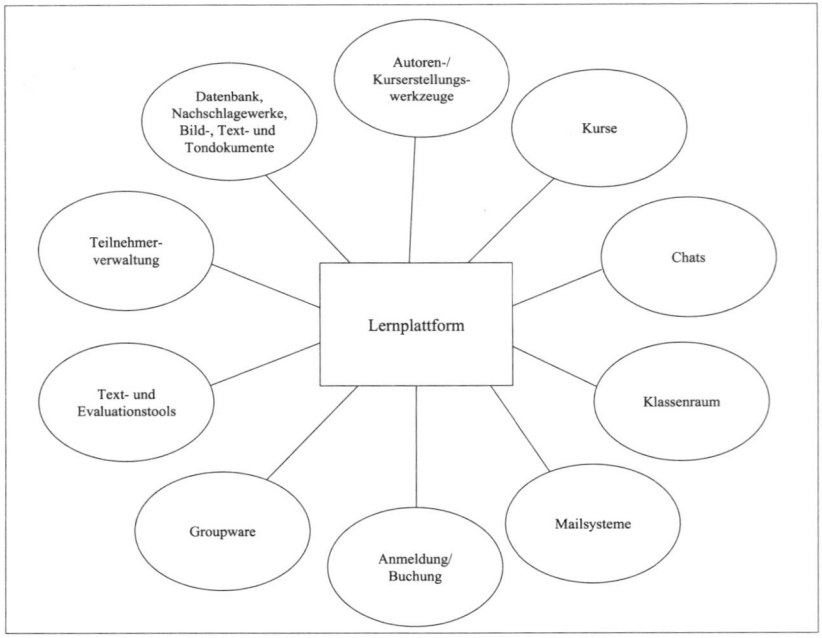

Abb. 1: *Bestandteile einer Lernplattform*

Abbildung 1 stellt die möglichen Leistungs- und Ausstattungsmerkmale einer Lernplattform noch einmal grafisch dar.

Die Gestaltung der Lernumgebung kann neben reinen Text- und Bildbausteinen folgende Features enthalten:
- ⇨ Synchrone Interaktionsmöglichkeiten (Liveübertragungen, Chats etc.)
- ⇨ Asynchrone Interaktionsmöglichkeiten (Schwarzes Brett, Mail etc.)
- ⇨ Videoeinspielungen,
- ⇨ Toneinspielungen,
- ⇨ Animationen,
- ⇨ Simulationen und
- ⇨ Tests.

Nicht alle Lernplattformen bieten alle hier erwähnten Leistungsmerkmale. Deshalb gibt es eine Reihe von Spezialtools, die für bestimmte e-learning-bezogene Aufgaben konzipiert wurden und gegebenenfalls mit einer Lernplattform oder anderen Softwarelösungen integriert werden können. Zu diesen e-learning-spezifischen Tools zählen Autorenwerkzeuge und Tools zur Zusammenarbeit. Autorenwerkzeuge dienen zur Erstellung von Kursinhalten und sollten im Idealfall einfach zu bedienen und dennoch leistungsstark sein. Tools zur Zusammenarbeit stellen den Nutzern eine Plattform zur synchronen Kommunikation zur Verfügung. Ähnlich einem virtuellen Klassenraum erlauben sie dem Kursleiter zu präsentieren, zu leiten und zu prüfen; den Kursteilnehmern erlauben sie zu partizipieren und zu kommunizieren. Diese Tools können von der Komplexität und dem Leistungsspektrum her durchaus mit den Lernplattformen verglichen werden. Einige von ihnen bieten Möglichkeiten zur Verwaltung von Kursinhalten und Nutzerdaten und verfügen über eigene Abrechnungs- und Buchungsfunktionen. Insofern ist die Trennung zwischen Lernplattformen und Werkzeugen zur

Zusammenarbeit fließend – letztere können auch als spezielle Erscheinungsform von Lernplattformen betrachtet werden.

Zusätzlich zu den Lernplattformen und den e-learning-spezifischen Tools gibt es eine Reihe von e-learning-unspezifischen Tools, die dennoch für E-Learning-Zwecke genutzt werden können. Zu diesen Produkten zählen z.B. Lotus Notes oder Microsoft PowerPoint, mit denen sich jeweils bestimmte Teilbereiche der Funktionalitäten einer kompletten E-Learning-Lösung abdecken lassen. Vielfach werden diese und andere Werkzeuge auch in der Nutzung mit Autorentools und Lernplattformen verknüpft.

Die umfassenden Funktionen und die zentrale Stellung der Lernplattformen für betriebsinterne E-Learning-Lösungen lassen es plausibel und zweckmäßig erscheinen, die Lernplattformen über Schnittstellen mit anderen Software-Lösungen der betrieblichen IT-Umgebung zu verknüpfen. Besonders interessant sind Schnittstellen zu betriebswirtschaftlicher Standardsoftware (wie z.B. SAP R/3). Über diese Schnittstellen können z.B. Nutzerdaten eingepflegt, Strukturen der betrieblichen Organisation übernommen und Abrechnungsfunktionen integriert werden. Zudem lässt sich E-

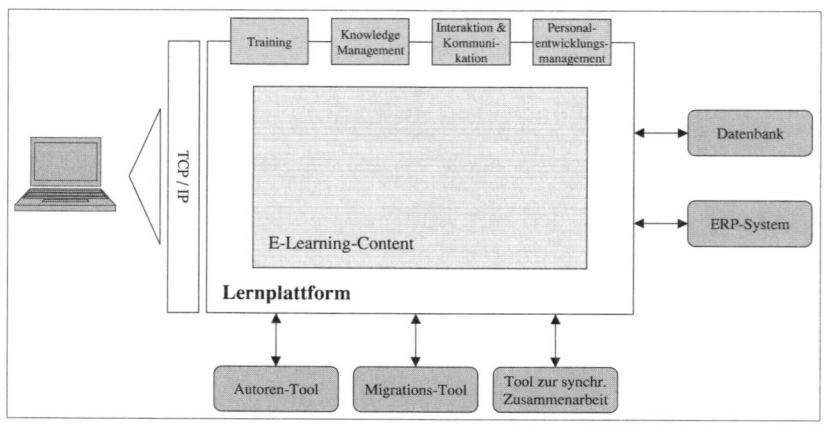

Abb. 2: *Vernetzung von Lernplattformen*

Learning auch mit anderen Bereichen des HR-Managements verknüpfen, etwa um bestimmten Mitarbeitergruppen spezielle Kursangebote und Ausbildungsziele zuzuordnen. Auf diese Weise kann eine Lernplattform zum integralen Bestandteil eines ausgereiften Personalmanagements werden. In einem weiteren Schritt können E-Learning-Anwendungen mit Knowledge-Management-Anwendungen integriert werden, um so eine unternehmens- und bereichsübergreifende Kommunikations- und Wissensplattform zur Verfügung zu stellen.

Abbildung 2 stellt die Integrationsmöglichkeiten von Lernplattformen grafisch dar. Die Lernplattform verwaltet die E-Learning-Kurse. Werden nicht alle gewünschten Funktionalitäten von der Lernplattform selbst abgedeckt, so können Spezialtools (Autorentool, Migrationstool, Tools zur Zusammenarbeit etc.) diese Aufgaben übernehmen. Über Schnittstellen kann die Lernplattform in die bestehende IT-Infrastruktur der Unternehmung integriert werden, so z.B. zum Austausch von Mitarbeiter-Stammdaten und Buchungsfunktionen (Datenbank, ERP-System etc.). Über das Internet, Intranet oder Extranet greifen die Zielgruppen dann auf die Lernumgebung zu und bearbeiten das Kursmaterial. Die integrierte Lernplattform kann nun für Funktionen der betrieblichen Aus- und Weiterbildung, Knowledge Management und andere Aufgaben genutzt werden.

**Individuell vs. standardisiert**

Unternehmen, die sich für E-Learning interessieren, können unter verschiedenen technologischen und inhaltlichen Angeboten auswählen. Sowohl bei den Technologien als auch bei den E-Learning-Inhalten gibt es ein Spektrum, das von der komplett individuell erstellten Lösung bis zum standardisierten Massenmarktprodukt reicht. In diesem Abschnitt werden die Vor- und Nachteile der einzelnen Varianten kurz besprochen.

## Technologie

| Individualisierte Lernplattform, integriert in IT-Umgebung des Unternehmens | Hosted Lernplattform, ASP-Lösung | Keine eigene Lernplattform; stattdessen Nutzung von One-to-Many-Angeboten im Internet |

Individuell ⟵⟶ Standardisiert

| Maßgeschneiderte E-Learning-Inhalte; erstellt nach den Vorgaben und dem Drehbuch des Kunden | Standard-Kurs, der inhaltlich oder im Layout an die Bedürfnisse des Kunden angepasst wurde | Standardisierter One-to-Many-Kurs |

## Inhalte

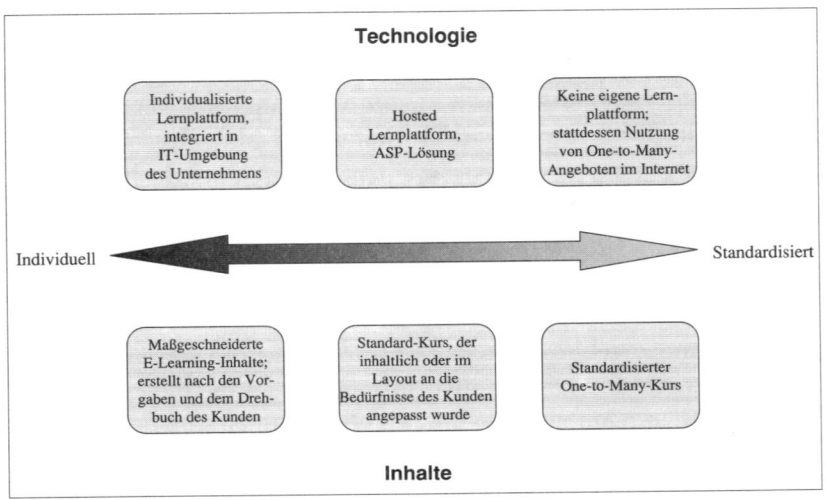

Abb. 3: *Individuelle vs. Standardisierte Lösungen*

Auf technologischer Seite gilt es zunächst die Frage zu klären, ob die Unternehmung die Anschaffung und Integration einer eigenen Lernplattform wünscht oder ob es reicht, den Mitarbeitern Zugang zu den Angeboten eines E-Learning-Anbieters im Internet zu ermöglichen. Zwischen diesen beiden Polen gibt es ein breites Spektrum von Mischformen, die in Abbildung 3 dargestellt sind.

Am einen Ende des Spektrums steht die Installation einer eigenen Lernplattform. Das Unternehmen hat bei dieser Variante volle Kontrolle über die Erscheinungsform der Lernumgebung sowie über alle relevanten Daten und Inhalte. Wird diese Variante gewählt, steht dem Unternehmen ein nicht zu unterschätzender Aufwand für die Implementierung der E-Learning-Umgebung bevor. Als Vorteil ist anzusehen, dass neben der Kontrolle über die Funktionen der Plattform und die Nutzerdaten diese Form des E-Learning die besten Voraussetzungen bietet, um betriebsspezifischen Anforderungen und Schulungsinhalten gerecht zu werden. Soll z.B. die Vertriebsabteilung regelmäßig Fortbildungen über eigene Produktentwicklungen absolvieren, so führt an der Anschaffung einer Plattform und der Erstellung betriebsspezifischer Schulungsinhalte kaum ein E-Learning-Weg vorbei. An dieser Stelle sei erwähnt, dass es sich kaum für den Anwender lohnen dürfte, eine eigene Lernplattform zu programmieren. Die heute verfügbaren Lernplattformen sind bereits recht ausgereift und lassen sich an die unterschiedlichen Bedürfnisse der Anwenderfirmen meist problemlos anpassen.

Am anderen Ende des Spektrums stehen die Angebote der E-Learning-Portale und Full-Service-Akademien. Die gesamte Software, Datenverwaltung und alle Kursinhalte liegen hier auf den Servern der Anbieter. Das Unternehmen bucht beim Anbieter Zugangslizenzen für bestimmte Standard-Kurse und Kursteilnehmer. Die Kursteilnehmer loggen sich auf der Website des Anbieters ein und bearbeiten das Kursmaterial. In der Regel erhalten sie am Ende ein Zertifikat, das ihre Teilnahme am Kurs bestätigt. Bei dieser Variante des E-Learning hat das Unternehmen keinerlei Aufwendungen für Software-Implementierung und die Erstellung von Kursinhalten. Statt eines externen Seminars wird schlicht und einfach die Teilnahme an einem E-Learning-Kurs im Internet gebucht. Full-Service-Akademien bieten jedoch nicht nur den Verkauf von standardisierten E-Learning-Kursen, sondern übernehmen häufig auch Abwicklungs- und Buchungsleistungen oder die Betreuung der Online-Kurse durch Tutoren, Kursleiter und technischen Support. Diese Form des E-Learning bietet sich besonders dann an, wenn E-Learning keinen integralen Bestandteil des betrieblichen Personalmanagements darstellt, sondern lediglich ab und zu anstelle eines Seminars zu einem populären Schulungsthema genutzt werden soll. Ohne lange Vorbereitung kann der Nutzer direkt auf die Bibliothek von E-Learning-Kursen des Anbieters zugreifen. Vor allem zu Software-Schulungsthemen und allgemeinen Themen der Betriebswirtschaftslehre gibt es bereits ein breites Angebot von E-Learning-Kursen, die von Portalen und Full-Service-Akademien zur Verfügung gestellt werden. Zudem ist diese Form des E-Learning auch für kleinere und mittlere Unternehmen interessant, die sich die Anschaffung und Implementierung einer eigenen Lernplattform nicht leisten können und nur wenige Mitarbeiter mit einem bestimmten Schulungsthema ansprechen wollen.

Zwischen diesen beiden Polen gibt es eine Reihe von Mischformen. Einige Hersteller von Lernplattformen bieten an, die Software auf den Servern des Herstellers laufen zu lassen. Auch bei dieser Variante ist es möglich, Funktionsumfang, Kursinhalte und Erscheinungsbild an die Wünsche des Kunden anzupassen und Schnittstellen zur IT-Landschaft des Kunden zu definieren. Die Einrichtung, Pflege und der Betrieb des technischen Systems werden jedoch zum Anbieter hin ausgelagert. Denkbar sind auch weiter gehende Service-Angebote, wie z.B. die technische Betreuung und Einweisung der Kursteilnehmer. Diese Mischformen aus individuell angepasster Plattform und standardisierter One-to-Many-Lösung wird als Hosted E-Learning oder ASP (Application Service Providing) für E-Learning bezeichnet.

Auch auf Seiten der Inhalte kann zwischen standardisierten und individuell erstellten Kursen unterschieden werden. Standardisierte Kurse werden häufig von Inhalte-Anbietern und Full-Service-Anbietern verkauft. Die heute verfügbaren Standard-Kurse decken bereits ein breites Themenspektrum ab. Schwerpunkte sind jedoch nach wie vor EDV-Schulungsthemen (z.B. Windows XP oder Excel) und Themen der allgemeinen Betriebswirtschaft (z.B. Projektmanagement oder Buchhaltung). Individuell erstellte Kurse vermitteln hingegen meistens firmenspezifisches Know-how, wie z.B. bestimmtes Prozesswissen oder Produktschulungen. Dazwischen liegen Kursformate, die in einer bestimmten Rohfassung bereits beim Anbieter vorhanden sind, jedoch an die Bedürfnisse des Kunden angepasst werden.

Es ist nahe liegend, dass maßgeschneiderte Inhalte meistens auch auf voll in die Unternehmens-IT-Infrastruktur integrierten Lernplattformen zu finden sind. Vice versa bieten sich standardisierte Kurse über Portale und Full-Service-Akademien an. Diese Entsprechungen sind jedoch nicht zwingend. So ist es durchaus denkbar, dass ein Unternehmen standardisierte Kursinhalte für seine eigene Lernplattform hinzu kauft, oder dass individuell erstellte Kursinhalte auf einer extern gehosteten Lernplattform betrieben werden.

Welche der hier beschriebenen Formen sich für ein Unternehmen eignet, hängt stark von den Schulungsvorhaben, der Anzahl der Mitarbeiter sowie den technischen und finanziellen Rahmenbedingungen ab. Die Angebote sind mittlerweile flexibel und ausgereift genug, um für fast jedes Anforderungsszenario eine passende Lösung zur Verfügung zu stellen.

### Synchron vs. Asynchron

E-Learning kann prinzipiell in drei verschiedene Erscheinungsformen eingeteilt werden: Synchrones und asynchrones E-Learning, wobei asynchrones E-Learning nochmals unterteilt werden kann in

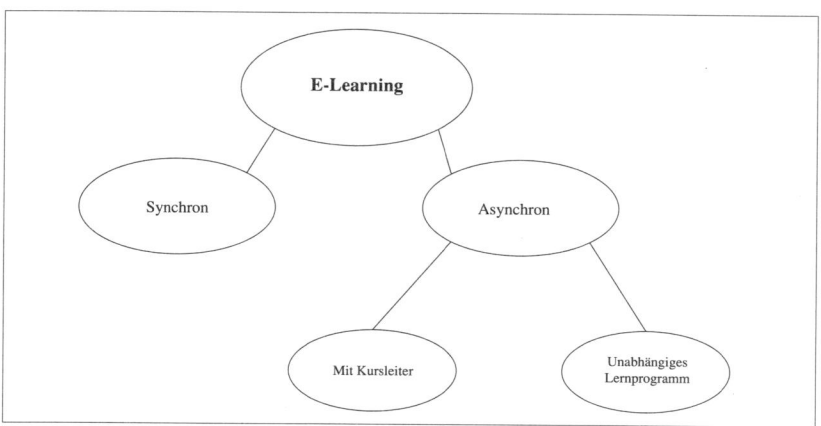

Abb. 4: *Erscheinungsformen des E-Learning*

asynchron mit und ohne Kursleiter. Bei asynchronem E-Learning ohne Kursleiter spricht man von »Unabhängigen Lernprogrammen«. Abbildung 4 verdeutlicht die Systematik.

Synchrones E-Learning ist am ehesten mit dem traditionellen Klassenraumunterricht zu vergleichen. Alle Kursteilnehmer und der Lehrer sind simultan in eine Echtzeit-, web-basierte Lernumgebung eingeloggt. Die Kursteilnehmer können Fragen stellen und bekommen direkt Antwort. Der Lehrer kann auf die Lerngruppe eingehen, das Tempo erhöhen oder verlangsamen und Diskussionen anregen. Der Unterschied zum normalen Klassenraum ist natürlich, dass die Schüler nicht direkt vor dem Lehrer sitzen, sondern vielmehr vor ihren PCs irgendwo in der Welt. Der Vorteil von synchronem E-Learning ist, dass die Lernenden an einer »echten« Schulung mit anderen Kursteilnehmern und einem Lehrer teilnehmen und kommu-

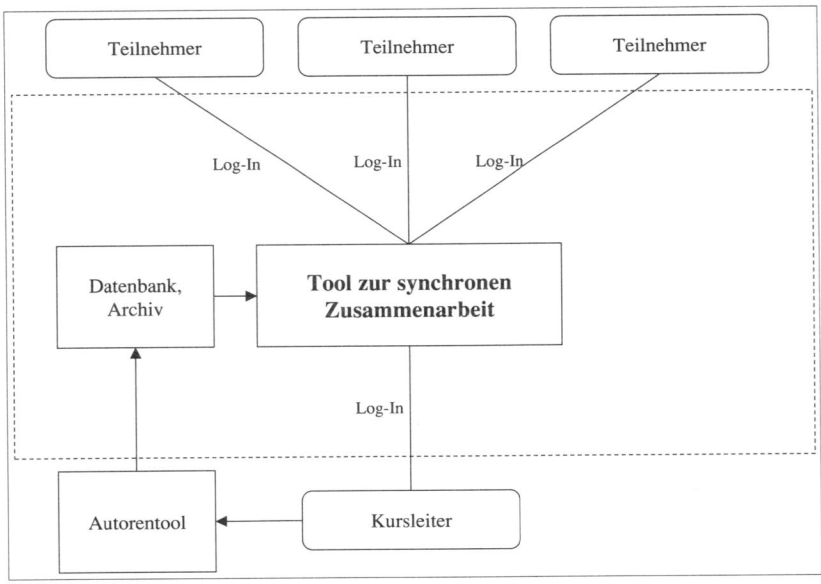

Abb. 5: *Anatomie eines synchronen Lernsystems*

nizieren können, ohne das geografische Barrieren eine Rolle spielen würden. Zwar kann der Kursleiter nicht auf die Körpersprache seiner Teilnehmer eingehen, dafür bietet diese Form des E-Learning aber gerade introvertierten Menschen die Möglichkeit, sich an Diskussionen zu beteiligen, ohne sich dabei bedrängt oder bloßgestellt zu fühlen. Der Kursleiter moderiert und präsentiert während der Sitzungen das von ihm oder einem anderen Fachmann entwickelte Lehrmaterial, welches mit Hilfe von PowerPoint oder anderen Werkzeugen erstellt wurde.

Abbildung 5 zeigt die Anatomie eines synchronen Lernsystems. Die Teilnehmer und der Kursleiter sind simultan in einem virtuellen Klassenraum eingeloggt und arbeiten dort zusammen. Der Kursleiter kann für seine Präsentation im Vorfeld erzeugtes Kursmaterial verwenden, das in einer Datenbank oder einem Archiv abgelegt sein kann. Zudem hat der Kursleiter Zugriff auf bestimmte administrative Funktionen und die Nutzerdaten.

Im Gegensatz zum synchronen E-Learning sind die Teilnehmer von asynchronen E-Learning-Kursen nicht an einen bestimmten Zeitpunkt gebunden, zu dem ein Kurs stattfindet. Dafür laufen die Kurse allerdings auch nicht in Echtzeit ab. Wie erwähnt kann bei asynchronem E-Learning weiter unterschieden werden, ob ein Kurs mit Kursleiter oder als unabhängiges Lernprogramm angeboten wird.

Bei einem asynchronen Kurs mit Kursleiter gibt es immer noch eine begrenzte Anzahl von Kursteilnehmern, die innerhalb eines bestimmten Zeitrahmens bestimmte Lerneinheiten absolvieren müssen und i.d.R. bestimmte Aufgaben gemeinsam lösen. Die Teilnehmer und der Kursleiter sind nur noch in Ausnahmefällen oder nach Vereinbarungen simultan eingeloggt. Dafür arbeiten die Teilnehmer stärker selbstbestimmt und nach eigenem Rhythmus. Sie greifen auf archiviertes Kursmaterial in Form von Texten, Videos, Audioaufnahmen, Tests und Simulationen zu. Zwar ist die Zusammenarbeit und Kommunikation mit anderen Teilnehmern und dem Kursleiter bei dieser Form gegenüber synchronem E-Learning bereits eingeschränkt, jedoch ist sie nach wie vor möglich und wird häufig als Bestandteil des Kurses integriert.

Unabhängige Lernprogramme kommen ohne Kursleiter und feste zeitliche Rahmen aus. Sie gewähren dem Nutzer ein Höchstmaß an Selbstbestimmung und Flexibilität. Die Nutzer sind nicht an eine bestimmte Klasse oder ein bestimmtes Curriculum gebunden und müssen sich nicht in einen bestimmten Kurs für einen Zeitraum »einschreiben«. Vielmehr wird auf eine Bibliothek von Software-Lernmodulen zugegriffen, die dann selbständig am PC abgearbeitet werden können. Dazu werden kein Kursleiter und keine anderen Kursteilnehmer benötigt, die Kurse können jedoch durchaus durch Online-Tutoren unterstützt werden. Unabhängige Lernprogramme bieten zwar keine so intensiven Möglichkeiten zur Kommunikation und Zusammenarbeit wie die anderen E-Learning-Formen, dafür kommen sie jedoch dem Ideal des »Learning on Demand« (also dem Lernen bei akutem Bedarf) am nächsten.

Unabhängige Lernprogramme profitieren erheblich von einem modularen Aufbau. Kursinhalte können dann individuell an die Bedürfnisse und Vorkenntnisse des Nutzers angepasst werden. Dazu müssen sich die Lernprogramme aus einer Reihe von unabhängigen Einzelbausteinen zusammensetzen lassen, die zueinander passen wie Lego-Steine. Diese Einzelbausteine werden als Lernmodule bezeichnet. Anhand einer kurzen Voreinschätzung des Wissensstandes und der Präferenzen eines Nutzers können die einzelnen Module dann zusammengestellt werden. Es wird nur noch das vermittelt, was auch wirklich gebraucht wird – nicht mehr, aber auch nicht weniger.

Abbildung 6 zeigt die Anatomie eines asynchronen Lernsystems. Der Autor oder Kursleiter erstellt mit einem Autorentool die Lerninhalte, die dann von einer Lernplattform verwaltet und aufbewahrt werden. Der Nutzer loggt sich nach Bedarf in die Lernumgebung ein, und bearbeitet die abgelegten Lerninhalte selbständig und nach seinem persönlichen Zeitplan. Eventuell stehen Online-Tutoren mit Rat und Tat zur Seite und betreuen einen bestimmten Kurs oder eine bestimmte Nutzergruppe. Da die Lerninhalte standardisiert und in Form von Dateien vorliegen, können sie über eine große Anzahl von Nutzern schnell skaliert werden. Die Lernplattform kann über verschiedene Schnittstellen mit anderen Anwendungen der Unternehmens-EDV verknüpft werden.

Die verschiedenen Erscheinungsformen des E-Learning bringen unterschiedliche Anforderungen an die technische Infrastruktur, die Organisation einer Schulung, Unterschiede im Kursdesign und in den Unabhängigkeitsgraden der Nutzer mit sich. Für verschiedene Schulungsthemen können unterschiedliche E-Learning-Formen

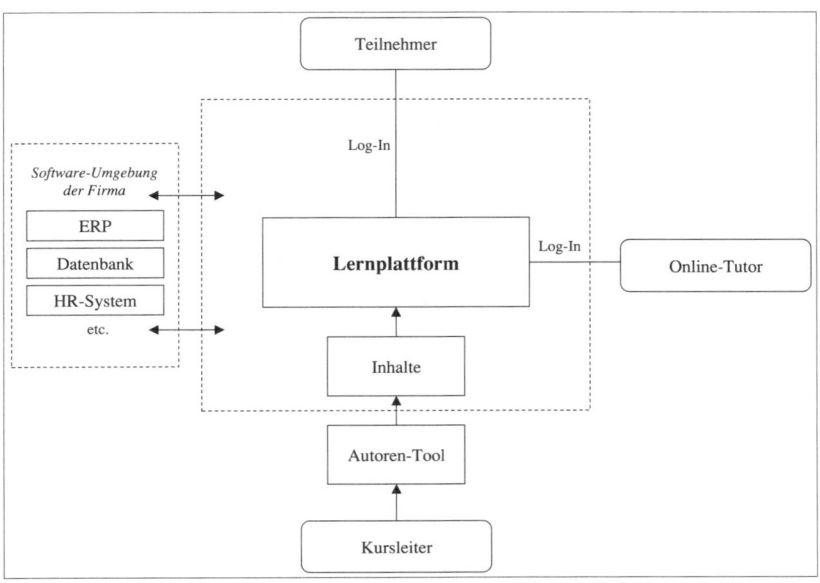

Abb. 6: *Anatomie eines asynchronen Lernsystems*

notwendig sein. Bei der Konzeption einer unternehmensinternen E-Learning-Umgebung und der Auswahl der Technologien ist deshalb frühzeitig zu beachten, dass verschiedene Schulungs-Modi realisiert werden können oder zumindest die Möglichkeit zur Nachrüstung entsprechender Funktionalitäten bei Bedarf gegeben ist.

**E-Learning-Standards**
Der Entwicklung von akzeptierten E-Learning-Standards kommt eine Schlüsselfunktion für die Entwicklung der gesamten E-Learning-Industrie zu. Die Standardisierung von Lernplattform-Software und Kursinhalten ist dabei voll im Interesse der Kunden und sollte bei der Investition in größere E-Learning-Projekte unbedingt beachtet werden. Weshalb sind Standards nun aber so wichtig? Ein Blick auf die technischen und ökonomischen Auswirkungen von Standards soll dies verdeutlichen.

Lernplattformen sind so genannte Stand-Alone-Erweiterungssysteme. Erweiterungssysteme basieren auf einer im Vorfeld festgelegten Systemarchitektur, die die Schnittstellen zu anderen Systemkomponenten so definiert, dass eine Verbindung zur Informationsübertragung entstehen kann. Stand-Alone-Systeme sind eine Untergruppe der Erweiterungssysteme und zeichnen sich im Gegensatz zu Kritische-Masse-Systemen dadurch aus, dass sie isoliert genutzt werden können. Sie stiften also einen hohen originären Produktnutzen.

Ohne die Existenz von Standards kommt es für den Kunden zu einer Lock-In-Situation: Kurse, die für eine bestimmte Lernplattform programmiert wurden, laufen auf keiner anderen Plattform. Auch können keine Kurse von externen Anbietern zugekauft und auf der eigenen Plattform genutzt werden – Kursinhalte und Lernplattformen stellen also pro Anbieter ein in sich geschlossenes System dar. Der Kunde muss unter verschiedenen Systemen eines auswählen und bindet sich sehr stark an den Anbieter. Diese Bindung führt dazu, dass der Anwender nur auf ein sehr kleines Spektrum von E-Learning-Kursen zugreifen kann – nämlich jene, die vom Anbieter der Lernplattform oder mit den Werkzeugen des Anbieters erstellt wurden. Der Nutzen einer Lernplattform ist ohne Standards somit per se eingeschränkt.

Hinzu kommt das ökonomische Risiko eines Lock-In-Effekts. Dieses Risiko lässt sich quantifizieren als die Summe der Wechselkosten, die der Kunde tragen muss, wenn er den Anbieter wechseln möchte. Diese Wechselkosten setzen sich zusammen aus direkten Kosten, Lernkosten und vertragsbedingten Kosten. Direkte Kosten entstehen durch die Anschaffung und Implementierung einer neuen Lernplattform und aller Aufwendungen, die damit verbunden sind, die alten Kurse auf der neuen Plattform zum Laufen zu bringen oder neue Kurse zu programmieren. Lernkosten entstehen, da sich alle Anwender, Kursleiter und Administratoren erst an die neue Technologie gewöhnen und ihre Bedienung erlernen müssen. Diese Kosten können u.U. um ein Vielfaches höher sein als die direkten Kosten für eine neue Lernplattform-Lizenz! Schließlich gilt es eventuell vertragsbezogene Kosten zu beachten, die durch Vertragsstrafen oder entgangene Rabatte entstehen.

Diese technische und ökonomische Abhängigkeit vom Anbieter birgt also erhebliche Risiken und Einschränkungen des Nutzens einer E-Learning-Umgebung für den Kunden. Je höher der Lock-In-Effekt, desto größer ist das Risiko für den Kunden. Grundsätzlich sind Lock-In-Situationen für die Anbieter sehr reizvoll. Eröffnen sie doch die Möglichkeit, die gesamte Zahlungsbereitschaft des Kunden komplett allein abschöpfen zu können. Sie haben aber auch noch einen anderen Effekt: Die Kunden reagieren auf das Lock-In-Risiko mit Zurückhaltung bei der Investitionsbereitschaft in E-Learning – ein Problem, das die E-Learning-Anbieter bereits seit längerer Zeit erkannt haben und das das Wachstum des E-Learning-Marktes erheblich einschränken kann. Vielen Anbietern

> **E-Learning ohne Standards:**
> 
> ⇨ Lock-In des Kunden bei einem Anbieter
> ⇨ Beschränktes Angebot an Kursinhalten
> ⇨ Hohe Kosten und hohes ökonomisches Risiko für Anbieter und Kunden
> ⇨ Eingeschränkte Zahlungsbereitschaft der Kunden
> ⇨ Kleiner Gesamtmarkt

ist mittlerweile klar, dass es für sie lukrativer ist, Teil eines großen Marktes zu sein anstatt einen sehr kleinen Markt vollständig selbst zu dominieren.

Der Ausweg aus dem Lock-In-Dilemma ist die Standardisierung. Standards im E-Learning-Markt beziehen sich dabei auf die Kompatibilität und Nutzbarkeit von Inhalten auf verschiedenen technologischen Plattformen. Der gesamte E-Learning-Markt wird sich grundsätzlich verändern, wenn sich entsprechende Industriestandards durchgesetzt haben.

Das E-Learning-Szenario ist dann ein ganz anderes als das zuvor beschriebene. Unabhängig davon, welche Lernplattform installiert wurde, können Kurse von externen Anbieter zugekauft werden. So könnten z.B. Managementkurse von renommierten Business Schools, Softwaretrainings von den Softwareanbietern selbst und Sprachkurse von erfahrenen Sprach-Didaktikern bezogen werden. Zusätzlich lassen sich eigene Kursinhalte erstellen, nutzen und eventuell auch weiterverkaufen. Bei einem Wechsel auf eine andere Lernplattform können die erstellten und erworbenen Kurse einfach »mitgenommen« werden. Und schließlich werden der modulare Aufbau und die standardisierte Beschreibung von Kursinhalten mit Metadaten es ermöglichen, individuelle Lehrgänge für die speziellen Bedürfnisse eines jeden Nutzers zu generieren.

**E-Learning mit Standards:**
- ⇨ Kompatibilität von Lernplattformen
- ⇨ Modularisierte Kurse, die auf verschiedenen Plattformen laufen
- ⇨ Vielfalt und Auswahl von Kursen zu verschiedensten Themen erhältlich
- ⇨ Höherer Nutzen einer E-Learning-Plattform für den Kunden
- ⇨ Geringere Kosten für Kursinhalte und Plattformwechsel
- ⇨ Geringeres ökonomisches Risiko für Anbieter und Kunden
- ⇨ Höhere Zahlungsbereitschaft der Kunden
- ⇨ Größerer Gesamtmarkt

Standards in der E-Learning-Industrie erhöhen also den Nutzen und die Anwendungsmöglichkeiten von E-Learning allgemein, verringern den Lock-In des Kunden erheblich und tragen somit zu einer erhöhten Zahlungsbereitschaft und zu einem wesentlich größeren Gesamtmarkt von E-Learning bei. Die Standardisierung einer gesamten Industrie ist jedoch alles andere als einfach.

Grundsätzlich können Standards auf zwei verschiedenen Wegen entstehen: Entweder durch einen formalen Prozess (de jure) oder durch die Evolution eines dominierenden Systems (de facto). Beispiele für formale Standards sind die Größennormen für Papier und Briefumschläge sowie die Übertragungsfrequenzen von Mobiltelefonen. De-facto-Standards sind z.B. das Internet-Protokoll (TCP/IP), das sich im Wettkampf mit anderen Standards (wie etwa dem OSI-Modell) durchgesetzt hat, oder die Betriebssystem-Dynastie von Microsoft Windows auf dem PC.

Angesichts der hohen Fragmentierung und der Nichtpräsenz eines klaren Marktführers wird für die E-Learning-Industrie der Weg der formalen Standardisierung gewählt. Eine Reihe von Organisationen beschäftigen sich bereits seit einigen Jahren mit der Ausarbeitung von Standards für verschiedene Teilbereiche des E-Learning. Tabelle 1 fasst eine Anzahl der wichtigsten Organisationen zusammen, die an der Ausarbeitung der Standards beteiligt sind. Problematisch ist die Vielzahl von Teilnehmern an dem Prozess. Jede der erwähnten Gruppen entwickelt Spezifikationen nach ihren eigenen Zielen und Vorhaben. Die Agenden und Arbeitsschwerpunkte der Organisationen sind dabei durchaus nicht deckungsgleich. Während dadurch auf der einen Seite eine gewisse Spezialisierung auf Teilaspekte erreicht wird, gibt es dennoch eine Reihe von Überschneidun-

**Tabelle 1: E-Learning-Standards**

| | |
|---|---|
| **ADL** <br> www.adlnet.org | ADL (Advanced Distributed Learning) war ursprünglich eine Initiative der US-Regierung für das Militär. Der von der ADL-Initiative entwickelte Standard SCORM (Shareable Courseware Object Reference Model) wird seit Ende 2001 in der Version 1.2 als Zertifikat angeboten und soll die Wiederverwendbarkeit, Rekombinierbarkeit und Interoperabilität von Lerninhalten gewährleisten. |
| **AICC** <br> www.aicc.org | Das AICC (Aviation Industry Computer-Based-Training Committee) wurde gegründet, um die Luftfahrtindustrie bei der Entwicklung, Durchführung und Evaluation von elektronischen Lerntechnologien zu unterstützen. Das AICC vergibt ebenfalls bereits Zertifikate und veröffentlicht eine Liste von zertifizierten Produkten. |
| **ARIADNE** <br> www.ariadne-eu.org | Europäische Organisation, die die Ergebnisse der Projekte ARIADNE I & II weiterentwickelt. In den ARIADNE-Projekten wurden Tools und Methoden für die Produktion, das Management und die Wiederverwertbarkeit von E-Learning Kursen entwickelt. |
| **IEEE/LTSC** <br> http://ltsc.ieee.org | Das LTSC (Learning Technology Standards Committee) unter der Schirmherrschaft des IEEE (Institute of Electrical and Electronics Engineers, Inc.) nimmt bei der Entwicklung der E-Learning-Standards eine zentrale, internationale Rolle ein. Eine Reihe von Arbeitsgruppen und Mitgliedern bringen ihre Arbeit und Spezifikationen zu verschiedenen Teilbereichen in das Komitee ein. Für 2002 ist geplant, die Arbeitsergebnisse in den internationalen Standard ISO/IEC JTCI/SC36 (Standars for Information Technology for Learning, Education, and Training) zusammen-zuführen. |
| **IMS** <br> www.imsproject.org | Das IMS (Instructional Management System) entwickelt und fördert Spezifikationen zur Verbesserung von E-Learning-Aktivitäten und entwickelt eigene technische Standards für die Interoperabilität von Lernumgebungen. |

gen, die eine Zusammenführung in einen einheitlichen Industriestandard erschweren. Es gibt jedoch konkrete Bemühungen, die Aktivitäten der einzelnen Organisationen zu bündeln und zu koordinieren. Eine wichtige Rolle spielt dabei das IEEE/LTSC Konsortium, welches die erarbeiteten Spezifikationen seiner Mitglieder in einem ISO-Standard zusammenführen wird.

Die Bemühungen der Standardisierungsgremien tragen bereits einige Früchte. So sind erste Zertifizierungen erhältlich, die die Kompatibilität von Lernplattformen mit dem sich abzeichnenden Industriestandard bescheinigen. Spätestens mit der Überführung der einzelnen Spezifikationen in ISO- oder DIN-Standards dürfte für die E-Learning-Industrie dann eine neue Entwicklungsphase anbrechen, die für Anbieter und E-Learning-Anwender als sehr positiv zu beurteilen ist.

## Literatur

Berlecon Research *»Wachstumsmarkt E-Learning: Anforderungen, Akteure und Perspektiven im deutschen Markt«. www.berlecon.de, 2001.*

CLEMENT, MICHEL *»Interaktives Fernsehen: Analyse und Prognose seiner Nutzung«. Deutscher Universitäts-Verlag Wiesbaden, 2000.*

KÖLLINGER, PHILIPP *»E-Learning: Marktanalyse für Deutschland«. Symposion Publishing, Düsseldorf, 2001, www.symposion.de*

Morgan Keegan & Co., Inc. (2000) *»Elearning – The Engine of the Knowledge Economy«. www.morgankeegan.com, 2000.*

Projektträger Neue Medien in der Bildung + Fachinformationen *»PT-Infoseite«. www.gmd.de/PT-NMB/Bereich_Hochschulen/Lernplattformen.htm, 03.01.2002*

Zerdick et al »Die Internet-Ökonomie: Strategien für die digitale Wirtschaft«. *Springer-Verlag Berlin Heidelberg, 2001.*

# Fallstudien, Fehlschläge, Lernprozesse

**Web Based Training –
Fallstudie Infineon**
Armin Deml, Jan-Oliver Noll

**Das virtuelle Trainingscenter –
Fallstudie Viterra Energy Services**
Ralf China, Uwe Wilken

**Die Corporate University im Mittelstand –
Fallstudie KAESER**
Constanze la Dous, Sabine Hofbauer,
Annett Lindner-Lange

# Web Based Training – Fallstudie Infineon

Die Abteilung für Prozessmanagement bei Infineon hat im Jahr 2001 zusammen mit einem externen Partner ein web-based Training (WBT) zum Thema »Geschäftsprozessmanagement« entwickelt.
Der nachfolgende Praxisbericht beschreibt die Projektvorgehensweise und die gewonnenen Erfahrungen. Die Fallstudie soll insbesondere nützliche Hinweise für die operative Projektarbeit in den jeweiligen Phasen geben und die wesentlichen Lessons Learned vermitteln.

Armin Deml, Jan-Oliver Noll

## Die Ausgangssituation: Am Anfang war der Inhalt

Im Gegensatz zu wahrscheinlich vielen anderen E-Learning-Projekten stand zu Beginn der Projektüberlegungen noch gar nicht fest, dass ein web-based Training entwickelt würde. Vielmehr bestand anfangs der Bedarf, die Mitarbeiter von Infineon mit der kurz zuvor neu definierten Geschäftsprozesslandschaft vertraut zu machen, die wesentlichen Grundelemente des Prozessmanagements zu vermitteln sowie das Prozessbewusstsein insgesamt zu stärken. Alle Mitarbeiter, weltweit und prozessübergreifend, sollten und sollen eine einheitliche Wissensbasis über das Prozessmanagement und die Geschäftsprozesse von Infineon erlangen. Diese breit angelegte Implementierung stellte die verantwortliche Fachabteilung vor die Herausforderung, einen geeigneten und effizienten Weg zu finden, um diese Inhalte zu vermitteln.

Bei den Überlegungen zur Auswahl der geeigneten Vorgehensweise wurden verschiedene Ansätze wie die Erstellung einer Bro-

> **Über Infineon**
>
> Die Infineon Technologies AG bietet Halbleiter- und Systemlösungen für Anwendungen in der drahtgebundenen und mobilen Kommunikation, für Speichersysteme und Chipkarten, für die Automobil- und Industrieelektronik, sowie Speicherbauelemente an. Infineon ist weltweit tätig und steuert seine Aktivitäten in den USA aus San Jose, Kalifornien, im asiatisch-pazifischen Raum aus Singapur und in Japan aus Tokio. Mit weltweit rund 33.800 Mitarbeitern erzielte Infineon im Geschäftsjahr 2001 (Ende September) einen Umsatz von 5,67 Milliarden Euro. Das DAX-Unternehmen ist in Frankfurt und New York (NYSE) unter dem Symbol »IFX« notiert. Weitere Informationen unter www.infineon.com.

schüre, die Durchführung von Präsenztrainings oder auch der Einsatz von Kaskadenlernsystemen (Stichwort »Lernlandkarten«) geprüft. Eine intranet-basierte, multimediale Lösung war also nur eine von vielen Optionen.

Bei der Entscheidungsfindung haben verschiedene Kriterien eine Rolle gespielt, wie beispielsweise die Eignung für den Transfer unserer spezifischen Inhalte, der zeitliche und personelle Aufwand für die Entwicklung des jeweiligen Mediums, die Kosten der Erstellung und Verbreitung sowie die erwartete Akzeptanz bei den Anwendern.

Dass die Entscheidung letztlich zugunsten eines WBTs fiel, ist auf folgende Gründe zurückzuführen:

⇨ Das Thema »Geschäftsprozesse« ist sehr gut geeignet, um multimedial animiert verständlich und interessant vermittelt zu werden.

⇨ Die Zielgruppe aufgeschlossener und technikbegeisterter Mitarbeiter in einem Hightech Unternehmen wie Infineon besitzt eine große Aufgeschlossenheit gegenüber moderner Medien.

⇨ Der weltweit hohe Durchdringungsgrad mit moderner IT-Infrastruktur bei Infineon schafft optimale technische Voraussetzungen für den Einsatz von E-Learning.

⇨ Die Inhalte eines WBTs können zentral und kostengünstig aktualisiert werden, was vor dem Hintergrund einer kontinuierlichen Prozessverbesserung ein wichtiger Aspekt ist.
⇨ Für eine weltweite Umsetzung bei über 30.000 Mitarbeitern bietet ein WBT ein gutes Kosten-/Nutzenverhältnis.

## In vier Schritten von der Vorbereitung bis zur Implementierung

Die Erstellung des web-based Trainings zum Prozessmanagement durchlief insgesamt vier Phasen. In der ersten Phase erfolgte die Projektdefinition und -planung einschließlich der Auswahl der Projektpartner. Die zweite Konzeptions- und Designphase umfasste vor allem die strukturelle Aufbereitung der Inhalte und die Ausarbeitung eines Drehbuchs. In der Produktionsphase (Phase 3) wurden das WBT programmiert und getestet. Den Abschluss bildete die vierte Phase der Implementierung mit Beginn der Nutzung durch die Anwender. Auf die wesentlichen Inhalte der einzelnen Phasen sowie

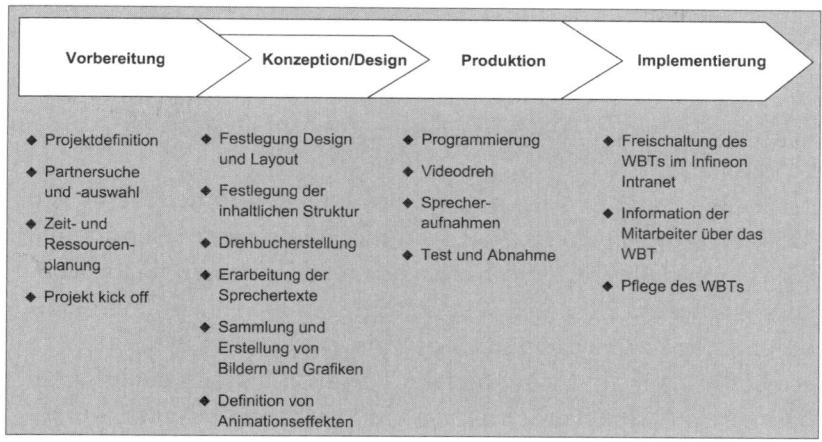

| Vorbereitung | Konzeption/Design | Produktion | Implementierung |
|---|---|---|---|
| ◆ Projektdefinition<br>◆ Partnersuche und -auswahl<br>◆ Zeit- und Ressourcenplanung<br>◆ Projekt kick off | ◆ Festlegung Design und Layout<br>◆ Festlegung der inhaltlichen Struktur<br>◆ Drehbucherstellung<br>◆ Erarbeitung der Sprechertexte<br>◆ Sammlung und Erstellung von Bildern und Grafiken<br>◆ Definition von Animationseffekten | ◆ Programmierung<br>◆ Videodreh<br>◆ Sprecheraufnahmen<br>◆ Test und Abnahme | ◆ Freischaltung des WBTs im Infineon Intranet<br>◆ Information der Mitarbeiter über das WBT<br>◆ Pflege des WBTs |

Abb. 1: *Projekt-Phasen*

die darin gewonnen Erfahrungen wird im folgenden näher eingegangen.

### Die erste Phase: Vorbereitung

Wesentliche Aktivitäten

Zu Beginn der Vorbereitungsphase wurde das Projekt noch einmal genauer spezifiziert, wobei insbesondere das übergeordnete Lernziel und die Zielgruppe konkretisiert wurden. So haben wir folgende Ziele für das WBT formuliert:

Alle Mitarbeiter von Infineon sollen
⇨ von der Notwendigkeit und dem Nutzen einer starken Prozessorientierung überzeugt werden,
⇨ mit den Grundbegriffen und Konzepten des Prozessmanagements vertraut gemacht werden,
⇨ in die Lage versetzt werden, einerseits Infineon in seiner Gesamtheit als komplexes System besser zu verstehen und andererseits einen Bezug zu eigenen Aktivitäten herstellen zu können.

Im Zuge der Projektdefinition wurde außerdem eine Gesamtbearbeitungszeit für das WBT von maximal 80 Minuten als feste Vorgabe definiert.

Nachdem das Lernziel und die Bearbeitungszeit des WBTs konkretisiert wurden, erfolgte die Definition der Projektdauer und die Abschätzung des Ressourcenaufwands. Die Gesamtprojektlaufzeit wurde mit sechs Monaten veranschlagt. Für die Gesamtkoordination und Projektsteuerung seitens Infineon wurde ein Mitarbeiter mit etwa 50% seiner Kapazität betraut. Für die Inhaltsausarbeitung und das spätere Testen wurden 10 weitere Mitarbeiter benannt, um jeweils tageweise mitzuwirken.

Ein wichtiger Meilenstein in der Vorbereitungsphase war die Selektion eines geeigneten externen Partnerunternehmens. Bei der Partnerauswahl standen verschiedene Kriterien im Vordergrund. Zunächst wurde das Leistungsspektrum von ausgewählten Unternehmen bewertet. Dieses reichte von der reinen Unterstützung bei der technischen Realisierung bis hin zur Entwicklung einer fertigen Gesamtlösung einschließlich des entsprechenden Contents. Aufgrund der bereits vorhandenen und zudem sehr unternehmensspezifischen Inhalte stand die programmiertechnische Kompetenz des Partners im Vordergrund. Natürlich flossen zudem weitere Kriterien wie beispielsweise die Preisgestaltung oder der persönliche Eindruck in die Gesamtbewertung des Partnerunternehmens mit ein.

Die Phase endete mit einer Abstimmung der Projektplanung mit dem ausgewählten Partner, sowie einer Überprüfung der wesentlichen technischen und organisatorischen Rahmenbedingungen.

### Erfolgsfaktoren, Stolpersteine und Kostentreiber

Ein wesentlicher Erfolgsfaktor zu Beginn des Projekts ist sicherlich die klare Definition der Zielgruppe und der Lernziele. Bei der Definition der Zielgruppe ist vor allem zu berücksichtigen, wie heterogen oder homogen die anzusprechende Gruppe ist. Dazu müssen Aspekte wie Bildungsniveau, voraussetzbare Fachkenntnisse, aber auch die Unterschiedlichkeit der Sprach- und Kulturkreise berücksichtigt werden. Die Lernziele müssen auf diese Zielgruppe abgestimmt sein, da anderenfalls eine Über- oder Unterforderung der Lernenden entsteht, die zu Frustration führt und die gewünschten Lerneffekte nicht erreicht werden.

Ein weiterer, sehr kritischer Punkt ist die detaillierte Klärung der technischen und organisatorischen Rahmenbedingungen. Bei den technischen Rahmenbedingungen muss geklärt werden, welche Hardware- und Softwarestandards im Unternehmen gelten. Dazu zählen beispielsweise Fragen nach Rechnerleistungen, Grafik- und Soundkarten, Übertragungsraten im Netzwerk, verwendeten Browsern und Plug-Ins oder bezüglich der Verwendung einer Lernplattform. Bei den organisatorischen Aspekten gilt es zu klären, inwieweit der Betriebsrat, bestimmte Gremien oder andere Fachabteilungen in die geplanten Aktivitäten eingebunden werden müssen.

Ein wesentlicher Stolperstein dieser Phase ist die detaillierte Klärung der IT-technischen Rahmenbedingungen, insbesondere der Abgleich zwischen der eingesetzten Software des IT-Realisierers und der verwendeten Software im eigenen Unternehmen. Gerade die Vielzahl der Videoformate mit ihren unterschiedlichen Kompressionsverfahren und die Fülle verschiedener Versionsstände von Browsern und Multimedia-Funktionen kann viel Mühe bei der richtigen Konfiguration erfordern.

Wesentlicher Kostentreiber in der Phase sind die Erwartungen an den Grad der Multimedialität (Umfang des Einsatzes von Videos und Animationen) sowie die Entscheidung über die Anzahl der Sprachen in denen das WBT zur Verfügung gestellt werden soll (in dem beschriebenen Fall: deutsch und englisch).

**Was Sie beachten sollten:**
- ⇨ Klare Definition von Zielgruppe und Lernziel
- ⇨ Auswahl eines Partners mit dem entsprechenden Leistungsspektrum
- ⇨ Klärung technischer und organisatorischer Rahmenbedingungen
- ⇨ Entscheidung über Sprachen und grundsätzlichen Grad an Multimedialität

| Struktur (Sitemap) | Inhaltliche Ausgestaltung | Lernzieloperationalisierung | Aktions-/ Präsentationsform | Laufzeit |
|---|---|---|---|---|
| Intro | Das Intro soll schon darauf hinweisen, dass es sich um das Thema Prozessmanagement handelt. | Das Interesse des Anwenders für das WBT soll geweckt werden. | Flash-Animation | Ca. 0,5 min |
| Index | Übersicht über alle Module mit direkter Verlinkung; ebenso Angabe über Dauer des jeweiligen Moduls. | Komplette Übersicht über das WBT mit direktem Zugriff auf jedes Modul. | Hypertext, GIFs | 0 min |
| **Modul 0 – Einführung** | | | | Ca.2,5 min |
| Intro | Startseite jedes Moduls: Der Sympathieträger zeigt die Lernziele dieses Moduls auf. | Der Anwender bekommt einen allgemeinen Überblick über das WBT. | | Ca. 0,5 min |
| 0.1 Überblick Lernsystem | Konzept, Inhalt (Module), Funktionalitäten und Gebrauch/Navigation des WBT's werden dargestellt. Dies wird sehr grafisch verdeutlicht. Weiterhin stellt sich der männliche Tutor vor. Des weiteren wird darauf verwiesen, dass das WBT sich an alle Mitarbeiter von IFX richtet. | Leichte, verständliche Einführung zur Akzeptanzsteigerung. Alle Mitarbeiter fühlen sich angesprochen. | Hypertext, Simulation mit Flash-/Director-Animation | Ca. 2 min |
| **Modul 1 – Process Management** | | | | Ca. 6,5 min |
| Intro | Startseite jedes Moduls: Der Sympathieträger zeigt die Lernziele dieses Moduls auf. | Heranführung an das Thema PM und wecken des Interesse. | Hypertext, Flash-/Director-Animation | Ca. 0,5 min |
| 1.1 Videosequenz | Erläuterung der fünf wesentlichen Gründe/Faktoren (Wachstum, Partnerschaften, komplexere Wertschöpfung, Globalisierung, Wettbewerb), die für ein stärkere Prozessorientierung sprechen (meta level) | Ein Verständnis für das Thema PM auf einem hohen Aggregationslevel soll geschaffen werden. | Videosequenz mit Dr. Schumacher | Ca. 2 min |

Abb. 2: *Curriculum*

| Struktur | Bildschirm | Gesprochener Text / Textfenster | Programmieranweisungen |
|---|---|---|---|
| **Modul 2** | | | 10 min |
| 2. Grundlagen des PM bei IFX | | | |
| 2.1 Wie definieren wir einen Prozess? | # OtC Prozess, wobei der Subprozeß „delivery" herausgezoomt wird<br><br># Detaillierter Process Flow aus OtC (Visio Vorlage) - Kommissionierung und Lieferung von Chips an einen Kunden<br><br># Filmsequenzen aus unserem DC muss noch geklärt werden, wie wir die unterstrichenen Elemente dem User vermitteln<br><br># Allgemeingültiges Prozessmodell | Um Ihnen das Thema Prozessmanagement und dessen wesentlichen Elemente einmal auf anschauliche Weise zu verdeutlichen, sehen wir uns jetzt einmal den Core Prozess **Order to Cash** etwas genauer an. Der OtC Prozess beschreibt den Vorgang vom Auftragseingang bis zur Bezahlung der gelieferten Chips durch unseren Kunden. Einen umfassenden Einblick in diesen Core Prozess mit seinen Sub Prozessen erhalten Sie im vierten Modul..<br><br>Für die nachfolgende Einführung wollen wir uns aber auf den Sub Prozess "Delivery" focusieren, also den Teil des Prozesses, bei dem die Ware im Versandlager für die Versendung zum Kunden vorbereitet und dann zum Kunden geliefert wird.<br><br>Die einzelnen Aktivitäten innerhalb dieses Prozesses werden Ihnen anhand der Video- und Prozessdokumentation anschaulich erläutert...Hier kommt noch Text vom Moderator, wenn wir die Methodik definiert haben.<br><br>Wenn wir uns den soeben dargestellten „Delivery" Prozess noch einmal vor Augen führen, sehen wir, dass ein Prozess von verschiedenen Elementen geprägt wird, die wir in sogenannten Prozessmodell strukturiert abbilden können. Gleichsam einer Checkliste hilft uns das Prozessmodell, bei der Gestaltung eines Prozesses nichts wesentliches zu vergessen. Das bedeutet, es muss immer definiert werden, wer welchen Input liefert, wie dieser Input entgegengenommen und weiterverarbeitet wird, um ihn dann als richtigen Output an einen Kunden übergeben zu können. Dazu sind bestimmte Ressourcen notwendig, wie etwa das für den Prozess notwendige Personal oder die geeigneten Maschinen. Zudem müssen geeignete Steuergößen definiert werden, anhand derer die Leistungsfähigkeit eines Prozesses bewertet werden kann, um den Prozess steuern zu können.<br><br>Das Prozessmodell ist auch ein wesentlicher Baustein für die prozessorientierte Umsetzung der Anforderungen aus der Norm QS 9000 an das Qualitätsmanagementsystem unseres Unternehmens. | Heraus zoomen des „delivery" sub processes<br><br>Nach erläutert.... muss noch geklärt werden, wie wir das Video und die Prozessdokumentation dem User vermitteln wollen. An dieser Stelle muss sicherlich noch Sprechertext erarbeitet und aufgenommen werdenEventuell erst Film ohne Flow zeigen?<br><br>4 minütiges Video im AVI Format – Drehtermin 12.06.01- Schnitt 20.06.01<br><br>Animation des allgemeinen Prozessmodells (unterlegt mit Bildern aus der OtC )Videosequenz: Reihenfolge - Activity, receive, deliver, resourcen, measurands. |

Abb. 3: *Drehbuch*

## Die zweite Phase: Konzeption und Design

Wesentliche Aktivitäten

Zu Beginn dieser Phase wurde ein sogenanntes »Curriculum« erstellt, das die Struktur und Laufzeit des WBTs definiert, erste Ideen zur inhaltlichen Ausgestaltung festlegt und das Lernziel detailliert operationalisiert. Ein beispielhafter Auszug aus dem Curriculum ist in der folgenden Abbildung zu sehen.

Aufbauend auf dem abgestimmten Curriculum wurde ein Drehbuch erstellt. Dazu wurden die einzelnen Module des WBTs von den jeweils inhaltlich verantwortlichen Projektmitgliedern ausgearbeitet. Im Rahmen der Drehbucherstellung wurden auch die zu verwendenden Bilder, Filmsequenzen und Grafiken definiert, der genaue Sprechertext festgelegt und Hinweise zur Umsetzung der Animationseffekte dokumentiert. Das mit dem Realisierungspartner abgestimmte Drehbuch bildete die Basis für die spätere WBT Produktion.

Erfolgsfaktoren, Stolpersteine und Kostentreiber

Für die Konzeptions- und Designphase ist es besonders wichtig, eine klare Vorstellung in Bezug auf die Darstellung und Aufbereitung der Inhalte zu haben. Die Technik bietet hier ein breites Spektrum an Möglichkeiten, das allerdings immer mit Blick auf die Inhalte und Anwender eingesetzt werden sollte. So ist grundsätzlich zu klären, ob die Aufbereitung eher verspielt oder nüchtern aussehen soll, ob ein Sympathieträger in Form einer Comicfigur oder als reale Person präferiert wird, ob ein männlicher oder weiblicher Sprecher eingesetzt wird. Zudem sind Vorgaben bezüglich des Corporate Designs rechtzeitig zu klären und zu berücksichtigen.

Darüber hinaus müssen in dieser Phase die Lernziele zu den einzelnen Kapiteln operationalisiert werden. Das bedeutet, es muss genau festgelegt werden, welche Kenntnisse dem Anwender in den einzelnen Modulen in welcher Form vermittelt werden sollen. Speziell für dieses WBT, mit einer breiten und heterogenen Zielgruppe, erwies sich bei der Gestaltung der Inhalte das Prinzip »Keep it simple and stupid« als zielführend. Gerade mit besonders einfachen, aber leicht verständlichen Grafiken und Bilder konnten manche Lerninhalte sehr anschaulich vermittelt werden.

Im Zuge der Projektarbeit zeichnete sich ein anderer Erfolgsfaktor ab, der für die Erarbeitung der entsprechenden Lerninhalte essentiell war – ein ausgewogener Mix aus fachlichem, redaktionellem und didaktischem Wissen. Das ist am besten durch eine ausgewogene Mischung bei der Besetzung des Projektteams zu gewährleisten. Das Zusammenspiel dieser Faktoren beeinflusst die Gesamtqualität des WBTs in erheblichen Maße.

Einen Stolperstein und Kostentreiber während dieser Phase stellt sicherlich der erforderliche Zeit- und Ressourcenaufwand für die Datensammlung sowie Aufbereitung und Abstimmung der Inhalte dar. Natürlich wird bereits in der Vorbereitungsphase das vorliegende Rohmaterial, wie Texte, Bilder, Grafiken und Präsentationen gesichtet. Im Rahmen der weiteren Konkretisierung des Drehbuchs kann sich heraus stellen, dass insbesondere notwendiges Bildmaterial fehlt oder nicht in der geeigneten Qualität vorliegt. In dem dargestellten Fall sah man sich mit dem Problem konfrontiert, dass zwar etliche Bilder vorlagen, aber die Qualität, Formate oder Aktualität stark unterschiedlich waren. Hier gilt es bewusst abzuwägen, ob und in welchem Umfang weitere Fotos erstellt werden müssen, da dies neben zusätzlichen Kosten auch einen Zeitverzug verursachen kann.

Auch der Aufwand für die Abstimmung des Drehbuchs sowie gegebenenfalls nötige Freigabeprozesse können erhebliche Opportunitätskosten verursachen und sollten auf ein Mindestmaß beschränkt bleiben.

**Was Sie beachten sollten:**

⇨ Klare Vorgaben für die Darstellung und Aufbereitung der Inhalte auch mit Blick auf das Corporate Design
⇨ Genaue Vorstellung über die zu vermittelnden Inhalte (detaillierte Lernzieloperationalisierung)
⇨ Einfachheit und Verständlichkeit der Inhaltsaufbereitung (»Keep it simple and stupid«)
⇨ Ausgewogener Mix aus fachlichem, redaktionellem und didaktischem Wissen

## Die dritte Phase: Produktion

Wesentliche Aktivitäten

Im Rahmen der Produktionsphase wurde von unserem Partnerunternehmen das WBT gemäß den Vorgaben des Drehbuchs programmiert, die Sprecheraufnahmen im Tonstudio durchgeführt und parallel hierzu von Infineon die erforderlichen Videosequenzen gedreht. Ein wesentlicher Teil der Produktionsphase war das Testen des WBTs. Dabei wurde zum einen geprüft, ob mit der programmierten Aufbereitung der Inhalte die im Konzept vorgesehenen Lernziele erreicht wurden, zum anderen wurden Fehler beseitigt und die Akzeptanz bei Testanwendern geprüft. Die Produktionsphase endete mit der Abnahme des WBTs seitens Infineon.

Erfolgsfaktoren, Stolpersteine und Kostentreiber

Für die Produktion des WBTs ist ein möglichst detailliertes und mit dem Realisierungspartner abgestimmtes Drehbuch von großer Bedeutung. Deshalb sollte für die Abstimmung in der Konzeptions- und Designphase ausreichend Zeit eingeplant werden, um in der Produktionsphase Unklarheiten und nachträglichen Abstimmungsbedarf zu vermeiden.

Wichtig ist in dieser Phase auch, genügend Zeit für die Auswahl und das Briefing der Testanwender einzuplanen. Deren Feedback ist für die Qualität des WBTs von großer Bedeutung, weil diese Anwender die notwendige Distanz zu den zu vermittelnden Inhalten sowie zum Projekt selbst haben und deshalb anwendungsnahe Rückmeldungen geben können. Um eine effektive Sammlung und Auswertung der Anwender-Feedbacks zu ermöglichen muss im Vorfeld eine systematische Vorgehensweise dazu definiert werden. Das Auswertungsprozedere und die weitere Verarbeitung des Feedbacks sollte den Test-Usern im Vorfeld transparent gemacht werden, um den hohen Stellenwert des Feedbacks zu unterstreichen und die Motivation der Test-Anwender, ein qualitativ hochwertiges Feedback abzuliefern, zu erhöhen.

Ein wesentlicher Stolperstein in der Produktionsphase ist nicht rechtzeitig verfügbares Bild- und Grafikmaterial, da die Programmierung möglichst an einem Stück und ohne Unterbrechungen erfolgen sollte. Das ist nicht nur mit Blick auf die Zeit- und Ressourcenplanung wichtig, sondern verringert auch Fehlerquellen in der Programmierung, die durch das nachträgliche Einfügen von Bildern entstehen können.

Erschwerend für den Projektverlauf in dieser Phase wirkt eine mangelnde Reife der Beta Version des WBTs. Dies führt unweigerlich zu vermeidbarer Frustration der Testanwender.

Zu Irritationen können an dieser Stelle auch stark voneinander abweichende Feedbacks der Test-Anwender führen, die auf unterschiedliche Erwartungen und persönliche Lernstile zurückzuführen sind. So erwarten manche Anwender ein hohes Maß an Animationseffekten und empfinden diese als motivierend, während andere diese Effekte als störend ansehen. Hier muss ein ausgewogener Ansatz gefunden werden, zu dem didaktische bzw. pädagogisch geschulte Projektmitglieder einen wertvollen Beitrag leisten können. Trotzdem sollte man sich nicht verunsichern lassen, denn den Ge-

> **Was Sie beachten sollten:**
> 
> ⇨ Möglichst detailliertes und mit dem Partner abgestimmtes Drehbuch
> ⇨ Rechtzeitige Verfügbarkeit aller für die Programmierung notwendigen Materialien
> ⇨ Gezielte Auswahl und systematisches Briefing der Test-Anwender
> ⇨ Strukturiertes Vorgehen zur Sammlung und Bewertung des Feedbacks der Test-Anwender

schmack aller Mitarbeiter wird man wahrscheinlich nicht treffen können.

Als Kostentreiber lassen sich während dieser Phase der definierte Grad der Animation und Multimedialität anführen, weil hier ein direkter Zusammenhang zum Programmieraufwand besteht.

Die Erfahrungen im Rahmen des beschriebenen Projekts zeigen, dass mit Videos komplexe Sachverhalte gut veranschaulicht werden können. Andererseits ist aber die Produktion von Videosequenzen mit erheblichem Aufwand für die Vorbereitung, Durchführung und Nachbearbeitung der Videoproduktion verbunden.

Mehrsprachigkeit bei einem WBT fordert ihren Preis. Jede Sprachversion erfordert zusätzliche Sprecheraufnahmen in Tonstudios, zusätzliche Übersetzungen des Ursprungstextes und Grafiken müssen neu beschriftet werden. Vergessen werden sollte nicht, dass dies unweigerlich zu einem großen Aufwand bei späteren Änderungen des Inhalts führt. Deshalb ist eine Beschränkung auf das Mindestmaß an Sprachvarianten empfehlenswert.

## Die vierte Phase: Implementierung

Wesentliche Aktivitäten

Die Implementierung war bzw. ist die letzte Phase des Projekts. In dieser Phase wurde das WBT für alle Mitarbeiter freigeschaltet und durch einen Mix an Kommunikationsmaßnahmen bekannt gemacht. Mit der Einführung des WBT begann gleitend die Betriebsphase, die wir als Teil der Implementierung ansehen. Der WBT Betrieb bedeutet einerseits die Sammlung und Auswertung der Anwender-Feedbacks, die einen hohen Stellenwert haben in Anbetracht zukünftiger E-Learning Aktivitäten bei Infineon. Andererseits muss während der Betriebsphase das WBT auch gepflegt und aktualisiert werden.

### Erfolgsfaktoren, Stolpersteine und Kostentreiber

Ein wichtiger Erfolgsfaktor bei der Einführung des WBTs ist die gezielte Nutzung ausgewählter Kommunikationskanäle, um die verschiedenen Mitarbeitergruppen im Unternehmen adäquat zu erreichen. Ist die Nutzung des WBTs – wie in unserem Fall – freiwillig, dann reicht es nicht, die Mitarbeiter über die Existenz zu informieren. Vielmehr muss das WBT beworben werden, was beispielsweise durch einen Sponsor aus dem Top-Management gefördert werden kann oder durch ein Netzwerk an Multiplikatoren. Zudem müssen mögliche Hindernisse, wie z.B. Fragen zur Nutzung des WBTs während der Arbeitszeit klar beantwortet sein.

Essentiell im Rahmen der Betriebsphase der WBTs ist es, entsprechende Verantwortliche zu benennen, die sich um die Pflege und Aktualität des WBTs kümmern. Bei der Definition dieses Teams sollte darauf geachtet werden, dass auch der programmiertechnische Teil, der während des Projekts vom externen Partner übernommen wurde, abgedeckt wird. Dies muss nicht zwangsläufig durch interne Ressourcen geschehen. Auch ein Rahmenvertrag mit einem externen Anbieter kann sinnvoll sein. In diesem Zusammenhang sollten auch Themen wie Änderungsprozedere, Auswertung und Weiterleitung von Anwender-Feedbacks, Folgebudget usw. geregelt werden.

Zuletzt möchten wir noch auf einen weiteren Erfolgsfaktor im Rahmen der Betriebsphase verweisen – nämlich die Motivation der Anwender, Feedback zum WBT zu liefern. Gerade wenn qualifiziertes Feedback gewünscht ist, sollte man sich auch Gedanken über ein geeignetes Anreizsystem für den Anwender machen. Hier kommt beispielsweise die Verlosung von Preisen in Frage. Das Feedback dient als Grundlage, das bestehende Produkt zu verbessern und als wichtiger Input für zukünftige WBT-Entwicklungen und hat somit einen sehr hohen Stellenwert.

Wie bei den Erfolgsfaktoren bereits erwähnt, spielt die Auswahl von geeigneten Informationskanälen eine sehr wichtige Rolle im Rahmen einer weltweiten Implementierung. Um aber den langfristigen Erfolg des WBTs sicherzustellen, ist es wichtig, regelmäßige Informationskampagnen durchzuführen. Dieser Aspekt ist entscheidend für einen nachhaltigen und langfristigen Einsatz eines WBTs.

Die Werbemaßnahmen für das WBT sind natürlich potentielle Kostentreiber und müssen in einem angemessenen Verhältnis zu den Produktionskosten stehen. Durch die Nutzung der Intranet-Newspages, Hinweisen in der Mitarbeiterzeitschrift oder einer Werbemail lassen sich auch zu geringen Kosten viele Mitarbeiter erreichen. Ein weiterer Kostentreiber liegt in der Pflege des WBTs während der Betriebsphase, wobei hier insbesondere der nötige Änderungsumfang stark ins Gewicht fällt.

**Was Sie beachten sollten:**

⇨ Gezielte Kommunikationsmaßnahmen, um die Nutzung des WBTs zu fördern
⇨ Gewinnung eines Sponsors im Top-Management für das WBT
⇨ Klärung der organisatorischen Rahmenbedingung im Rahmen der Betriebsphase
⇨ Motivation der Anwender, Feedback zu geben

**Die Gesamtbewertung**

Die Entscheidung für ein WBT zur Vermittlung der Inhalte zum Prozessmanagement sowie zur Verbesserung der Kenntnisse der Mitarbeiter über die Geschäftsprozesse von Infineon hat sich als richtig erwiesen. Gerade die zeitgleiche weltweite Verfügbarkeit der aktuellen Lerninhalte und die multimedialen Möglichkeiten zur anschaulichen Darstellung komplexer Sachverhalte sind wesentliche Vorteile.

Gleichwohl ist der interne Ressourcenaufwand für die Aufbereitung und Abstimmung der Inhalte, für die Steuerung des Projekts, sowie für Test, Einführung und Pflege des WBTs beträchtlich.

Auf der technischen Seite hat sich gezeigt, dass die Entwicklungen rund um das Intranet und seiner Multimediafähigkeit schon sehr weit fortgeschritten sind, aber an manchen Stellen noch immer nicht die notwendige Reife und Stabilität erreicht haben, die für bestimmte E-Learning Ansätze und Methoden wünschenswert wäre.

Trotzdem gehen wir davon aus, dass diese Variante des E-Learnings eine große Zukunft haben wird, insbesondere wenn es darum geht, sehr viele Mitarbeiter zu schulen. Neben dem WBT setzt die Fachabteilung für die Vertiefung der Kenntnisse zum Prozessmanagement aber auch weiterhin Präsenztrainings ein.

## Das virtuelle Trainingscenter – Fallstudie Viterra Energy Services

> Das Dienstleistungsunternehmen Viterra Energy Services (VES) nutzt die Möglichkeit des E-Learning bei der Einarbeitung neuer sowie bei der Weiterqualifizierung erfahrener Mitarbeiter. Zu diesem Zweck wurde dort ein virtuelles Trainingscenter aufgebaut. Da es für VES zunächst kein SAP-Referenzmodell gab, mussten die Dokumentationen und Trainingsinhalte weitgehend neu entwickelt werden. Mittlerweile können Mitarbeiter und Coaches bei allen Fragen rund um das VES-spezifische SAP-System auf eine E-Learning-Bibliothek zurückgreifen. Die Autoren begleiteten den Prozess von den ersten Schritten an.
>
> *Stichworte*: E-Learning bei VES: Ausgangssituation, Ziele, Erwartungen; Projektorganisation; Pilotanwendung; Web Based Training (WBT): Aufgaben; Herausforderungen, Lösungen; WBT als integrierte Säule im Trainingssystem; Checkliste; Zusammenfassung.

RALF CHINA, UWE WILKEN

### Das Unternehmen

Die Viterra Energy Services GmbH & Co KG (VES) ist eine Tochter der Viterra AG innerhalb des Energiekonzerns E.ON. Ihr Hauptsitz ist Münster in Westfalen. Das Unternehmen, das aus der Ista Haustechnik GmbH hervorgegangen und Inhaberin der Marken Ista und Clorius ist, hat sich auf Systemdienstleistungen rund um die Immobilie spezialisiert. Dazu gehören die Lieferungen von Mess- und Erfassungssystemen, die Erstellung individueller Verbrauchsabrechnungen von Wasser und Wärme sowie Finanzdienstleistungen. Viterra Energy Services hat bundesweit Niederlassungen in 19 Städten und verfügt über 1200 festangestellte Mitarbeiter.

Neue Wege gehen ist bei Viterra Energy Services Programm – das gilt für richtungsweisende Produkte und Dienstleistungen genauso wie für die Aus- und Weiterbildung der Mitarbeiter. Im Juli 2000 fiel deshalb hier der Startschuss zum Aufbau der virtuellen Lernakademie »e-viva«.

### Was ist E-Learning?

E-Learning ist das Verwirklichen von Lernprozessen mit Hilfe des Intra-/Internets. Führen wir uns kurz vor Augen, was alles zu einem Lernprozess gehört:

⇨ Da gibt es Wissen und Informationen, die an bestimmte Personen weitergegeben werden sollen, damit diese zum Beispiel ihre Arbeit besser machen können.
⇨ Da sind Trainer, die die Aufgabe haben, dieses Wissen aufzubereiten und zu didaktisch sinnvollen Kursen zusammenzustellen.
⇨ Da sind Mitarbeiter der Personalentwicklung, die die Teilnehmer auswählen und einladen, die an dem Kurs teilnehmen sollen.
⇨ Es gibt einen Seminarraum, in dem sich die Lernenden mit ihrem Trainer treffen.
⇨ Es gibt eine Kaffee-Ecke, in der in den Pausen geplaudert wird.
⇨ Und es gibt die erfahrenen Kollegen, die vor und nach dem Training Tipps geben, wie das Wissen in die Praxis umgesetzt werden kann.

Das hat mit dem herkömmlichen CD-ROM-Training nicht viel zu tun und geht über eine bloße Distribution von Lerninhalten über das Intra-/Internet weit hinaus. Und das muss auch so sein, wenn Lernen wirklich funktionieren soll. Durch eine multimediale Aufbereitung der Inhalte können insbesondere komplexe Themen besser und anschaulicher vermittelt werden als auf herkömmlichen Wegen.

Die Kommunikations- und Steuerungsmöglichkeiten beim vernetzten Lernen sorgen dafür, dass der Lernerfolg nicht mehr primär eine Frage der Disziplin und Selbstlernfähigkeit einzelner Mitarbeiter ist. Durch ein detailliertes Monitoring können Trainer genau beobachten, wie erfolgreich die einzelnen Mitarbeiter sich im Lernprozess bewegen und wo eine persönliche Unterstützung notwendig ist. Diese Steuerungsmöglichkeit ist die Voraussetzung, mehr Lernende individueller zu betreuen.

Ein weiteres wichtiges Merkmal des vernetzten Lernens ist die Kommunikation. Die Lernenden können sich mit ihrem Trainer, mit anderen Lernenden und auch mit anderen Experten austauschen.

Diese Kombination von anschaulicher Vermittlung der Inhalte, der Lernprozesssteuerung durch den Trainer und der gezielt genutzten Kommunikationsmöglichkeiten ermöglicht, praktisch alle denkbaren Trainingsinhalte durch E-Learning zu ersetzen oder mindestens deutlich zu verbessern. Da ein Online-Kurs auch nach dem ersten Durcharbeiten immer wieder als hochklassiges Nachschlagewerk genutzt werden kann, wird der Lerntransfer besser unterstützt als bei klassischen Präsenztrainings.

**Warum E-Learning bei VES?**

Ausgangssituation

Durch Wachstum und Fluktuation besteht im Service Support kontinuierlich die Notwendigkeit, neue Mitarbeiter für Ihre Aufgaben fit zu machen. Dabei erhält jeder Mitarbeiter im ersten Jahr 25 Trainingstage in der Viterra Academy in Mülheim an der Ruhr. Zirka ein Viertel dieser Trainingszeit dreht sich direkt um SAP-Fragen. Zusätzlich müssen die zirka 650 erfahrenen Mitarbeiter weiter auf dem Laufenden gehalten werden.

Insgesamt kümmern sich drei Trainer und sechs Coaches um die interne Aus- und Weiterbildung im Service-Support. Die Coaches schulen primär die erfahrenen Kollegen und die Trainer haben ihren Schwerpunkt bei den neuen Mitarbeitern. Da für das gesamte Unternehmen nur ein DV-Trainingsraum mit 16 Plätzen zur Verfügung steht, sind Engpässe vorprogrammiert. Neue Mitarbeiter konnten zum Teil nicht so schnell wie gewünscht eingearbeitet werden und für Angebote an die erfahrenen Mitarbeiter fehlten manchmal die Ressourcen. So entstand die Idee, ein virtuelles Trainingscenter zu schaffen, um diese Engpässe zu beseitigen.

### Ziele

Im Wesentlichen wurden mit dem Aufbau des virtuellen Trainingscenters »e-viva« fünf Ziele verfolgt:
- Erweiterung der Trainingskapazitäten
- Senkung der Abwesenheitszeiten
- Senkung von Reise- und Tagungskosten
- Bessere Unterstützung/besseres Coaching vor Ort

Kurz gesagt, die Qualität der Aus- und Weiterbildung sollte deutlich verbessert und gleichzeitig sollten die Trainingskosten gesenkt werden.

Das fünfte Ziel bestand darin, den Erfahrungshorizont zu erweitern unter der Fragestellung:
- Ob und wie gut funktioniert diese neue Art des Lernens bei VES?
- Lassen sich die Trainingsherausforderungen der anstehenden SAP-Migration erfolgreich lösen?

### Erwartete Effekte

Durch den Aufbau von e-viva sollten drei Effekte erreicht werden:

– Durch individuelle Lernzeiten und Lerngeschwindigkeiten Reduzierung der effektiv benötigten Lernzeit der Mitarbeiter.
– Vermittlung eines notwendigen Grundwissens je nach Thema. Bildung homogener Lerngruppen für ein effektiveres, anschließendes Präsenztraining.
– Die durch e-viva aufgebaute zentrale Lernplattform wird Basis für beliebige weitere Themen und Inhalte.

## Projektorganisation

Ein Erfolgsschlüssel des Projektes war ein breites Commitment vor dem eigentlichen Projektstart. Basis dafür war eine kurze Vorstudie, in der die Einsatzfelder für das geplante virtuelle Trainingscenter genau definiert wurden. Anschließend wurden die zu erwartenden Verbesserungen ermittelt und auch quantifiziert. Auf dieser Basis wurde dann das Grobkonzept für das virtuelle Trainingscenter erarbeitet.

In dem folgenden Entscheidungs-Workshop konnte damit ganz konkret über Kosten/Nutzen des virtuellen Trainingscenters und die Schritte bei der Einführung diskutiert und eine fundierte Entscheidung getroffen werden.

An diesem Entscheidungsworkshop haben Vertreter aller relevanten Unternehmensbereiche teilgenommen: Geschäfts- und Bereichsleitung, Betriebsrat, Führungskräfte, Trainer, Personalentwickler und der IT-Leiter.

Anschließend wurden alle Führungskräfte aus dem Servicebereich einschließlich des Betriebsrates detailliert über das geplante Projekt, die Rahmenbedingungen und die erwarteten Verbesserungen informiert. Dabei war die Frage der »Steuerungsmöglichkeiten« von zentraler Bedeutung. Da es sich um für das Unternehmen »lebensnotwendige« Themen handelte, waren aussagekräftige Steuerungsinstrumente in den Selbstlernphasen für die Trainer unabdingbar. Auf der anderen Seite bestand die Befürchtung, dass durch solch ein Monitoring – quasi durch die Hintertür – eine neue Art der Leistungsbewertung eingeführt wird. Sehr schnell wurde allen Beteiligten klar, dass die Lösung dieses potenziellen Konfliktes darin bestand, die Steuerungsdaten nur den Trainern zugänglich zu machen und alle Daten nach Ende eines E-Learning-Kurses zu löschen. Auf dieser Basis gaben alle Beteiligten grünes Licht für die Umsetzung.

**Pilotanwendung**
Um bereits mit dem Pilotprojekt einen rechenbaren Nutzen zu erreichen, wurde entschieden, ein bisher viertägiges Präsenztraining für neue Mitarbeiter durch ein begleitetes Web Based Training (WBT) zu ersetzen.

Die Grundlage für das WBT bildeten die vorhandenen Schulungsunterlagen. Da in einem virtuellen Trainingscenter aber anders – nämlich in kürzeren Abschnitten – gelernt wird, als im Präsenztraining, wurden die Trainingsinhalte gründlich überarbeitet. Als Trägeridee für das WBT orientierte man sich an ganz konkreten Aufgabenstellungen aus dem Tagesgeschäft, anhand derer die trainingsrelevanten Inhalte zu Prozessabläufen und deren Abbildung im SAP-System verpackt wurden. So entstanden sieben Lernmodule, die immer ganz konkret mit den (eingescannten) Aufträgen beginnen, die die Mitarbeiter täglich in Ihrem Eingangskorb finden. Dann erfolgt ein kurzer Überblick, was bei dieser Auftragsart zu tun ist und wie andere Bereiche des Unternehmens daran beteiligt sind. Anschließend wird Schritt für Schritt gezeigt, wie dieser Auftrag im SAP-System abzuwickeln ist und worauf es bei den einzelnen Schritten ankommt. Testfragen und Übungen runden den Kurs ab. Einen Überblick über den Aufbau dieses ersten E-Learning-Kurses sehen Sie in Abbildung 1.

Parallel dazu wurde der Lernserver in das firmeneigene Intranet eingebunden. Als Lernplattform wurde »e-Learn« ausgewählt. Da alle Trainer sehr stark ins Tagesgeschäft eingebunden waren, wurde

## Beispiel: Einarbeitung neuer Mitarbeiter

**Einführung – Worum geht's?!**

**Grundlagen: Kunden-/Materialstamm**

**Einstiegstest (Best of DL I)**

**Lernen am konkreten Fallbeispiel:**

| 1. Kunde hat Gerät zur Ausstattung seiner Liegenschaft gekauft | 4. Kunde (Fachhandwerker) kauft Geräte | 5. Kunde erhält eine kostenlose Leistung | 7. Kunde kauft VM-Geräte |
| 2. Kunde hat Mietvertrag für neue Geräte abgeschlossen | 3. Kunde hat GW-Vertrag für neue Geräte abgeschlossen | 6. Kunde reklamiert eingebautes Gerät | Übung/Test nach jedem Fall |

**Betreuung durch Trainer/Coaches**

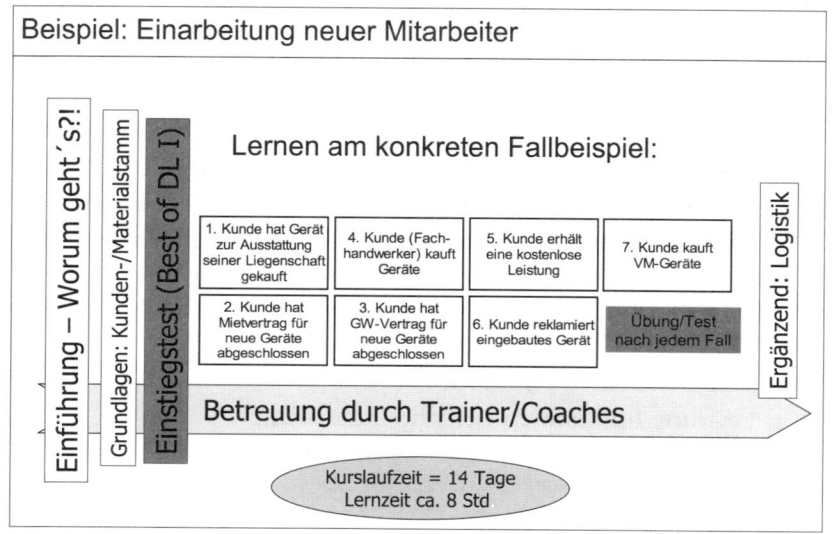

**Ergänzend: Logistik**

Kurslaufzeit = 14 Tage
Lernzeit ca. 8 Std

Abb. 1: *WBT für die Einarbeitung neuer Mitarbeiter bei VES*

der Kurs komplett von der DLC und den Projektpartnern der e-Learn AG umgesetzt.

Nach nur 8 Wochen, in denen das WBT konzipiert, produziert und die Lernplattform installiert wurde, startete am 3. Oktober 2000 die erste virtuelle Lerngruppe. Die Lösung von anfänglichen, und sicherlich unumgänglichen Problemen gehörte zum persönlichen Lernerfolg der IT-Ausrüster und Trainer:

⇨ Die Benutzung von Plugins und das Verändern von Browser-Settings ist auf einem einzelnen PC kein Problem, dagegen aber schon bei mehreren hundert PCs in einem Firmennetzwerk. Die Abstimmung über den Einsatz und die Installation der Plugins hat daher gut sechs Wochen gedauert. Dabei ging es vor allem um Tests, das Risiko von Software-Konflikten zu vermeiden und um die Frage, wie denn diese Erweiterungen auf den PC vorgenommen werden sollen.

⇨ Der Umgang mit dem Browser – obwohl Intranet vorhanden – war nicht allen Mitarbeitern bekannt, weswegen einigen Teilnehmern die Bedienung des Browser et cetera erklärt werden musste.
⇨ Selbst lernen heißt nicht, dass von selbst gelernt wird. Obwohl der Lernprozess für das erste WBT schon recht straff organisiert war (Laufzeit des Kurses, Sollzeiten etc.), mussten die Teilnehmer überraschend intensiv angeleitet werden. Ein kontinuierliches Monitoring der Lernfortschritte und ein stetiger Dialog über Mail, Newsgroup und das gute alte Telefon waren unerlässlich.

Erkenntnisse aus dem Pilotkurs:
- E-Learning funktioniert bei VES tatsächlich.
- Sicherheit bei der Gestaltung von online Lern- und Betreuungsprozessen.

Mit diesen Erfahrungen und den Erfolgen aus dem Pilotprojekt erfolgte der zweite Schritt: Ausbau des virtuellen Trainingscenters zur Haupt-Trainingsplattform für die anstehende SAP-Migration.

### Web Based Training (WBT) im Einsatz zur Migration SAP R/3 SD/MM

(Die beiden SAP-Module SD – Sales Distribution/Vertrieb – und MM – Material Management/Logistik – wurden von der SAP-Version R/2 auf R/3 umgestellt. So eine Umstellung bezeichnet man als Migration.)

Aufgabe

Ging es in dem Pilotprojekt noch um überschaubare Kursgrößen von zirka 15 Teilnehmern, stellte sich hier eine ganz andere Herausforderung: 650 Mitarbeiter sollten in nur sechs Wochen auf das neue Werkzeug SAP R/3 vorbereitet werden.

⇨ *Optimieren der Lernzeiten.* Die Erfahrung der Pilotanwendung zeigte, dass E-Learning im Vergleich zum klassischen Seminar 30 bis 50 Prozent weniger Lernzeit benötigt – bei 650 Mitarbeitern natürlich ein, auch unter Kostenaspekten, wichtiger Faktor.
⇨ *Individuelle Lernangebote.* Wegen des stark unterschiedlichen Vorwissens sollte den Teilnehmern ermöglicht werden, selbst aus den Lernangeboten die Inhalte auszusuchen, die für sie tatsächlich relevant sind. Natürlich gab es Module, die »Pflicht« waren, bei anderen bestand dagegen ein weitgehender Entscheidungsspielraum.
⇨ *Hoher Umsetzungsbezug/direkter Lerntransfer.* Während bei den Präsenztrainings die klassischen Frontalveranstaltungen im Vordergrund standen, ergab sich im E-Learning die Möglichkeit, nach dem Motto »echtes Training statt Vortrag« die Mitarbeiter viel stärker zu aktivieren und einzubinden.
⇨ *Lernerfolgskontrolle.* Die Tatsache, wie viele Mitarbeiter bereits an einem Training teilgenommen haben, sagt noch nichts über deren praktische Kompetenz zu dem geschulten Thema aus. Deshalb ist es nötig, entsprechende praxisnahe Übungen und Tests zu entwickeln, damit a) die Teilnehmer immer wissen, wie ihr Stand ist und b) die Trainer anhand der Ergebnisse auch entsprechende Unterstützungsangebote machen können.
⇨ *Weiterverwendbarkeit der Inhalte.* Die entsprechenden Inhalte müssen zum Teil immer wieder im Unternehmen vermittelt werden, zum Beispiel an neue Mitarbeiter oder Kollegen, die den Arbeitsplatz gewechselt haben.

## Herausforderungen

Da es für VES kein SAP-Referenzmodell gab, mussten die Dokumentationen und Trainingsinhalte weitgehend selbst entwickelt werden. Dabei ergaben sich zwei Problemstellungen:
⇨ Die Experten für die einzelnen SAP-Prozesse waren extrem stark eingespannt und

⇨ zwischen dem geplanten Freigabetermin für das SAP-System und dem Trainingsstart war nur vier Wochen Zeit.

Mit der herkömmlichen Vorgehensweise wäre eine E-Learning-Lösung nicht realisierbar gewesen. Deshalb wurde sehr früh eine enge Vernetzung von SAP- und E-Learning-Projekt geschaffen >vgl. Abbildung 2<.

Grundidee dabei war, dass die Drehbücher zu den E-Learning-Kursen parallel zu der Anwenderdokumentation erstellt werden. Dazu wurde von der Distance Learning Consulting (DLC) ein Raster entwickelt, wie die Dokumentationen aufzubauen sind, und anhand eines konkreten Prozesses ein Musterdrehbuch erstellt. Die nach einem so aufgebauten Musterdrehbuch vom Service-Support erstellten Dokumentationen gingen zur Nachbearbeitung an die DLC, die dann den didaktischen Feinschliff vornahm. Die besonde-

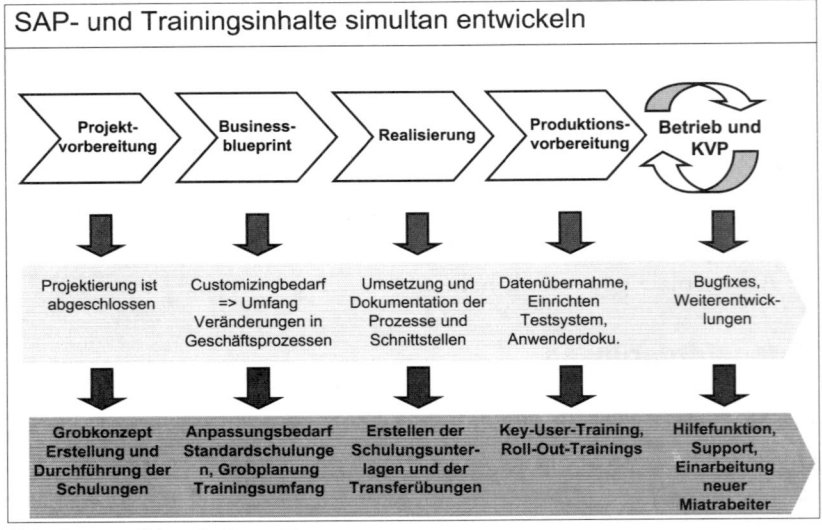

Abb. 2: *Parallelität der Entwicklungsprozesse*

re Herausforderung bei dieser Lösung lag in den bei SAP-Projekten zwangsläufigen Änderungen. In einem Fall musste ein eigentlich bereits freigegebenes Drehbuch noch dreimal komplett überarbeitet werden, weil sich entsprechende Änderungen im SAP-System ergeben hatten. Dieser extreme Änderungs- und Anpassungsaufwand durch ungeplante Verzögerungen bei der Prozessentwicklung schlug sich natürlich auf die gesamte Prozesskette der Lerninhalt-Produktion nieder. Nur durch das extrem einfache und änderungsfreundliche Autorensystem der gewählten Lernplattform e-Learn konnte diese Anforderung gemeistert werden. Konnte einerseits durch das E-Learning-System darauf reagiert werden, indem Kollegen via Mail und Newsgroup auf diese Änderungen aufmerksam gemacht wurden, fehlten andererseits die Ressourcen, während der laufenden Trainings die betreffenden Inhalte in den Kursen zu ändern.

Lösung

Im November 2000 wurde parallel zu der Dokumentation begonnen, die Lerninhalte umzusetzen. Erster inhaltlicher Test waren die Key-User-Schulungen, die im Januar/Februar 2001 durchgeführt wurden. Ende Februar startete der erste »Massentest« für das neue Lernsystem mit drei Pilotniederlassungen.

Sein Ziel war es, unter Echtbedingungen die Lernplattform sowie die Kurse im Netzwerk mit den Mitarbeitern an den verschiedenen Standorten zu testen, was sich auch als extrem notwendig erwies. Obwohl vorher alle Einzelkomponenten geprüft und freigegeben waren, hakte es in der Echtanwendung an der einen oder anderen Stelle deutlich. Neben Optimierungen an der Lernplattform, die dann sehr schnell umgesetzt wurden, waren es vor allem organisatorische Probleme, die zu lösen waren. So war die Frage der Vorbereitung der Lern-PCs noch nicht hundertprozentig gelöst. Ein Erfahrungswert vorab: Gerade dieser Punkt ist sehr wichtig,

> **Muster-Drehbuch zu E-Learning-Kursen**
>
> *Eröffnung/Überblick*
> Worum geht es in diesem Lernbaustein, was soll hier konkret gelernt werden?
> Aufhänger sollte immer ein konkreter Geschäftsvorfall sein.
>
> *Einführung*
> Gedankliche Hinführung zum Thema über ein konkretes Beispiel: Was tun Sie und welche Prozesse und welche Kollegen sind betroffen/beteiligt?
>
> *Information/Input*
> Darbieten der neuen Information: Wie ist dieser Vorgang in SAP abgebildet und was sind die notwendigen Bearbeitungsschritte?
> – Textliche Beschreibung, wo sich der Betrachter im System befindet und auf welche Bereiche geachtet werden soll
> – Screenshot aus SAP, betroffene Felder/Bereiche sind hervorgehoben
> – Textliche Beschreibung, wo welche Eingaben zu machen sind und was dabei zu beachten ist
>
> Diese Reihenfolge wiederholt sich für jeden Arbeitsschritt
>
> *Zusammenfassung*
> Was sind die wesentlichen Botschaften der gerade gezeigten Inhalte?
>
> *Übung/Test*
> Welche Fragen und Aufgaben soll der Lernende nach Abschluss dieses Kapitels unbedingt lösen können?
> – Übungen für die Umsetzung des Gelernten
>   Ergänzende Tipps und Tricks

wenn man mit E-Learning startet. Wenn die Lernenden sich erst mit der Technik oder den Software-Einstellungen beschäftigen müssen, kann das sehr schnell zu erheblichen Akzeptanzproblemen führen.

Anfang März 2001 erfolgte das »Go Live«. Es war noch knapp sechs Wochen Zeit, um die 650 Mitarbeiter der VES für das neue System fit zu machen. Denn obschon noch einiges im Fluss war – der Endtermin für die Systemumstellung stand fest.

Die zu schulenden Mitarbeiter ließen sich grob in zwei Gruppen teilen: 450 »produktive« und 200 gelegentliche Nutzer. Die 450 Nutzer wurden auf zwölf »Klassen« verteilt, die insgesamt von neun Trainern/Tutoren begleitet wurden. Die 200 gelegentlichen Nutzer waren auf drei Klassen verteilt, die nur eine geringe Betreuung erforderten. Da ein direktes Lernen am Arbeitsplatz nicht in Frage kam (Teambüros, Telefon, Kundenkontakte), lernten die Mitarbeiter in den Schulungsräumen ihrer Niederlassung. Zu diesem Zweck wurden die ohnehin vorhandenen Besprechungsräume an den Standorten »umgewidmet«. Pro Schulungsraum standen zwei bis acht Lernplätze zur Verfügung, an denen die Mitarbeiter nach einem abgestimmten Stundenplan in Zwei-Stunden-Einheiten lernten.

Wirklich überraschend war die starke informelle Kommunikation in den so entstandenen Lerngruppen – während zum Beispiel ein Mitarbeiter über einen umständlichen und formalistischen neuen Prozess schimpfte, erklärte ihm sein Kollege aus dem anderen Arbeitsbereich, dass das gerade gut sei, weil hier bisher viele Fehler auftauchten, die dessen Abteilung wieder ausbügeln musste.

Insgesamt umfasste das Training 25 Lernstunden. Dazu kam die Übungszeit im Testsystem. In jedem Abschnitt wurden nämlich neben allgemeinen Verständnisfragen auch Übungsaufgaben gestellt, die die Mitarbeiter im SAP-Testsystem lösen mussten. So erreichte man, dass die Mitarbeiter am Ende des Trainings nicht nur das neue System »gelesen« sondern nachweisbar auch verstanden hatten und bedienen konnten.

### WBT als integrierte Säule im Trainingssystem

Mit der Pilotanwendung war bereits begonnen worden, Teile der Trainings' in das virtuelle Trainingscenter zu verlegen. Durch die Migrationsschulungen erreichte man dann eine komplette E-Learning-Bibliothek zu allen Fragen rund um das VES-spezifische SAP-System. Diese Inhalte werden derzeit nach und nach in die

## Checkliste E-Learning

Es funktioniert, wenn man die folgenden Dinge beachtet:

⇨ *Analyse statt operativer Hektik*
Finden Sie den Punkt, wo Sie wirkliche Verbesserungen erreichen können und E-Learning für Sie am »gewinnbringendsten« ist. Unkoordinierte Versuche und »Rucksacklösungen« bringen in der Regel keine Erfolge.

⇨ *Zahlen, Daten Fakten*
Prüfen Sie vorher, welche Verbesserungspotenziale durch E-Learning erschlossen werden können. Nur dann lässt sich die Frage fundiert diskutieren, welches Investment sinnvoll ist.

⇨ *Selber machen oder delegieren*
Klären Sie, ob die Lerninhalte extern erstellt werden sollen oder ob ein Tool gewählt werden soll, mit dem Mitarbeiter selbst Kurse einfach erstellen und Inhalte updaten oder ändern können. Der Nutzen für Ihr Unternehmen wird bei der zweiten Variante auf Dauer deutlich größer sein.

⇨ *Machen statt Möglichkeiten diskutieren*
Definieren Sie ein konkretes Start-Projekt mit klaren Zielen und einem klaren Zeitplan. Sonst besteht die Gefahr, dass viele Möglichkeiten erdacht und diskutiert werden, aber nichts umgesetzt wird.

⇨ *Kooperation statt Konfrontation*
Durch die Einführung von E-Learning werden alle im Unternehmen profitieren. Trotzdem kann es Unsicherheiten wegen der anstehenden Veränderungen geben. Offene Kommunikation und eine frühzeitige Absprache mit allen Beteiligten, einschließlich der Arbeitnehmervertretung, verhindert Ängste und mögliche Blockadehaltungen.

⇨ *Trainer zu Tele-Tutoren*
Ein wesentlicher Erfolgsfaktor beim E-Learning ist ein stimmiges Betreuungskonzept. Damit der Lernende nicht »allein mit seinem PC« ist, müssen Trainer dazu befähigt werden, Online-Betreuungsprozesse zu gestalten und Lerngruppen zu steuern.

⇨ *Konkrete Maßnahmen statt Kulturveränderung*
Einstellungen und Verhalten verändern sich schrittweise – und werden aus Erfahrung gelernt. Erlebbarer Nutzen, Erfolgsstorys und Notwendigkeiten prägen die Kultur – nicht Poster und Appelle.

⇨ *Seien Sie verbindlich*
Damit nicht das Dringende (Tagesgeschäft) das Wichtige (Lernen) verdrängt, müssen Lernzeiten und Rahmenbedingungen klar geregelt und verbindlich festgelegt sein. Arbeitsplatznahes Lernen wird sonst nie sein volles Potenzial in Ihrem Unternehmen entfalten können.

⇨ *Schnelle Erfolge statt strategischer Projekte*
Starten Sie da, wo der Verbesserungsbedarf am größten ist und setzen Sie hier schnell eine Lösung um. So gewinnen Sie Erfahrung und Glaubwürdigkeit für den weiteren Ausbau des Lernsystems.

Einarbeitung der neuen Kollegen integriert. Weiterhin nutzt man diese Inhalte als Nachschlagewerk und Prozessdokumentation, worauf die erfahrenen Kollegen und natürlich die Coaches nach Bedarf zugreifen können. Neben den kompletten Kursen wurde mit e-viva auch eine komplette E-Learning-Infrastruktur aufgebaut, die auch in Zukunft als Informations- und Schulungsmedium bei Software- und Prozessänderungen genutzt werden soll.

## Rechnet sich das?

Die Antwort lautet eindeutig: Ja. Auf der Nutzenseite zeigen sich vor allem folgende Effekte:
– Verringerung des Arbeitsausfalls
– Senkung der Trainerkosten
– Wegfall von Fahrt- und Reisekosten
– Senkung des administrativen Aufwands.

Auf der anderen Seite muss solch ein virtuelles Trainingscenter erst aufgebaut und mit Leben gefüllt werden, also:

- Beratung bei der Konzeption und Einführung
- Lizenzkosten für die Lernplattform
- Erstellung der Drehbücher
- Produktion der Online-Kurse.

Insgesamt kann man sagen, dass sich die genannten Investitionen bei VES nach gut neun Monaten mehr als amortisiert haben. Allein bei den Migrationsschulungen wurden im Vergleich zu den ursprünglich geplanten Präsenztrainings gut 25 Prozent Kosten eingespart – und das bei mindestens gleich hohem Lernerfolg.

**Zusammenfassung**

Im Mai 2000 begannen die ersten Kosten-Nutzen-Analysen für den Aufbau eines unternehmensindividuellen E-Learning-Systems bei Viterra Energy Services.

Haupttriebfedern dafür waren:
a) Die natürliche Fluktuation und der weitere Ausbau des Mitarbeiterstamms im Dienstleistungsbereich der Niederlassungen bei gleichzeitig hohem Einarbeitungsaufwand für neue Mitarbeiter (25 Trainingstage im 1. Jahr)
b) Die anstehende SAP-Migration von R/2 auf R/3 4.6

Da das VES-SAP-System stark angepasst war und keine Branchenlösung zugrunde gelegt werden konnte, wurden keine Standard-SAP-Schulungsinhalte eingesetzt. Gründe für diese Entscheidung: Die Hürde für den Lerntransfer von der Schulungsumgebung auf das eigene System wäre zu groß gewesen und hätte Nachschulungen und damit längere Lernzeiten bei den Mitarbeitern verursacht.

Deshalb wurden die Lerninhalte komplett unternehmensspezifisch konzipiert und produziert.

Eine zwingende Vorraussetzung war, dass der Lernerfolg nachvollziehbar sichergestellt werden kann. Deshalb sollte ein E-

Learning-System aufgebaut werden, das detaillierte Steuerungsfunktionen und Lernerfolgskontrollen durch die Trainer ermöglicht.

Im August begann das Pilotprojekt: Ein bisher viertägiges Klassenraumtraining wurde komplett durch ein WBT in einem E-Learning-System ersetzt. Als technische Infrastruktur wurde »e-Learn« der e-Teach GmbH gewählt. Gründe dafür waren vor allem:

a) die guten Möglichkeiten zur Lernprozesssteuerung,
b) das integrierte Autorensystem, mit dem sich individuelle Inhalte schnell und wirtschaftlich in WBT´s umsetzen lassen und
c) das aufgrund der Lizenzform (Concurrent-User-Lizenzen) vergleichsweise gute Preis-Leistungs-Verhältnis.

Im September wurde die Lernplattform in das Viterra-Intranet eingebunden und das zirka sechs Lernstunden umfassende WBT produziert. Anfang Oktober startete dann das erste Pilottraining. Diese Pilotanwendung war so dimensioniert, dass bereits ab 110 Lernenden der Break-Even-Point für die Projektinvestitionen erreicht worden wäre.

Aufgrund der überzeugenden Ergebnisse der Pilotanwendung wurde die zweite Projektstufe gestartet: Ausbau des virtuellen Trainingscenters, um die Trainings im Rahmen der anstehenden SAP-Migration durchzuführen.

Die *Herausforderungen* für diese zweite Stufe waren:

*Just-in-Time-Produktion*: Parallel zur Fertigstellung des SAP-Systems und zur Erstellung der Dokumentationen mussten die Lernmedien konzipiert und produziert werden. Nur so war sicherzustellen, dass maximal 14 Tage nach Fertigstellung des SAP-Systems die benötigten Lernmedien vorliegen und die Trainings starten konnen.

Hohe *Flexibilität und Änderungsfreundlichkeit* der Lernmedien: Da SAP-System-Entwicklung und Erstellung der Lernmedien parallel liefen, mussten bereits fertig gestellte Lernmedien immer wieder überarbeitet und angepasst werden, weil sich Änderungen im SAP-System auch auf eigentlich bereits fertiggestellte Prozesse und Module auswirkten

*Enge Vernetzung*: Um eine hohe Umsetzungsgeschwindigkeit zu erreichen, wurden die Prozesse »System-Dokumentation« und »Konzeption/Erstellung Lernmedien« eng miteinander verzahnt. Auf Basis eines einheitlichen didaktischen Rasters wurde die Systemdokumentation von den Fachexperten erstellt. Diese Roh-Dokumentation wurde dann von SAP-Laien didaktisch überprüft. Die Verantwortung für die fachliche Richtigkeit lag dabei bei den VES-Experten, die für den didaktischen Aufbau und die Umsetzung der Lernmedien beim Team der DLC.

*Trainingsplanung*: Da eine Stichtagsumstellung geplant war, mussten zirka 450 SAP-User und zirka 200 gelegentliche Nutzer in sechs Wochen für das neue System fit gemacht werden. Diese Nutzer verteilten sich auf 19 Standorte in Deutschland. Da ein Lernen am Arbeitsplatz nicht praktikabel erschien (Team-Büros, keine Multimedia-Rechner), wurden in den Standorten Lerninseln eingerichtet, auf denen zwei bis acht Mitarbeiter zeitgleich lernen konnten.

*Bandbreite*: Um die produktiven Anwendungen im Netzwerk nicht zu beeinträchtigen und eine hohe und stabile Geschwindigkeit der WBTs zu gewährleisten, wurde ein dezentrales Datenhaltungsmodul entwickelt. Damit wurde erreicht, dass die Lernmedien und -daten nun an nur einer zentralen Stelle verwaltet und gepflegt werden und die speicherintensiven Bestandteile über einen maschinellen Prozess auf die 19 Niederlassungsserver gespiegelt werden.

*Modularität* und Wiederverwendbarkeit: Die aufgebaute Infrastruktur und die produzierten Lernmedien sind so aufgebaut, dass sie nach Abschluss der Migrationstrainings mit leichten Anpassungen auch für die Einarbeitung der neuen Mitarbeiter genutzt werden können. Dazu wird seit Juni diesen Jahres der Einarbeitungsprozess schrittweise verändert und zu einem integrierten Lernprozess umgearbeitet.

Breites *Commitment* für die Umsetzung war die Grundvoraussetzung für das Gelingen. Insbesondere das Steuerungsmodell und die sich daraus ergebenden verbindlichen Vereinbarungen mussten von den Führungskräften und vom Betriebsrat mitgetragen werden.

*Selbermachen*: Auch wenn in den Stufen 1 und 2 viel Arbeit durch externe Dienstleister erbracht wurde – es war von Anfang an das Ziel, dass e-viva komplett von VES-eigenen Mitarbeitern bestückt und betrieben werden kann.

# Die Corporate University im Mittelstand – Fallstudie KAESER

> Vor zwei Jahren fällte die Firma KAESER Kompressoren in Coburg die Entscheidung, eine eigene internet-basierte Corporate University – die KAESER University – zu gründen. Der Grund: Obwohl immer mehr E-Learning-Angebote auf den Markt kommen, mangelt es an fertigen Web-Based Trainings (WBT's), die den speziellen Schulungsbedarf der Firma im Bereich Maschinenbau abdecken.
>
> *Stichworte:* KAESER University; Corporate University; Web-Based Training; WBT; E-Learning; Kompressor; KAESER Kompressoren; Druckluft; Druckluftschulung; Schulungsmaterial; Schulung; mittelständisches Unternehmen; Siggy; internetbasierte Schulung; Präsenzschulung; Teletutor; on-line-Schulung; Web-Design

CONSTANZE LA DOUS,
SABINE HOFBAUER, ANNETT LINDNER-LANGE

**Do it yourself ... wenn es auf dem Markt nichts gibt**
KAESER Kompressoren ist einer der weltweit führenden Hersteller von Kompressoren und anderen Komponenten der Drucklufttechnik. In den vergangenen zehn Jahren wurde das Netz der Niederlassungen auf den gesamten Globus erweitert und der Mitarbeiterstamm auf derzeit rund 2800 Beschäftigte mehr als verdoppelt. Die in den etwa 35 Niederlassungen Beschäftigten sind ausschließlich mit Planung, Verkauf, Montage und Service von Druckluftanlagen befasst. Sie benötigen entsprechendes immer aktuelles Know-How

über die Produkte der Firma KAESER sowie über Grundlagen und Details der Drucklufttechnik. Darüber hinaus verfügt das Unternehmen über einen sehr umfangreichen ebenfalls internationalen Stamm an Partnern und Händlern, bei denen ähnlicher Schulungsbedarf besonders zu den Produkten der Firma besteht. Und schließlich müssen in immer mehr Bereichen auch die Kunden in der korrekten Handhabung ihrer Druckluftanlagen unterwiesen werden.

### Schnelles Wachstum

Traditionell wurde der gesamte Schulungsbedarf durch Präsenz-Veranstaltungen abgedeckt.

Der Schulungsbedarf bei Kaeser ist hoch, zum einen bedingt durch den großen Personalzuwachs, zum anderen durch die immer schneller wechselnde und sich verändernde Produktpalette. Zunehmende Sprachprobleme durch die Internationalisierung, der große Zeitaufwand durch die teilweise sehr langen Anfahrtswege und die damit verbundenen Kosten machten eine Neuorientierung im Schulungssystem der Firma notwendig.

Kaeser benötigt ein qualitativ hochwertiges, vollständiges Schulungssystem, das ständig für alle Mitarbeiter und bestimmte Händler- und Kundengruppen verfügbar und immer auf dem neuesten Stand der Entwicklung ist. Es muss mehrsprachig sein, sich für alle denkbaren Niveaus der fachlichen Vorbildung eignen (vom jungen Handwerker bis zum erfahrenen Hochschulingenieur) und so aufbereitet sein, dass sich jeder immer über genau das weiterbilden kann, was momentan für ihn persönlich erforderlich ist.

### E-Learning als Lösung für das Schulungsproblem

Im Trend der technischen Entwicklungen der vergangenen Jahre bot sich mit dem Internet die Lösung an: Web-Based Training.

Für Kaeser ergab sich dabei aber folgendes Problem: Das heutige Angebot an WBTs erstreckt sich über eine Vielzahl von Themen,

> **Was ist ein WBT?**
>
> Der Begriff Web-Based Training (WBT) bezeichnet allgemein jede Art von Schulung, die über das Internet abläuft, von Printmedien bis hin zu interaktiven Schulungsfilmen.
> Im engeren Sinne wird der Begriff WBT angewendet auf interaktive animierte Schulungsfilme auf hohem technischen Niveau, in denen der zu erlernende Inhalt in Bild, Ton und Schrift dargestellt wird und in die der Lernende aktiv in den Lernprozess eingebunden ist.

z.B. aus den Bereichen Datenverarbeitung, Sprachen, Soft-Skills, wie Zeit-Management, Kundengespräche und dergleichen. Doch im Bereich Maschinenbau, geschweige denn speziell zum Thema Druckluft existieren keine Angebote. Das Unternehmen war aus diesem Grunde geradezu gezwungen, eigene E-Learning-Angebote zu entwickeln, um seine Mitarbeiter, Partner, Händler und Kunden per WBT schulen zu können.

Die Geschäftsleitung entschied sich daher für die Implementierung web-basierter Trainings (WBT's) zur Unterstützung der traditionellen in-house Schulungen. Ende 1999 wurde die *KAESER University* (KU) gegründet. Sie sollte auf der Grundlage des vorhandenen Schulungsmaterials WBT's zu allen für KAESER relevanten Themen bereitstellen zusammen mit unterschiedlichsten Arten an Hintergrundmaterial. Langfristig soll die KU thematisch natürlich nicht auf Drucklufttechnik beschränkt bleiben. Ziel ist es, die KU in das gesamte Schulungskonzept der Firma, bestehend aus Präsenzschulungen, druckbaren Unterlagen und eben WBT's – fest zu integrieren.

Zunächst wurde für die Strukturierung und den Aufbau der KU eine eigene Arbeitsgruppe eingeplant. Ein externer Partner musste gefunden werden, der bei der Erstellung von WBT's mit Erfahrung und Sachkompetenz hilft. Dieser wurde sofort – noch 1999 – mit der Erstellung eines WBT's zu einem seinerzeit sehr wichtigen Schulungsthema betraut: einem Training zur Bedienung einer

> **Der virtuelle Tutor Siggy**
>
> Ein wichtiger, nicht mehr wegzudenkender Bestandteil der Kaeser-WBT's ist der virtuelle Tutor »Siggy«. Entstanden aus dem sternförmigen Profil der Kaeser-Kompressorschraube (»Sigma Profil«) fungiert er als Erzähler, Maskottchen und didaktischer Begleiter der Lernenden.

Kompressorsteuerung, die gerade auf den Markt gebracht worden war. Über die bei diesem Projekt gesammelten Erfahrungen wird im Folgenden noch zu berichten sein.

Parallel zur Erstellung des ersten eigenen WBT's wurde mit dem personellen Aufbau der KU begonnen. Inzwischen besteht die Arbeitsgruppe aus drei Personen, den Autorinnen dieses Artikels. Nachdem sie die grundsätzliche inhaltliche Struktur der KU festgelegt hatten, konnte – weiterhin in enger Zusammenarbeit mit den Ingenieuren der Firma KAESER und der Partnerfirma – in großem Stil mit der Umsetzung der Präsenzschulungen in WBT's begonnen werden.

Im Folgenden soll der Entwicklungsweg von der ersten Idee zur heutigen Struktur skizziert werden, die es erlaubt, in Zukunft mit vergleichsweise geringem Aufwand und mit relativ niedrigen Kosten WBT's zu erstellen, die den durch die Besonderheiten der Firma KAESER gestellten Anforderungen gerecht werden.

**Von der Idee zur Umsetzung**

Das erste WBT der KU wurde geplant und umgesetzt, noch ehe die zukünftige Struktur der KAESER University auch nur in Grundzügen definiert war. Das Unternehmen brauchte dringend ein WBT, das helfen sollte, den anders kaum zu bewältigenden Schulungsbedarf zu der neuen Steuerung zu decken; darüber hinaus wollte man Erfahrungen sammeln und nicht unnötig Zeit verlieren. Rückblickend war dies unbedingt die richtige Entscheidung.

> **Inhalte und Zielgruppen**
>
> Eine moderne Kompressorsteuerung ist ein Computer, der – integriert in einen einzelnen Kompressor oder zentral für die gesamte Druckluftanlage – in Abhängigkeit vom momentanen Druckluftbedarf sowie einer Vielzahl von einzustellenden Parametern die möglichst wirtschaftliche Erzeugung der Druckluft steuert. Verkäufer, Service-Techniker und Monteure der eigenen Firma sowie von Partner- und Händlerfirmen müssen mit den vielen technischen und praktischen Aspekten dieser Steuerung vertraut sein – und zwar möglichst schon vor Beginn der Auslieferung des Produktes auf dem Markt. Mit Hilfe eines WBT's kann eine große Anzahl von ihnen innerhalb kurzer Zeit geschult werden, eine Aufgabe, die mit klassischen Präsenzschulungen kaum zu lösen wäre.

Selbstverständlich gab es Probleme mit der Entwicklung dieses ersten WBT, die mit heutigem Wissen nicht entstehen würden. Da es z.b. keinerlei Richtlinien zur inneren Struktur und zum äußeren Erscheinungsbild des WBT gab, lösten die verschiedenen an dieser Arbeit beteiligten Programmierer unklare Punkte jeder auf seine Weise: die Benennung und die allgemeine Struktur von Dateien war nicht festgelegt, mit dem Ergebnis, dass der Speicherplatzbedarf unnötig groß wurde und eine spätere Korrektur oder Übersetzung des WBT fast unmöglich ist; das Aussehen von grundlegenden Graphikelementen variiert erheblich, so gibt es z.B. mehrere Versionen von Sprechblasen; die praktische Bedienung des WBT war zunächst nicht auf die Bedürfnisse der Benutzer abgestimmt, die z.B. einzelne Sätze oder kurze Passagen eines Kapitels oftmals abspielen müssen, um den Inhalt genau zu verstehen; und Ähnliches mehr. Es war Lehrgeld, das sehr gut angelegt war, denn es konnte für die Mitarbeiter der KU kein besseres »Schulungsmaterial« zum Aufbau der Strukturen geben, als die Erfahrung aus den Anfängen im eigenen Haus.

Aber zunächst musste dieses erste WBT entwickelt werden. Die Partnerfirma erstellte ein erstes Konzept über seinen Aufbau, dann

Abb. 1: *Startseite des WBT »SIGMA AIR MANAGER«.*

ein Drehbuch, Vorgaben zu den Bildern, die im WBT erscheinen sollten, der Sprechertext – immer in enger Absprache mit den Fachleuten bei KAESER -, und schließlich wurde alles in ein WBT umgesetzt.

Im Hinblick auf die Zukunft der KU setzte der Lerneffekt bei der Endabnahme des WBT ein. Inzwischen betreute eine Mitarbeiterin, sozusagen die »Dekanin«, die KU. Sie widmet sich vor allem anderen der Aufgabe, die inhaltliche und didaktische Struktur der KU zu definieren und umzusetzen. Aus der Feinarbeit um die Fertigstellung des ersten WBT ergaben sich Erkenntnisse, die die Grundlage für die heutige Struktur der KU bilden.

Erkenntnisse und Erfahrungen

Die wesentlichen für den Aufbau der KU relevanten Erkenntnisse:

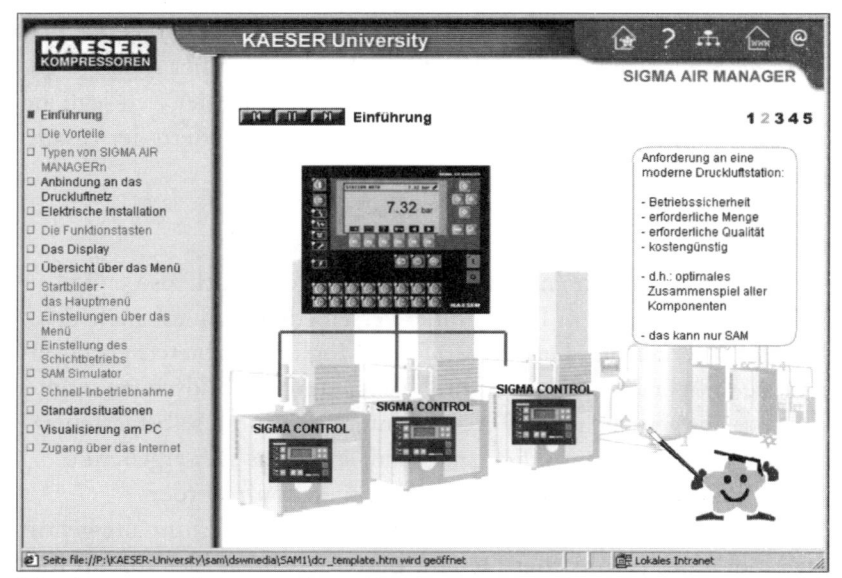

Abb. 2: *Eine typische Szene aus dem WBT »SIGMA AIR MANAGER«.*

**Der Mitarbeiter steht im Zentrum**

Ziel einer Corporate University muss es sein, dem Lernenden zu helfen tatsächlich von dem WBT zu profitieren. Eine Corporate University sollte sich ausschließlich als Service-Einrichtung verstehen, die anderen helfen soll, ihre Arbeit so gut wie möglich zu erledigen.

Eine klare Strukturierung des Lernstoffs und ein guter didaktischer Aufbau sind selbstverständlich. Darüber hinaus muss alles vermieden werden, was Frustration erzeugt. Was den User beim Lernen stören kann – bzw. welche Anforderungen er an das WBT hat – lässt sich leicht herausfinden, wenn man sich in seine Lage versetzt. Häufig kann vorausgesetzt werden, dass der Mitarbeiter nicht ganz freiwillig lernt, vielleicht auch nicht an selbständiges Lernen gewöhnt ist, aber möglichst schnell das lernen muss, was er gerade braucht. Das Lernen muss ihm also so leicht wie möglich gemacht werden. Stellt sich – aus welchen Gründen auch immer – der gewünschte Lernerfolg nicht ein, ruiniert das in kürzester Zeit jegliche Akzeptanz ... nicht nur dieses speziellen WBT's, sondern der gesamten Universität.

**Didaktik**
Für den didaktischen Aufbau der WBT's ergeben sich also einige strikte Abforderungen: Lernen über verschiedene Sinneskanäle erhöht den Lernerfolg. Da ein WBT die Möglichkeit bietet, gleichzeitig visuell über Darstellungen und Texte auf dem Bildschirm, auditiv über das gesprochene Wort und interaktiv durch selbstgesteuertes Eingreifen per Mausklick zu lernen, sollte das sich ergebende hohe didaktische Potential auch voll ausgeschöpft werden.

Zur didaktischen Aufbereitung multimedialer Lerninhalte gehört auch ein gutes graphisches Design. Besonders muss hier auf gut lesbare Schriften und kontrastierende Farben geachtet werden (die auch von farbenblinden Lernern gut erkannt werden können).

**Design und Inhalt**
Aktionen auf dem Bildschirm sollten nicht um ihrer selbst willen stattfinden, sondern immer in Verbindung mit dem Inhalt stehen. Wer einen inhaltlich neuen Stoff erlernen muss, ist nicht begeistert, wenn auf dem Bildschirm mehrere Aktionen gleichzeitig stattfinden (und er vielleicht noch dem Sprecher zuhören muss oder Aktionen ausführen soll). Zu vermeiden sind unangekündigte Aktionen oder eine Überfrachtung des Bildschirms mit Information. Wenn es sich aus inhaltlichen Gründen nicht vermeiden lässt, dass viel Information gleichzeitig auf dem Bildschirm steht, muss diese deutlich strukturiert sein. Sofern irgend möglich sollten sich die Elemente nach und nach aufbauen, um dem Lernenden die Möglichkeit zu geben, alles genau zu verstehen.

## Motivation

Und schließlich hilft eine positive Motivation z.B. im Sinne eines Bonus, den man durch das Absolvieren eines web-basierten Kurses erlangen kann, oder ein persönlicher Gewinn materieller oder intellektueller Art.

## Navigation

Die Navigationsmöglichkeiten müssen dem Problem angepasst sein. Der Lernende muss zu jedem Zeitpunkt klar erkennen können, in welchem Teil eines WBT er sich gerade befindet und es muss ihm möglich sein, zwischen den Kapiteln und Unterkapiteln eines WBT zu navigieren bzw. gezielt in ein bestimmtes Kapitel zu gehen. Darüber hinaus braucht er eine Navigation, die es ihm ermöglicht, das WBT in seinem eigenen Lerntempo abzuarbeiten: das WBT muss an jeder beliebigen Stelle anzuhalten und auch genau dort wieder zu starten sein. Und es muss möglich sein, kurze, logisch sinnvolle Segmente eines Kapitels zu wiederholen, ohne erneut das gesamte Kapitel von vorne beginnen zu müssen. Das Fehlen einer solchen Navigations-Möglichkeit macht das Erlernen eines komplizierten Inhalts praktisch unmöglich und erzeugt darüber hinaus Frustration.

## Sprache

Das Erlernen eines komplizierten Inhalts ist in einer fremden Sprache sehr schwierig. Die Firma KAESER operiert derzeit in fast 20 Sprachen. Gerade die Mitarbeiter in den Niederlassungen, die Partner, Händler und Kunden auf der ganzen Erde müssen aber geschult werden. Aus Zeit- und Kostengründen können WBT's im Prinzip aber nur in deutscher und englischer Sprache erstellt werden.

Bei den gesprochenen Texten muss unbedingt darauf geachtet werden, dass langsam und deutlich gesprochen wird. Da manche Menschen eher auditiv, andere besser visuell lernen, sollten wesentliche Inhalte zusätzlich zum gesprochenen Text auch in schriftlicher Form auf dem Bildschirm erscheinen.

Man braucht also neben möglichst einfach erfassbaren Texten wirklich gute professionelle Sprecher, die Hochsprache klar und deutlich, nicht zu schnell und nicht zu langsam sprechen, so dass auch diejenigen – und das dürfte die Mehrheit sein -, die keine der angebotenen Sprachen fließend sprechen, mit dem WBT etwas anfangen können.

Schließlich muss ein Modus gefunden werden, der die einfache Erstellung von Übersetzungen der WBT's (durch diejenigen Niederlassungen, die eine Version in der für sie wichtigen Sprache möchten) ermöglicht, ohne das gesamte WBT neu produzieren zu müssen.

**Schnittstelle zum Präsenzangebot**

Im Fall der KU sind – im Bereich der Drucklufttechnik im weitesten Sinne – die Inhalte, die Struktur und die Zielgruppen der Lernenden durch die schon seit Jahren durchgeführten Präsenz-Schulungen vorgegeben. Thematisch waren damit die einzelnen WBT's sowie ihr Umfang in etwa festgelegt. Der Inhalt allein bestimmt die Länge der WBT's sowie, wo und in welchem Umfang interaktive Teile in das WBT eingeschlossen werden sollten.

Die WBT's stehen in enger Verbindung mit den Präsenzschulungen: sie können z.B. als Vor- oder Nachbereitung oder zur späteren Auffrischung des Wissensstoffs eingesetzt werden. Daher ist es sinnvoll, dass das in den WBT's verwendete Bildmaterial in seiner Grundstruktur aus den Folien-Vorlagen der Schulungen übernommen wird. Es kann dann weiter bearbeitet, z.B animiert oder ergänzt werden, der Wiedererkennungswert sollte aber unter allen Umständen gewahrt bleiben.

## Standardisierung

Ohne eindeutige Strukturvorgaben lässt sich eine im wesentlichen auf WBT's basierende, große Corporate University mit vielen untereinander kompatiblen Komponenten nicht aufbauen. Alles, was sich bei der Erstellung eines WBTs definieren lässt – Farben, Schrifttypen und -größen, die räumliche Aufteilung der Aktionsfläche, die Art der Bedienung der einzelnen WBT's, die Programmstruktur, und viele weitere Details – , sollte genau festgelegt werden. Nur so ist ein einheitliches Erscheinungsbild aller WBT's gewährleistet. und die Erstellung vom einzelnen Programmierer unabhängig. Der Vorteil: Ein WBT, das in drei Jahren entwickelt werden soll, ist so mit einem heutigen WBT in seiner äußeren Erscheinungsform kompatibel. Eine Modifikation des Inhalts bleibt ohne große Probleme möglich und man braucht sich – wenn die Struktur erst einmal steht – bei der Erstellung weiterer WBT's nur noch auf den zu vermittelnden Inhalt zu konzentrieren.

## Modularität

Eng verwandt mit strikten Vorgaben ist die Forderung nach *weitgehender Modularität*. Es ist mühsam und zeitaufwändig, die vielen Einzelteile – besonders die Bilder, Animationen, kleinen Filme – zu erzeugen, aus denen ein WBT besteht. Wenn die Arbeit einmal getan ist, sollte sie später an vielen Stellen weitere Verwendung finden können: in einem anderen WBT, in einer kurzen und schnell im eigenen Haus erstellten Messe- oder Kundenpräsentation oder Ähnlichem.

Jede einzelne inhaltliche Einheit der KU, die also einen bestimmten Wissensstoff behandelt, muss als eigenständiges WBT laufen, aber auch – dann als Kapitel – mit verschiedenen anderen solchen Einheiten zu immer neuen WBT«s verbunden werden können, ohne deshalb mehrmals abgespeichert werden zu müssen. Beispielsweise wird ein Kapitel zum Thema »Druckluftfilter« sowohl im Rahmen der Grundschulung benötigt als auch als Teil eines WBT zu »Aufstellungshinweise für eine Druckluftstation«, und natürlich ist es auch als eigenes Schulungsthema von Interesse.

**Sparsamer Umgang mit Speicherplatz**
Der für jedes einzelne WBT erforderliche Speicherplatz muss so gering wie nur irgend möglich sein. Idealerweise steht die gesamte KU auf einem einzigen Server und ist von jedem Ort der Erde aus per Internet abrufbar, so dass jeder online lernen und abrufen kann, was ihn gerade interessiert, im Hauptwerk in Coburg, in einer Niederlassung in China oder am Laptop in einem Hotel in Südamerika. Die Bandbreiten der Übertragungsleitungen lassen das derzeit nur mit Abstrichen zu. In der Praxis gibt es Spiegelbilder der KU auf den Servern aller KAESER-Niederlassungen. Nutzer sollten, sofern sie nicht direkt in einer Niederlassung arbeiten, das sie interessierende WBT auf ihren eigenen PC oder Laptop laden bzw. geladen bekommen. Nach Möglichkeit läuft dieser Prozess, inclusive Updating, automatisch ab.

In jedem Fall setzt sich der von einem WBT benötigte Speicherplatz direkt in Kosten für die Datenübertragung um und sollte daher so gering wie irgend möglich gehalten werden. Da Videos enorm viel Speicherplatz benötigen, ist ihre Einbindung in WBT«s für die absehbare Zukunft damit ausgeschlossen.

Ob es möglich ist ein WBT bei Bedarf über das Internet abzuspielen oder nicht, hängt ganz wesentlich von der Art der Programmierung ab. Die einzelnen Dateien, aus denen das WBT besteht, müssen so klein gehalten werden, dass beim sequentiellen Laden über das Netz keine merklichen Verzögerungen im Ablauf des WBT's entstehen.

**Check der Infrastruktur**
Die Infrastruktur der Datenverarbeitung im eigenen Betrieb sollte rechtzeitig vor Abschluss der Arbeiten am ersten WBT überprüft sein: Übertragungsprozeduren, Zugriffsmöglichkeiten und die Aus-

stattung der Arbeitsplatz-Rechner, auf denen die WBT's abgespielt werden sollen (also z.B. ob alle potentiellen Nutzer über Sound Cards und Internet-Zugang verfügen). Die technischen Anforderungen der KU an die Datenverarbeitungs-Umgebung müssen genau festgelegt und unter allen Umständen bei der Erstellung aller WBT's eingehalten werden.

Im Fall der Firma KAESER kann davon ausgegangen werden, dass alle, die in der nächsten Zeit per WBT geschult werden müssen, sowohl über einen eigenen PC oder Laptop verfügen als auch zumindest in hinreichenden Grundzügen wissen, wie damit umzugehen ist. Wäre dies nicht der Fall, müsste unbedingt mit Schulungen auf dieser Ebene begonnen werden.

### Werbung für die Idee

Es darf nicht zu spät mit der Akzeptanzwerbung für die Universität in der eigenen Firma begonnen werden. Die Unterstützung aller Verantwortlichen in der Firma ist unerlässlich, genauso wie die aktive Hilfe all derjenigen, die in ihren Köpfen Wissen beherbergen, das in die WBT's einfließen sollte.

### Die Wissensquellen

Eine der zentralen Fragen bei der Einführung des E-Learnings in ein Unternehmen ist, auf welche Weise das Wissen erschlossen und aufbereitet werden kann, das für das Unternehmen von Bedeutung ist. Die wichtigsten Wissensträger sind meistens gerade diejenigen mit vielen Aufgaben sowieso schon stark ausgelasteten Mitarbeiter, die über das größte Wissen verfügen. Es ist illusorisch, von ihnen zu erwarten, dass sie brauchbare Drehbücher für WBT's verfassen. Oft ist höchstens zu erreichen, dass sie die inhaltlichen Vorlagen für WBT's (Skripte oder Drehbücher) durchlesen und kommentieren. Als eine sehr effiziente Möglichkeit hat es sich erwiesen, aus Büchern und Prospekten alle Informationen zusammenzutragen, die für das Thema des zu erstellenden WBT«s wichtig ist und daraus ein Skript zu erzeugen; die Lektüre dieses Skripts veranlasst die Fachleute dann zu vielen wertvollen Kommentaren.

## Keine Regel ohne Ausnahme

Bei der Entwicklung der KU haben sich einige Aspekte herauskristallisiert, die von E-Learning-Fachleuten zwar meistens empfohlen werden, im konkreten Fall der KU jedoch nicht realisiert werden sollten:

- *Der Lernende bestimmt seinen Lernweg selbst*
  Dieses oft vertretene Prinzip findet im vorliegenden Fall keine Anwendung. Eine selbständige Festlegung des Lernpfades durch den Lernenden wird stark eingegrenzt, weil anderenfalls kein didaktischer roter Faden zu erzeugen ist. Selbstverständlich gibt es immer die Option, über den Strukturbaum eines WBT eine bestimmte Stelle mitten im WBT aufzurufen. Der automatische Ablauf einer Lerneinheit folgt aber einem weitgehend festgelegten Weg. Wo es sinnvoll ist, wird jedoch ein Hinweis gegeben, wenn Teile des Lernprogramms übersprungen werden können.
- *Ein Teletutor tritt als Lernpartner in Erscheinung*
  Ein Teletutor, der ständig für die Lernenden ansprechbar ist oder sich sogar aktiv in den Lernprozess einschaltet, ist bei den Belangen der Firma KAESER schlicht nicht praktikabel. Die Lernenden beschäftigen sich mit Details höchst unterschiedlicher Teilaspekte der Drucklufttechnik, später auch der Informationstechnik, mit Soft Skills etc., die ein einziger Teletutor unmöglich alle unterstützen kann. Hinzu kommen das Zeitproblem (Lernende sind über den gesamten Erdball verteilt) und das Sprachenproblem (in der Firma KAESER werden etwa 40 Sprachen gesprochen und es kann bei weitem nicht von allen potentiellen Lernenden erwartet werden, dass sie hinreichend gut Deutsch

oder Englisch sprechen, um am Telefon komplexe Probleme zu behandeln). Die WBT's müssen also didaktisch so gut und auf die unterschiedlichen Belange der Lernenden zugeschnitten sein, dass diese ohne Teletutor auskommen. Ganz analoge Argumente gelten für die Einrichtung von Chats, Learning Groups und so weiter, die es in der KU zunächst nicht geben wird. Wohl allerdings einen E-Mail Briefkasten für Notfälle, Anregungen und so weiter.

⇨ *Tests kontrollieren den Lernerfolg*
Bewertete Tests des Gelernten wurden aus den WBT's der KU verbannt. Ein Test am Ende eines WBT ist grundsätzlich sicherlich sehr sinnvoll. Dem entgegen steht jedoch, dass sich Menschen, die aktiv im Berufsleben stehen und deren Schulzeit schon Jahre zurückliegt, nur höchst ungern irgendeiner Art von Test unterziehen und schon gar nicht permanent damit bedroht werden wollen. Ein solcher Druck würde die Akzeptanz der gesamten Universität gefährden. Die WBT's der KU bieten daher ausschließlich Selbst-Tests an, mit denen jeder für sich prüfen kann, ob er den angebotenen Wissensstoff verstanden hat oder ob er den einen oder anderen Aspekt vielleicht noch einmal wiederholen sollte. Das eigentliche Testen im Sinne einer echten Abprüfung des Wissensstandes wird in einen eigenen Bereich des Kaeser-Intranet verlagert werden.

## Erste eigene WBT's

Die oben zusammen gefassten Erfahrungen und Erkenntnisse wurde in enger Zusammenarbeit mit der Partnerfirma in ein inzwischen annähernd sechzig Seiten umfassendes Dokument überführt – formal ein *Pflichtenheft* zwischen den Firmen KAESER und der Partnerfirma -, in dem alle Details der Erstellung der WBT's im Rahmen der KU festgelegt sind. Dieses Pflichtenheft definiert die programmtechnische Struktur der KU. Selbstverständlich ist es offen für spätere Erweiterungen. Parallel zu seiner Erstellung wurde ein *Prototyp* programmiert, in dem alle Details direkt ausprobiert und umgesetzt wurden. Besonderes Augenmerk lag dabei auf den für alle WBT's unveränderlichen – und im Prinzip von diesen unabhängigen – Teilen: dem Strukturbaum der Kapitel eines WBT, der Navigation, der Verlinkung mit den Internet-Seiten der Firma KAESER und einer weitgehenden Ähnlichkeit im Aussehen der Seiten beider Bereiche, etc.. – Die neue Struktur wurde inzwischen mit viel Erfolg an drei neuen WBT's ausprobiert, die vor dem Abschluss stehen.

Einige Aspekte, die zunächst nur als Forderungen im Raum standen, wurden zu einem späteren Zeitpunkt konkretisiert:

⇨ Zur Abdeckung der Anforderungen der unterschiedlichen Nutzer – die einen möchten und brauchen Detailwissen, die anderen nur eine oberflächliche Arbeitsanleitung – werden, wo immer dies sinnvoll ist, verschiedene Lernpfade durch das WBT angeboten: z.B. eine »Quick Tour« und eine »Extended Tour«. Gewissermaßen als Abfallprodukt der streng modularen Struktur der WBT«s der Firma Kaeser ergibt es sich, dass einzelne dafür geeignete Kapitel oder Unterkapitel problemlos als eigenständige Werbefilme z.B. für die Präsentation bei Messen oder im Internet ausgegliedert werden können.

⇨ Die Arbeitsteilung zwischen den Firmen KAESER und der Partnerfirma ist genau definiert: Von den Mitarbeitern der KU wird das Drehbuch für ein neues WBT vollständig und mit detaillierten Regieanweisungen geliefert. Bildmaterial wird so weit aufbereitet, dass es mit wenig weiterer Bearbeitung durch die externen Programmierer direkt in das WBT übernommen werden kann. Der externe Dienstleister ist also für die programmiertechnische Umsetzung des WBT's zuständig, die inhaltliche Kontrolle liegt jedoch vollständig bei der Firma KAESER.

⇨ Besonderes Augenmerk wurde der Frage gewidmet, mit welchen zusätzlichen Anreizen die Akzeptanz der neuen Lernmedien unter den Ingenieuren und Technikern gesteigert werden könnte. Die Wahl fiel auf »Info-Seiten«, die über die WBT's verstreut sind. Auf ihnen wird der physikalische Hintergrund von Alltagsphänomenen, die mit dem gerade behandelten Lernstoff inhaltlich in Verbindung stehen, kurz erklärt. Der Lernende kann sie abrufen, wenn er dies möchte; das WBT stoppt so lange, bis die entsprechende Seiten wieder geschlossen wird. So wird z.B. die Funktionsweise der menschlichen Lunge (als natürlicher Kompressor) erklärt, die Entstehung der Erd-Atmosphäre, Phänomene von Klang und Wetter und dergleichen mehr.

⇨ Die Programmstruktur ist so, dass die Bilder und Aktionen eines WBT unabhängig von geschriebenem und gesprochenem Texten abgespeichert werden. Die von einer bestimmten Sprache abhängigen Dateien werden pro Sprache in jeweils einem eigenen Verzeichnis als Text- oder Tondateien abgelegt und erst beim Abspielen des WBT aufgerufen und mit den übrigen Komponenten des WBT verbunden. Die Auswahl des Verzeichnisses erfolgt beim Aufrufen des WBT. Auf diese Weise wird der benötigte Speicherplatz minimiert und vor allem gestaltet sich die Übersetzung eines WBT ungeheuer einfach.

Standardmäßig werden WBT's zunächst in deutscher Sprache erstellt; die englische Version, die zur gleichen Zeit fertiggestellt ist, wird formal als Übersetzung behandelt, um sicher zu stellen, dass alle Funktionalitäten, die für das Einbinden weiterer Sprachversionen notwendig sind, vollständig vorhanden sind. Möchte eine Niederlassung eine Version eines WBT's in ihrer Landessprache haben, werden ihr die entsprechenden Word-Dateien zur Verfügung gestellt; diese müssen unter Beibehaltung vorgegebener Dateinamen und Datenformate übersetzt und ggf. vertont werden; sie können dann ohne spezielle Kenntnisse der Programmierung von WBT's in das neu erzeugte Verzeichnis kopiert werden. Der erforderliche Speicherplatz ist gegenüber den Bild-Dateien eines WBT praktisch vernachlässigbar.

Die KU steht inzwischen fest auf dem Boden einer gut definierten und tragfähigen Struktur. Die eigentliche Arbeit steht nun bevor: die KU muss mit Inhalten gefüllte werden, nicht nur im Bereiche Drucklufttechnik. Die Schnittstellen zum allgemeinen Schulungssystem der Firma und zum Personalbüro müssen definiert werden, die Universität muss auf eine Lernplattform gestellt werden, die dem Lernenden die Nutzung erleichtert. Und diejenigen, zu deren Arbeitserleichterung die WBT«s erstellt werden, müssen daran gewöhnt werden, die Existenz diese neuen Lernmediums nicht nur zur Kenntnis zu nehmen und sich an bewegten bunten Bildern zu erfreuen, sondern es als eine echte Arbeitshilfe zu erkennen. Umgekehrt sind derzeit Fragebögen in Vorbereitung, mit deren Hilfe die Akzeptanz der WBT«s durch die Nutzer erforscht und bisher unerkannte Verbesserungspotentiale erschlossen werden sollen.

### Resümee

Für ein Unternehmen mittlerer Größe ist es möglich, mit vertretbarem Aufwand eine eigene Corporate University aufzubauen. Die Kosten für die Erstellung eines WBT zusammen mit einer externen Firma liegen – so für das erste bei KAESER erstellte WBT: zweisprachig mit einer reinen Laufzeit von je etwa 80 Minuten – in der Größenordnung von DM 300 000. Die Kosten für die Erstellung weiterer WBT's nach der neuen Struktur sollten ganz erheblich darunter liegen; in die Bilanz mit einzurechnen sind aber die internen Kosten durch den Unterhalt einer firmeneigenen Arbeitsgruppe von derzeit drei Mitarbeitern.

Eine Corporate University ist nicht billig und einfach mit der Ersparnis von Reise- und Arbeits-Ausfallkosten zu argumentieren ist problematisch. Viel wichtigere Aspekte sind z.B., dass mit einem internet-basierten Schulungssystem schnell praktisch beliebig viele Schulungen identischer Qualität durchgeführt werden können, dass das Wissensstand aller Teilnehmer zu Beginn einer Präsenzschulung homogenisiert werden kann und der Erfolg dieser Schulung somit erheblich gesteigert wird. Menschen können erreicht werden, die bisher nicht oder nur schwer zu erreichen waren, und die Attraktivität der Firma für Mitarbeiter, Partner, Händler und Kunden wird gesteigert. Es lohnt sich!

# Strategien für die Praxis

**E-Learning –
Anwender, Kosten und die Frage: Make or Buy?**
WOLFGANG JÄGER

**Die Effizienz steigern –
der Return of Investment**
JULIANE VERING

**Das integrierte Schulungskonzept –
I-Learning**
LEONIE FUHRMANN, ERIK KLAS

**Step by Step –
Von der Strategie zur Implementierung**
WOLFGANG KRAEMER, PETER SPRENGER

## Anwender, Kosten und die Frage: Make or Buy?

**Der Bereich Human Resources befindet sich durch die wachsende Vernetzung in einem Wandel. Im Zeichen des »E« spielt E-Learning neben E-Cruiting aktuell die bedeutendste Rolle. Mittlerweile haben sich eine ganze Reihe von strategischen Implikationen um das Thema E-Learning aufgebaut. Diese aus der Sicht und Erfahrung des Autors für Entscheider, Anwender u.ä. relevantesten werden im Folgenden (kurz) beschrieben.**

*Stichworte:* E-Learning, Lernformen, Kosten, Wettbewerbsvorteil, Akzeptanzprobleme, Make or Buy, Effizienzpotenziale, Modellrechnung, Infrastruktur, Kooperatives Wissensmanagement

Wolfgang Jäger

### Einleitung

Die Treiber des E-Learning

Aktuelle empirische Untersuchungen belegen, dass der Anteil von E-Learning im allgemeinen und Online-Learning im speziellen seit 1998 stark zugenommen hat.

Die Treiber des E-Learning kommen aus verschiedenen Richtungen:
⇨ Unternehmen erkennen zunehmend, dass Wissen zum entscheidenden Wettbewerbsfaktor wird
⇨ E-Learning ist bzw. wird ein wachsender Markt. Die Anbieter fokussieren sich, stellen sich auf und bearbeiten den Markt aktiv
⇨ Unternehmen wollen mittels E-Learning Zeit- und Kostenvorteile realisieren

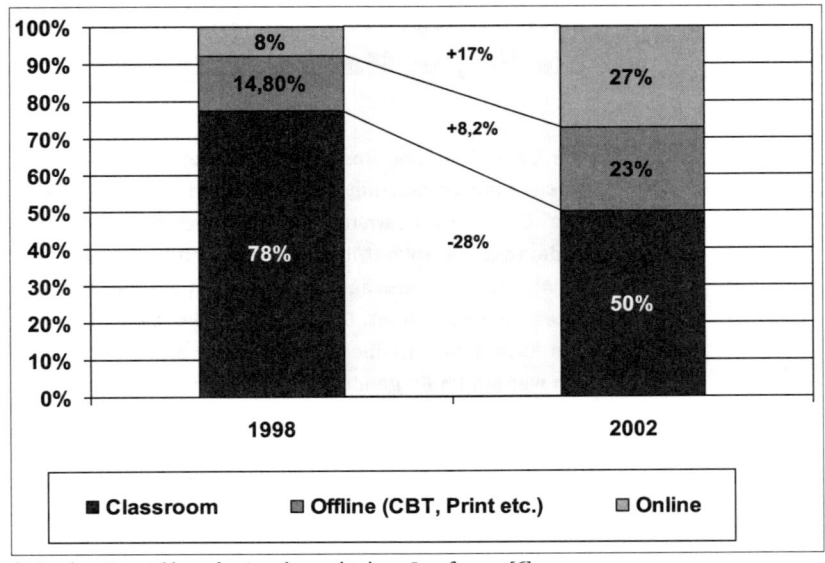

Abb. 1: *Entwicklung der Anteile verschiedener Lernformen [6]*

⇨ E-Business-Konzepte in und zwischen den Unternehmen auf der Geschäftsprozessebene werden auf das E-Learning übertragen. Positive Erfahrungen aus anderen E-Business-Bereichen beseitigen die Hemmschwellen für den Einstieg ins E-Learning

Auch wenn in der jüngeren Vergangenheit zahlreiche zu positive Prognosen der E-Welt nach unten revidiert werden mussten, so steht außer Frage, dass E-Learning den Aus- und Weiterbildungsmarkt nachhaltig verändert und weiter verändern wird. Geht man davon aus, dass 30 % – 70 % der bisherigen Aus- und Weiterbildungsangebote teilweise oder ganz als E-Learning-Angebote umsetzbar sind, lassen sich die zukünftigen Marktpotenziale im Einzelfall leicht hochrechnen. Allerdings stehen diesen eher theoretischen Marktpotenzialen aktuell das tatsächliche Marktvolumen gegenüber [3].

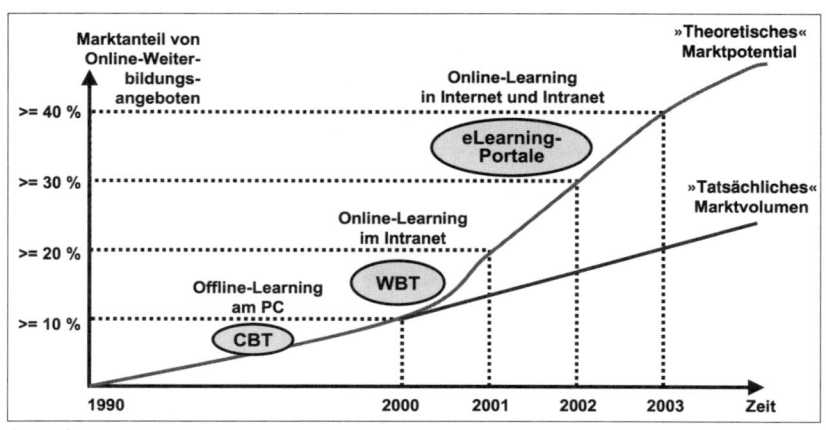

Abb. 2: *Entwicklungsstufen und Marktpotenziale im Milliardenmarkt der beruflichen Aus- und Weiterbildung*

## Strategische Implikationen des E-Learning

Kostenführerschaft als strategischer Wettbewerbsvorteil?

Der strategische Vorteil des E-Learning wird von den Personalverantwortlichen – so zeigt eine aktuelle Studie von Schüle, H. im Auftrag der unicmind.com AG [4] – in erster Linie im Bereich der Kostensenkung gesehen. E-Learning wird als Instrument zum Erreichen der »Kostenführerschaft« in Teilen der Aus- und Weiterbildung betrachtet, in dem es Größenkostenvorteile bei standardisierbaren Lerninhalten realisierbar macht. Zu den favorisierten Lern- themen gehören insbesondere IT-Standardanwendungen, Fremdsprachen, kaufmännische Kurse und Produktschulungen.

Doch Schüle [4] konstatiert zu Recht: »Hier wird man sich die Frage stellen müssen, wie die strategischen Ziele der Unternehmen bei der Priorisierung der E-Learning-Aktivitäten besser Eingang finden können. Ein perfektes Beherrschen aller Microsoft Office-Anwendungen hat noch keinem Unternehmen zum strategischen

*Make or Buy*

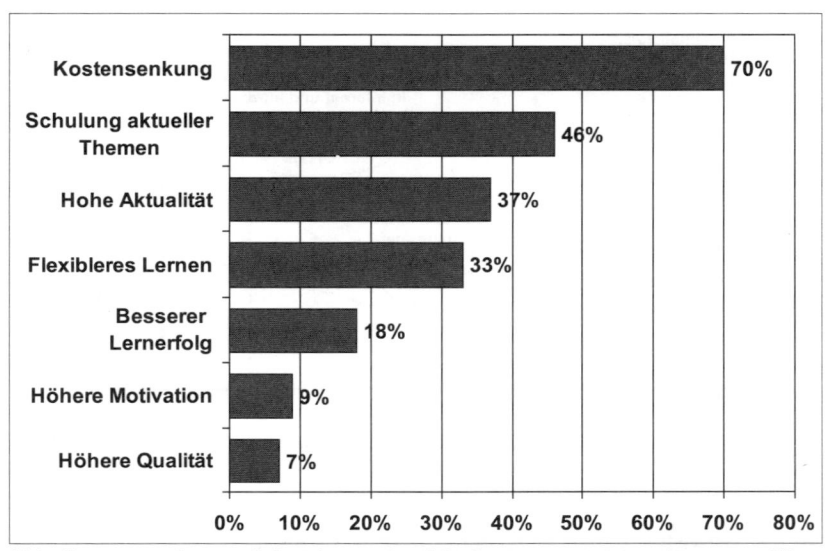

| Grund | Prozent |
|---|---|
| Kostensenkung | 70% |
| Schulung aktueller Themen | 46% |
| Hohe Aktualität | 37% |
| Flexibleres Lernen | 33% |
| Besserer Lernerfolg | 18% |
| Höhere Motivation | 9% |
| Höhere Qualität | 7% |

Abb. 3: *Kostensenkung wird als wichtigster Grund für den Einsatz von E-Learning genannt.* [4]

Wettbewerbsvorteil gereicht« und folgert richtig weiter »die unternehmensspezifischen Themen hingegen werden in ihrer Verbreitung der Studie zufolge nur leicht zunehmen (von 18% auf 26% der Unternehmen). Dies ist insofern sehr bemerkenswert, als nur das unternehmensspezifische Know-how den eigentlichen Wettbewerbsvorteil ausmachen kann. Letztlich lässt sich ein Know-how-Vorsprung nicht von der Stange kaufen.«

Akzeptanzprobleme auf Seiten der »Lehrenden«

Akzeptanzprobleme auf Nutzerseite werden landläufig als bedeutender Hinderungsgrund für die Einführung von E-Learning angesehen. Eine KPMG-Studie zeigt jedoch, dass mehr als drei Viertel der Personalverantwortlichen die Akzeptanz von E-Learning unter den Mitarbeitern als sehr gut oder gut einstufen [3].

Wenn man die Ergebnisse der KPMG-Studie zum E-Learning weiter auswertet und die betriebliche Praxis analysiert, kommt eher der Eindruck auf, dass die eigentlichen »Akzeptanzprobleme« bei den »Lehrenden« und weit weniger bei den Lernenden zu suchen sind. Diese These lässt sich wie folgt ableiten: Viele Personalentwickler bzw. Aus- und Weiterbilder messen personalen und sozialen Softskills besondere Bedeutung zu und ein großer Anteil der zentralen Fort- und Weiterbildung entfällt auf diese »weichen« Qualifikationen. Für viele Personalentwickler gilt es als ausgemacht, dass diese Skills regelmäßig nur in Form von persönlichen Bildungsangeboten wie Präsenztraining, nicht aber als E-Learning-Programme vermittelbar sind.

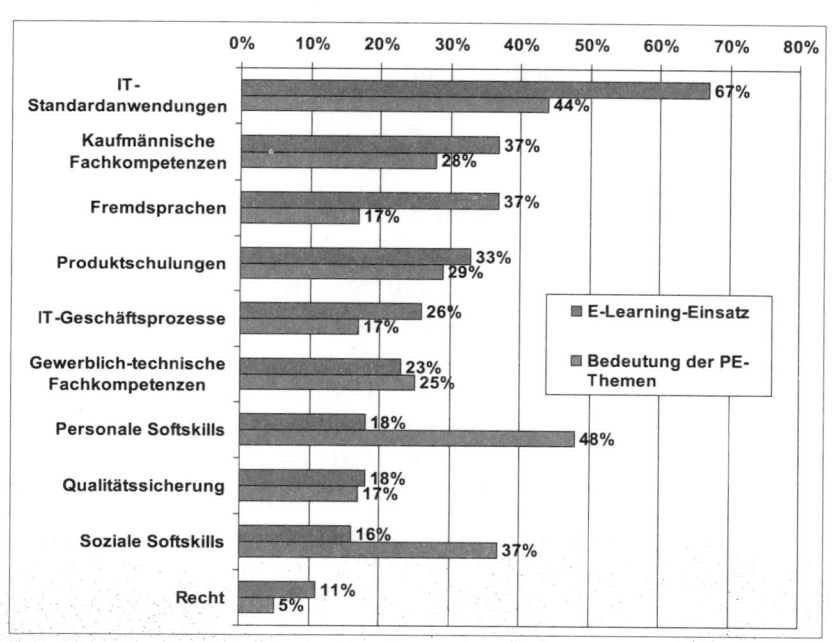

| PE-Thema | E-Learning-Einsatz | Bedeutung der PE-Themen |
|---|---|---|
| IT-Standardanwendungen | 67% | 44% |
| Kaufmännische Fachkompetenzen | 28% | 37% |
| Fremdsprachen | 17% | 37% |
| Produktschulungen | 29% | 33% |
| IT-Geschäftsprozesse | 17% | 26% |
| Gewerblich-technische Fachkompetenzen | 25% | 23% |
| Personale Softskills | 18% | 48% |
| Qualitätssicherung | 17% | 18% |
| Soziale Softskills | 16% | 37% |
| Recht | 5% | 11% |

Abb. 4: *Bei vielen von Personalentwicklern als besonders bedeutend eingestuften PE-Themen kommt E-Learning kaum zum Einsatz, Quelle: [3] S. 5 ff.*

So wundert es dann auch nicht, dass in diesen Bereichen E-Learning eine untergeordnete Rolle spielt. In der Folge fungiert die zentrale Aus- und Weiterbildung, wo E-Learning i.d.R. organisatorisch verankert ist auch nicht als zentraler Motor für dessen Einführung oder Ausbau in den personalentwicklungsgenerischen Kompetenzfeldern. Diese Entwicklung werden eher verstreut über das ganze Unternehmen in den Fachabteilungen angetrieben, wo vermeintlich besonders gut E-Learning-taugliche Kompetenzen wie Produktinformationen, IT-Skills etc. nachgefragt werden.

Die nachfolgend aufgeführte Tabelle vergleicht die Personalentwicklungs-Themen, die von Personalentwicklern bzw. Aus- und Weiterbildern als bedeutend angesehen werden, und die Themen, die als E-Learning-Angbote (favorisiert) implementiert werden und belegt die voranstehenden Thesen.

### Make or Buy

Generell betragen die Kosten für die Entwicklung eines Online-Kurses ein Vielfaches (Faktor 10 bis 30) der Kosten für die Entwicklung eines Präsenztrainings. Entgegen der gelegentlich von Anbieterseite genannten geringeren Entwicklungskosten sind die Kosten für die Entwicklung (incl. Programmierung) eines professionellen einstündigen interaktiven WBT-Moduls mit Kosten von etwa 25.000 Euro - 75.000 Euro (im Mittel ca. 50.000 Euro) durchaus realistisch, d.h. durch Nachkalkulation von Praxisbeispielen belegbar. Das führt zu folgender beispielhaften Arithmetik. Ein Tagesseminar mit 8 Stunden Präsenztraining entspricht einem WBT von 4 Stunden. 4 Stunden Onlinetraining können in der Entwicklung durchaus 100.000 - 200.000 Euro kosten. Für die Amortisation dieses Kostengefüges braucht es in der Praxis regelmäßig eine erhebliche Teilnehmerzahl. Nicht zuletzt deshalb ist es sinnvoll,

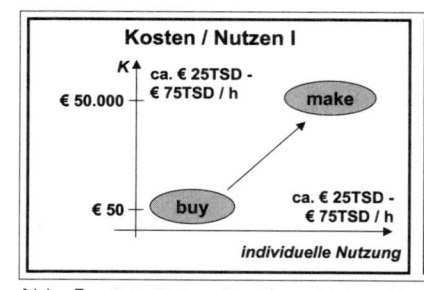

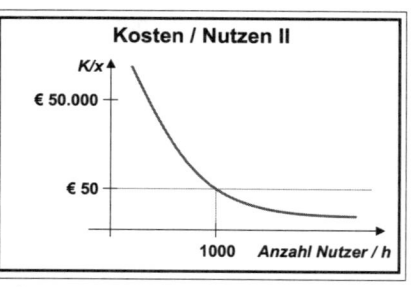

Abb. 5: *Beim E-Learning gilt es, »Make or Buy« abzuwägen.*

auf dem Markt vorhandene Standardangebote von Onlinetraining auf Lizenzbasis zu erwerben. Dies gilt gleichermaßen für allgemeine IT-Trainingsmodule wie für Persönlichkeits- oder Sprachtrainings. In aller Regel entstehen für Unternehmen bei Nutzung solcher Standardangebote nur Kostenvorteile und keine Wettbewerbsnachteile.

### Effizienzpotenziale durch E-Learning

Die Fragen nach der Gestaltung von E-Learning-Inhalten folgen entweder stärker einem didaktisch-methodischen Ansatz oder einem eher an den Folgen interessierten, betriebswirtschaftlich, effizienzorientierten Ansatz. Seitens der Pädagogik ist beim E-Learning der Trend zu einer konstruktivistischen Lernkultur erkennbar. Stark vereinfacht formuliert, fasst die konstruktivistische Lehr- und Lernphilosophie Lernen als einen aktiven Prozess der durch Impulse von außen unterstützt wird auf. So kann z.B. pädagogisch-professionell gestaltetes Online-Training je nach Design mehrere Wahrnehmungskanäle ansprechen, mit der Folge einer höheren Behaltensquote. Oder die Onlinekurse können sich individuell am Vorwissen der Nutzer orientieren (Adaptierbarkeit) einhergehend mit einer Steigerung der Lerneffizienz.

Die betriebswirtschaftlichen Effizienzpotenziale stellen regelmäßig die Zeitersparnis bei der Lernzeit – und damit mittelbar auch Ersparungseffekte auf der Kostenseite in den Vordergrund. Eine weitere Ausgangssituation lässt sich aus Sicht der Unternehmen auf Grundlage der Zahlen des Instituts der deutschen Wirtschaft wie folgt skizzieren:

Nur 47 % der Kosten für Aus- und Weiterbildung werden für das eigentliche Seminar / Training / Content ausgegeben, 53 % für Lohnfortzahlung / Anfahrt / Übernachtung / Verpflegung u.ä. Insbesondere der letzte Punkt mit dem Hinweis auf 53 % indirekte Kosten führt direkt zu immer wieder propagierten E-Learning-Potenzialen. Diese Nutzenpotenziale gehen in aller Regel auf die Optimierung des Lernortes zurück. Statt extern in Hotels oder firmeninternen Schulungszentren wird »on-the-job« am PC-Arbeitsplatz, »near-the-job« arbeitsplatznah im Selbstlernzentrum oder direkt »out-off-the-job« zu Hause am PC und/oder mit dem Notebook im Hotel während der Geschäftsreise gelernt. Bezieht man hierbei nicht nur die direkten Kosten für Anreise, Übernachtung und Verpflegung, sondern auch noch die ausgefallene bzw. ersparte Arbeits- respektive Reisezeit mit in die Rechnung ein, so erreichen mitarbeiterzahlstarke Unternehmen mit einer hohen regionalen Dezentralität und großem Weiterbildungs- und Schulungsbedarf über E-Learning-Ansätze auf dem Papier Einsparungen in Millionenhöhe.

Diese Rechenarithmetik stimmt, die Realität in den Unternehmen – besonders in denen mit einer hohen Anzahl von gewerblichen Mitarbeitern – sieht nicht selten anders aus. Dort wird i.d.R. »on-the-job« oder »near-the-job« gelernt, so dass ein wesentlicher Kostenblock (Anfahrt, externe Übernachtung, etc.) nicht anfällt. Gerade hier müssen beim E-Learning nicht Kosten-Nutzen-Potenziale, sondern die methodisch-didaktischen Vorteile und die Nachhaltigkeit in den Vordergrund gestellt werden.

### Investitionen in Inhalte und Infrastruktur nötig

Bei den vorgenannten Einsparpotenzialen durch E-Learning darf keinesfalls übersehen werden, dass den Kostenvorteilen regelmäßig nicht unerhebliche Investitionen gegenüberstehen. Diese Investitionen lassen sich grob in zwei Hauptbereiche unterteilen. Investitionen in Lerninhalte (Content) und Investitionen in die technische Lerninfrastruktur (Hard- und Software) [2].

Gerade bei dem Auf- oder Ausbau einer e-learning-spezifischen Infrastruktur starten die Unternehmen heute aus ganz unterschiedlichen Positionen. Haben die großen Dienstleistungsunternehmen, wie beispielsweise die Finanzdienstleister, schon relativ weitgehend ausgebaute, d.h. multimediafähige Infrastrukturen bis runter zum einzelnen Arbeitsplatz zur Verfügung, ist in der Industrie mit einem hohen Anteil gewerblicher Mitarbeiter noch lange nicht jeder »online« an seinem Arbeitsplatz zu erreichen.

Nicht zuletzt stellt die Größe eines Unternehmens einen ganz wesentlichen Aspekt für die Entwicklung einer E-Learning-Strategie dar. Wie noch genauer erläutert wird, ist die Entwicklung und der Betrieb von E-Learning Konzepten mit erheblichen finanziellen Anfangs- und Folgeinvestitionen behaftet. Dadurch werden Fragestellungen nach »Make or Buy«-Lösungen bei der Contenterstellung oder der Nutzung von Infrastrukturlösungen als ASP-Lösungen (Application Service Providing) über das Internet zu wichtigen Entscheidungsparametern. Über das »Einmieten« auf die »offene« E-Learning-Plattform eines ASP-Anbieters und/oder der Inhalteeinkauf über einen E-Learning-Marktplatz lässt E-Learning dann auch für Klein- und Mittelständische Unternehmen (KMU) zu einer interessanten Alternative werden.

### Modellrechnung für (Groß-)Unternehmen

Unternehmen mit einer hinreichend großen Mitarbeiterzahl und einer aktiven E-Learning-Strategie kommen nicht daran vorbei, sich eine eigene E-Learning-Referenzarchitektur zu schaffen [1]. Eine E-Learning-Plattform verkörpert eine weitgehende Infrastruktur, die aufzeigt, welche technisch-organisatorischen Notwendigkeiten ein (Groß-)Unternehmen bedenken muss und welche inhaltlichen Anforderungen sich daraus ergeben.

Um die Entscheider in den Unternehmen auch für die Größe der relevanten Investments zu sensibilisieren, werden im folgenden beispielhafte Kostenstrukturen für ein fiktives Großunternehmen skizziert, welches im Rahmen seiner E-Learning-Aktivitäten auf Basis der vorgenannten Referenzarchitektur plant, für 40.000 seiner Mitarbeiter (von denen immer 10 % = 4.000 Mitarbeiter regelmäßig in Trainingsmaßnahmen eingebunden sind) rund 1000 Online-Trainingsstunden zu produzieren und anzubieten bzw. durchzuführen. Dabei sollen 600 Stunden individuell entwickelt und fremdvergeben werden, 100 Stunden als Standardmaterial eingekauft und 300 Stunden in Eigenproduktion erstellt werden.

Auf Basis eines Rechenansatzes der Kostenaufwendungen für einen Online-Studiengang [2] können die Kostenwirkungen auch für Unternehmensanwendungen zumindest näherungsweise ermittelt werden, zumal für das Hochschulbeispiel die Kostensätze für die Erstellung von Online-Kursen in der betrieblichen Weiterbildung von SQT (Siemens Qualification and Training) Eingang gefunden haben. Die in der Abbildung 4 dargestellten Kostenstrukturen unterstellen bei der Produktionskomponente eine Nutzungsdauer von (optimistischen) 3 Jahren und bei der Verwaltungs- bzw. Datenbankkomponente eine (ebenfalls optimistische) Nutzungsdauer von 4-5 Jahren.

Angesichts solch hoher Investments wird der grundlegende Einstieg in das E-Learning vielerorts auf den Prüfstand gestellt. Neben den vorstehend schon mehrfach angesprochenen Kosten-Nutzen-Vorteilen, soll an dieser Stelle ein für viele Unternehmen noch gewichtigeres Argument geliefert werden: das Lernzeit-Wissensargument. Dieses Argument ist nicht nur der dynamischen Software- Industrie vorbehalten.

**Tabelle 1: In Anlehnung an das Rechenmodell »Studium Online« [1]**

| | Investitionen | Sachkosten | Personal | Rechte/ Content | Summe |
|---|---|---|---|---|---|
| Campus-Komponente | 350.000 | — | 250.000 | 290.000 | 890.000 |
| Classroom-Komponente | 52.500 | 20.000 | 60.000 | 5.000 | 137.500 |
| Produktions-Komponente | 100.000 | — | 400.000 | 5.000.000 | 5.500.000 |
| Verwaltungs-Komponente | 500.000 | — | — | 490.000 | 990.000 |
| **Insgesamt** | **1.002.500** | **20.000** | **710.000** | **5.785.000** | **7.517.500** |

Basisannahmen: Unternehmen = 40.000 Mitarbeiter, davon 4.000 ständig Lernende, 1000 Stunden Online-Kurse (davon 600 Stunden Fremdentwicklung), Nutzungsdauer Content = 3 Jahre, Infrastruktur 4 Jahre, Kosten in Euro p.a.

Schnellere Produktzyklen kennzeichnen ebenso das Geschäft der Automobil- oder der Kommunikationsgerätehersteller. Rechtzeitige und qualifizierende Produkt- und Vertriebsschulungen werden zum entscheidenden Wettbewerbsfaktor. Auch hier gilt: nicht die Großen fressen die Kleinen, sondern die Schnellen die Langsamen.

E-Learning wird kooperatives Wissensmanagement

Aber nicht nur neues Wissen soll und kann über E-Learning effektiv verteilt werden. In naher Zukunft werden E-Learning und Wissensmanagement (besonders das schon vorhandene Wissen) noch stärker zusammengeführt werden müssen. Den Nutzen des »Erfahrungs-Wissens« einer Organisation gilt es als nächstes über E-Learning-Anwendungen dergestalt zu optimieren, indem die Lernprozesse in den sozialen Kontext eingebunden werden.

Dieses im Gegensatz zum Instruktion- oder Selbstlernen, kollaboratives Lernen genannt, wird ein wesentlicher Bestandteil virtueller Lernumgebungen werden. Dieser Ansatz folgt der Grundüberlegung, dass angesichts der Geschwindigkeit, mit der sich praxisrelevantes Wissen ändert, dieses Wissen immer seltener in digitale Medien umgesetzt werden kann, ohne dass es bei Erscheinen schon veraltet ist. Deshalb muss das Wissen »in den Köpfen« in einen kontinuierlichen Lern- und Kommunikationsprozess eingebunden werden. D.h. zukünftige Lernumgebungen werden nicht nur aus WBT oder VCT (Virtual Classroom Training) bestehen, sondern auch »Wissensträger« identifizieren, mit denen man sich (virtuell) treffen und von und mit denen man lernen kann [5].

Supply Chain Learning

Neben lebenslangem Lernen und kollaborativem Wissensmanagement wird die Zukunft des E-Learnings noch von einem weiteren Aspekt getrieben. Die relativ hohen Investments führen den Blick in Richtung Kostenverteilung. Die Überlegungen aus der E-Business-Welt die Lieferketten zu optimieren (Supply Chain Management), werden auch für das E-Learning adaptiert (Supply Chain Learning). Supply Chain Learning umfasst dann neben den eigenen Mitarbeitern auch Kunden, Zulieferer oder weitere Geschäftspartner – wie beispielsweise Online-Universitäten oder Trainingsanbieter, die wiederum als Zulieferer für E-Learning Content dienen. In den weiteren Entwicklungsstufen wird Supply Chain Learning ein integraler Bestandteil des E-HR-Business.

**Literatur**

[1] Bertelsmann Stiftung (Hrsg.): *StudiumOnline – Hochschulentwicklung durch neue Medien*, Gütersloh 2000

[2] JÄGER, W.: *E-Learning, in: Personal 7/2001, S. 374 ff.*

[3] KPMG Consulting (Hrsg.): *»eLearning zwischen Euphorie und Ernüchterung«*, München / Essen / Hamburg 2001

[4] SCHÜLE, H.: *eLearning und Wissensmanagement in deutschen Großunternehmen*, Göttingen 2001, S. 20

[5] PFISTER, H.R.: *Lernen, was, wo und mit wem man will, Interview in: Siemens Qualifier 11/2000, S. 18*

[6] Quelle: *SQT, zitiert in: IT Management 10/2001, S.80*

## Die Effizienz steigern – der Return of Investment

Schon Schulabgänger erfahren, dass unser Standardwissen nur noch für einen sehr begrenzten Zeitraum nutzbar ist, sobald sie in einem unternehmerischen Umfeld agieren. Das erworbene Wissen muss unter Umständen im Berufsleben mehrfach komplett erneuert werden. Während die Weiterbildung Wettbewerbsvorteile sichert, schafft sie bei den Unternehmen gleichzeitig einen stetig wachsenden Kostenblock. Das wirft die Frage nach der Effizienz und der Qualität des Lernangebotes auf. Insofern befassen sich meine Ausführungen mit den Effizienzen aus E-Learning Prozessen und mit den notwendigen Qualitätsaspekten, um E-Learning als Teil der Organisationsentwicklung erfolgreich im Unternehmen einzusetzen.

JULIANE VERING

### Reorganisation der Aus- und Fortbildungsprozesse

Wer sich mit e-Prozessen im E-Commerce, E-Business, E-Supply Chain oder E-Learning beschäftigt hat weiß, dass sie bei aller Verschiedenheit eines gemeinsam haben: sie beschleunigen im Unternehmen (intranetbasiert) und im Verkehr mit Dritten (internetbasiert) den Ablauf von Geschäfts-/Lernprozessen und bieten damit beachtliche Potenziale zur Effizienzsteigerung. Dies gilt insbesondere für Unternehmen einer bestimmten Größenordnung, für die die Beschleunigung einzelner Prozesse einen hohen Multiplikationswert hat und eine Ausweitung der Wertschöpfungskette bedeutet. Ähnlich dem E-Business geht es dabei nicht in erster Linie um die Einführung einer neuen Technologie, sondern um die damit verbundene Reorganisation der betroffenen Prozesse wie Planung, Logistik und Distribution.

## Planung

Die Planung ist im Bildungsmanagement eine Backoffice Funktion, die im allgemeinen einmal jährlich mit der Zusammenstellung des Kursangebotes durchgeführt wird. In einer E-Learning Umgebung wird zunächst der Begriff des *Kurses* neu definiert. Ausgehend von der Erkenntnis, dass Wissenserwerb kein einmaliger, sondern ein permanenter Prozess ist, muss der Begriff *Kurs* als Mixtum Compositum verstanden werden, der aus vielen Einzelelementen zusammengesetzt ist, wie z.B. WBT, Computer Based Training, Videos, Dokumente jeglicher Art, Tests, Diagnostische Tools (Selbsteinschätzungstests). Planung umschreibt im E-Learning den Vorgang der Zusammenstellung des Inhalts und aller dazugehörenden Wissenskomponenten vor und/oder nach dem Präsenztraining. Dazu gehört auch das Curriculum Management. Standardisierte Metainformationen wie Kursdauer, Kursziel, Zielgruppe und Kursvoraussetzungen müssen für jedes *Kurselement* definiert und in den Planungsprozess integriert werden. Die Festschreibung der verantwort- lichen Inhaltsmanager, auch Knowledge Broker genannt, ist ebenso Grundvoraussetzung der Planung. Da aufgrund dessen der Planungsprozess höhere Anforderungen an das Bildungsmanagement stellt, entstehen neue Arbeitsplatzprofile, was dem Nutzer den Vorteil des permanent aktualisierten Wissens bringt. In wissensbasierten Unternehmen ist dies Voraussetzung für langfristiges Überleben in einem sehr wettbewerbsorientierten Umfeld.

## Logistik

Aus der Benutzerperspektive gehören die Kursauswahl, die Kursgenehmigung und die Kursbuchung zur Logistik. Für die Kursauswahl steht der Kurskatalog zur Verfügung, der alle Kurselemente enthält und beschreibt. Die Kurslokalisierung erfolgt durch Suchmechanismen im PC, wie Eingabe von Schlüsselwörtern oder Pull-Down Funktionen. Wenn der richtige Kurs gefunden ist, beginnt der Buchungsprozess. Nach Genehmigung durch den Vorgesetzten wird der Kurs auf der persönlichen Homepage des Nutzers angezeigt und im System registriert. Der Mitarbeiter kann danach, durch seinen persönlichen Bildungskalender geleitet, die einzelnen Kurskomponenten durcharbeiten. An eine erfolgreiche Absolvierung des Kurses schließen sich die Abrechnung und die Registrierung unter Berücksichtigung der bisherigen Ausbildung des Mitarbeiters an.

Der direkte Zugriff auf mediale Lernprodukte ist durch das Learning Management System (LMS) gewährleistet und erspart jedem Nutzer aufwändiges Suchen im Netz. Voraussetzung für die erfolgreiche Durchführung aller dieser Maßnahmen in Einzelschritten ist eine neue Produktlogistik durch die Integration von WBT und anderen medialen Inhalten, insbesondere eine neue Definition der Prozessketten. Es ist Aufgabe des Bildungsmanagement, entsprechende mediale Inhalte entweder selbst zu entwickeln oder als Standardprodukt einzukaufen.

## Distribution

Für die effektive Wissensdistribution ist eine gute informationstechnologische Infrastruktur unumgänglich. Die technologiegestützten Lernprodukte wie WBTs müssen an die IT-Infrastruktur angepasst werden oder umgekehrt. Sound und Videostreaming nehmen große Bandbreiten in Anspruch, die augenblicklich nur von wenigen Unternehmen in Deutschland zur Verfügung gestellt werden können. Die Produkte müssen einheitliche Technologiestandards verfolgen, damit diese problemlos in eine Lernplattform integriert werden können. Nichts ist frustrierender im Lernprozess als ein nicht vorhandener Zugang zum Lernprodukt, weil technische Probleme dies nicht gestatten. In stark dezentral organisierten Unternehmen, deren Mitarbeiter oft außerhalb des eigenen Büros tätig sind (wie in Wirtschaftsprüfungs- und Beratungsgesellschaften), ist der Zugriff auf das Lernprodukt ein kritischer Erfolgsfaktor. Daher gehört zur Distribution auch die Plazierung von Lernzeiten im Netzwerk.

Learning on Demand heißt zwar, dass jeder jederzeit netzbasiert lernen kann, die Praxis sieht jedoch oft anders aus. Es muss gewährleistet sein, dass die Bandbreiten so groß sind, dass der sonstige Datenverkehr durch E-Learning nicht beeinträchtigt wird.

Distribution bedeutet ferner, die Mitarbeiter über neue Produkte auf dem Laufenden zu halten. Distribution ist somit gleichzeitig Information und Kommunikation. Was der Nutzer nicht kennt, kann er auch nicht benutzen. Für diese Informationspflicht haben Lernplattformen auf der persönlichen Homepage eines jeden Mitarbeiters eine *News* Leiste oder Spalte, auf der alle relevanten Neuigkeiten der Aus- und Fortbildung kommuniziert werden. Durch regelmäßige Pflege und Einstellen dieser *News* erhält das Bildungsmanagement schon fast eine kommerzielle Dimension. Ein Produkt wird angekündigt, beschrieben, dem Konsumenten »verkauft«[1]. Das Bildungsmanagement hat ferner dafür Sorge zu tragen, dass das Angebot so übersichtlich dargestellt wird, dass es nicht zu Orientierungslosigkeit und Informationsüberflutung kommt. Die Technologie unterstützt hier den Mitarbeiter in seinem Bestreben, Informationen und Wissen bedarfsgerecht zu selektieren.

**Learning Management Systeme und E-Prozesse**

Die beschriebenen Planungs-, Logistik- und Distributionsprozesse verdeutlichen, dass E-Learning mehr ist, als die Bereitstellung von Web-based Trainings über das Intra-oder Internet. Wer unter E-Learning lediglich die Substitution von Präsenzveranstaltungen durch Formen des Online-Lernens versteht, der vergibt erhebliche

Gestaltungspotenziale. Maßgeblich für den Erfolg von E-Learning Projekten ist nicht die Art und Anzahl der angebotenen digitalen Lerninhalte, sondern insbesondere deren intelligente Einbindung in Curricula, die Bereitstellung komfortabler Zugangsmöglichkeiten für die Benutzer sowie das Controlling der Lernprozesse. Letztlich gilt der vielzitierte Ausspruch »Content is King – but Infrastructure is God«. Werkzeuge, die diese Infrastruktur für den effizienten Betrieb von E-Learning liefern, sind so genannte Learning Management Systeme (LMS).

LMS sind computergestützte betriebswirtschaftliche Informationssysteme zur Unterstützung von Personalentwicklungsprozessen über das Internet oder das Intranet eines Unternehmens. Unter technischen Gesichtspunkten handelt es sich bei LMS um Browser/Webserver-Architekturen, die auf der Basis von Internetstandards wie HTML plattformunabhängig eingesetzt werden können. Sie besitzen somit die eindeutigen Merkmale einer E-Business Anwendung. Insofern ist es nur konsequent, E-Learning als das E-Business der Personalabteilung zu bezeichnen [1].

Entscheidend für den Erfolg von LMS ist deren behutsame Integration in ein Unternehmen. Dabei sind sowohl organisatorische als auch technische Rahmenbedingungen zu berücksichtigen. Dies lässt sich an einem Beispiel verdeutlichen: Mit E-Learning geht häufig das Ziel einher, den Mitarbeitern persönliche Dienste anzubieten, wie beispielsweise die Anzeige der individuellen Ausbildungssituation, Buchungsstand, der Bearbeitungsstatus von WBTs und anderer im Medienpool befindlichen Medientypen. Die Selbststeuerung der Mitarbeiter beim Lernen soll erhöht, Lerninhalte und -tempo individuell bestimmt werden. Damit derartige Effekte erzielt werden können, muss der Mitarbeiter dem LMS bekannt sein. Nur wenn das LMS über Informationen verfügt, die den Mitarbeiter beschreiben, können entsprechend personalisierte Dienste bereitgestellt werden.

Technisch muss zu diesem Zweck beispielsweise das LMS an ein Personalstammdatensystem angeschlossen werden. Nur wenn eine derartige Schnittstelle vorhanden ist, können Datenredundanzen vermieden und der Pflegeaufwand eines LMS effizient gestaltet werden. Kein Administrator eines LMS kann Tausende von Mitarbeiterdaten manuell verwalten. Aus organisatorischen und Datenschutzgründen muss indessen abgestimmt werden, welche Mitarbeiterdaten überhaupt innerhalb eines LMS verwendet werden dürfen. Schließlich sind Personaldaten sensible Daten. In der Entscheidungsfindung für diesen Bereich sollte dann der Betriebsrat einbezogen werden. Allein dieses Beispiel gibt einen Einblick in die komplexen Integrationsprozesse, die bei der Einführung eines LMS zu bewältigen sind. Für die effiziente Nutzung von E-Learning sind deshalb nicht allein die technischen Merkmale eines bestimmten LMS-Produktes entscheidend. Homepages, Chats, Newsgroups und Teletutoring-Funktionen bieten heutzutage die meisten auf dem Markt befindlichen Systeme. Maßgeblich ist vielmehr eine umfassende Einführungsberatung, die verdeutlicht, wie bestimmte LMS-Funktionalitäten in Unternehmensabläufe, Organisationsstrukturen und IT-Infrastrukturen eingepasst werden können.

Ein Unternehmen, das sich mit dem Gedanken trägt, ein LMS einzuführen, sollte deshalb unbedingt einen Anbieter wählen, der E-Learning Produkte und Dienstleistungen aus einer Hand anbietet.

**Kosten-Nutzen Überlegungen**

Für die Durchführung von mediengestütztem Lernen stehen mehrere Optionen zur Verfügung. Die folgenden Ausführungen beschränken sich auf die nähere Untersuchung des Erwerbs von Standard WBT-Produkten und unternehmensinterner Entwicklung von WBTs.

Dabei wird vorausgesetzt, dass mediengestütztes Lernen grundsätzlich als richtige Lernform vom Bildungsmanagement identifiziert worden ist. Die Voraussetzungen sind erfüllt, wenn Themen, Zielgruppe und Zielsetzung aufeinander abgestimmt und adäquat sind. Ob es tatsächlich zur Durchführung kommt, hängt dann vom Ergebnis der Kosten-Nutzen Überlegungen ab. Wenn netzbasiertes Lernen als alternative Lernform zum Präsenztraining angeboten werden soll, sind die Kosten für beide Lernformen gegenüberzustellen. Entscheidende Rechengrößen sind dabei:

⇨ Effektive Lernzeit
⇨ Opportunitätskosten (Dienstausfallkosten)
⇨ Fixe und variable Sachkosten

### Effizienzpotenziale bei Lizenzerwerb

Der Erwerb einer Lizenz für ein Standardprodukt vom Markt kann große Kostenvorteile bringen. Voraussetzung dafür ist allerdings in der Regel, dass es sich um wenig spezialisierte Themen mit großer Marktdurchdringung handelt, wie dies z.B. bei Microsoft Produkten der Fall ist. Folgendes Beispiel in Tabelle 1 verdeutlicht diese Behauptung.

Die Tabelle stellt in ihrer mittleren Spalte die Kosten für Präsenzschulungen, in ihrer rechten Spalte die Kosten für web-basiertes Lernen dar. Unterstellt wurde ein jährlicher Lizenzpreis von Euro 12.500, – für ein Produkt mit sehr hoher Marktpräsenz. In diesem Fall stehen die hohen Sachkosten des Präsenztrainings und dessen begrenzter Ausbildungskapazität in keinem Verhältnis zu dessen Nutzen bzw. dessen Mehrwert. Im Schnitt werden im Beispielfall nur maximal 1600 Mitarbeiter geschult, während das Web Based Training weitaus mehr Mitarbeiter erreicht. Die Lernzeit hingegen ist kürzer (Erfahrungswert im Durchschnitt –50%) im Vergleich zur

| Tabelle 1: Kostenvergleich | | |
|---|---|---|
| | Präsenztraining | WBT |
| Kosten pro Kurs | Euro 2.000 | Euro 12.500 |
| Externer Trainer pro Tag | Euro 750 | entfällt |
| Arbeitszeit Mitarbeiter | 1 Tag | 4 Stunden |
| Durchschnittliche TN Zahl | 8 | unbegrenzt |
| Anzahl der Kurse im Jahr | 200 | unbegrenzt |
| Mögliche Teilnehmerzahl/ Jahr | 1.600 | 1.600 |
| **Kosten pro Teilnehmer/ Jahr** | **Euro 250** | **Euro 7,80** |
| Dienstausfall Mitarbeiter (Opportunitätskosten) | Euro 600 | Euro 300 |
| Abschreibungen (Lernplattform, PC-Arbeitsplatz, IT Infrastruktur) | entfällt | Euro 17,50 |
| **Aufwendungen insgesamt** | **Euro 850** | **Euro 325,30** |

Präsenzschulung. Dies setzt jedoch eine störungsfreie Lernumgebung voraus.

Die Rechnung verdeutlicht insgesamt, dass selbst bei gleicher Mitarbeiterzahl der Aufwand für wbt-gestütztes Lernen ungleich geringer ausfällt. Eine Erhöhung der Zielgruppe auf beispielsweise 5000 Mitarbeiter (die Lizenzkosten bleiben gleich) hätte ein Absinken der pro Kopf Kosten auf Euro 2,50 aufgrund des Fixkosten-Degressionseffekts zur Folge.

### Effizienzpotenziale bei Eigenentwicklungen

#### WBTs zur Informationsvermittlung

Elektronisch gestütztes Lernen hat sich insbesondere in Situationen bewährt, wo »Training als Massengeschäft« funktioniert und eine große Anzahl von Mitarbeitern möglichst schnell und gleichzeitig in der Handhabung bestimmter Systeme aus den Bereichen Informationstechnologie, Human Resources, Controlling etc. geschult werden müssen, um arbeitsfähig zu sein. Beispiele dafür sind die Einführung von Windows 2000, die Einführung eines neuen Reisekosten- oder Stundenabrechnungssystems, die Einführung eines neuen Mitarbeiterbeurteilungssystems. Präsenzschulungen fordern viel Mitarbeiterzeit sowie Trainerkapazitäten und verursachen hohe Reisekosten. Ein modernes Web Based Training kann mit einem wesentlich geringeren zeitlichen Aufwand die gleichen Inhalte vermitteln und den gleichen Informationsstand der Mitarbeiter sicherstellen. Entwicklungsaufwand und Sachkosten sind gering, da die Einführung neuer unternehmensinterner Tools mit Hilfe der Autorentools Dreamweaver und Flash gut in Eigenregie produziert werden können. Die Nutzung über das Firmennetz demonstriert beispielhaft erhöhte Effizienzen im Distributions- und Informationsprozess.

**WBTs zur Wissensvermittlung**
Lernen im Sinne von Wissenserwerb und dessen Anwendung findet im o.a. Beispiel nicht statt. Um Lernprozesse auszulösen, ist die Erstellung elektronisch gestützter Lernprodukte eine didaktisch – methodisch anspruchsvolle Aufgabe, die einen extensiven Planungsprozess voraussetzt. Der Entwicklungsaufwand ist hier wesentlich höher als im Präsenztraining.

Die in Tabelle 2 dargestellte Effizienzpotenzialrechnung soll eine 1:1 Gegenüberstellung von Präsenz- und Web-basiertem Training eines nicht-standardisierten Themas auf Basis einer Eigenentwicklung demonstrieren. Aussagen über die Effizienz der beiden Lernmethoden lassen sich nicht allein aus der Höhe der absoluten Kosten herleiten. Daher wird die
Anzahl der Teilnehmer in die Vergleichsrechnung mit einbezogen.

Variable und fixe Sachkosten bei WBTs sind der Erwerb von Lizenzen und die Produktionskosten eigener WBTs, Abschreibungen, Telekommunikationskosten und Betriebskosten. Den Präsenzschu-

**Tabelle 2: Effizienzpotenzialrechnung**

| Kosten | Präsenztraining in Euro | WBT in Euro |
|---|---|---|
| Entwicklungskosten | 50.000 | 1.000.000 |
| Sachkosten | 700.000 | 25.000 |
| Opportunitätskosten | 1.800.000 | 750.000 |
| Insgesamt | 2.550.000 | 1.775.000 |
| Bei 500 TN | 5.100 | 3.550 |
| Bei 1.000 TN | 5.050 | 2.550 |
| Bei 1.500 TN | 5.033 | 2.217 |

Präsenzschulung
SK= 500x250x5= 625.000 Euro + 75.000,- RK
OK= 5 Tagex500Tn x 600,-Euro=1.500.000 Euro
Reisezeit= 500 Tn x 600 Euro=300.000 Euro

WBT
EK=50.000 x 20= 1.000.000 Euro
SK=25= Telek.kosten und Abschreibungen
OK= 50% von 1.500.000 Euro
2.550.000:500=5.100 Euro/Tn
1.775.000:500= 3.550 Euro/Tn

lungen sind hohe variable Sachkosten in Form von Reise- Hotel-, Trainer- und Materialkosten zuzuordnen. Fixkosten fallen an für Administration und hauseigene Schulungszentren, falls vorhanden.

Wie eingangs angedeutet, geht den Unternehmen für Aus- und Fortbildung produktive Arbeitszeit verloren. Diese Opportunitätskosten sind in die Kalkulation eingeflossen.

Die Rahmendaten des o.a. Beispiels beziehen sich auf 500 Berufsanfänger, die ein einwöchiges Spezialtraining besuchen, das pro Tag 250 Euro kostet. Ein Reisetag wird angesetzt, die Reisekosten i.H.v.150,- Euro/Person kalkuliert. Das Ziel soll sein, den 5-Tages Kurs komplett durch E-Learning zu ersetzen. Ob ein solcher Totalaustausch im Rahmen eines integrativen Lernmodells sinnvoll ist, ist eine andere Frage. Es geht hier nur um eine Modellrechnung. Des weiteren wird angenommen, dass E-Learning die Lernzeit um 50% reduziert. Die Opportunitätskosten liegen bei Euro 600,- pro Tag und Mitarbeiter. Administrationskosten werden nicht berücksichtigt.

Die Gegenüberstellung macht eines sehr deutlich: Trotz sehr hoher Entwicklungskosten (1:20) liegen sowohl Sach- als auch Opportunitätskosten beim WBT wesentlich unter dem Kostenanteil einer Präsenzschulung mit gleichem Inhalt.

Das Beispiel zeigt weiter, dass schon bei 500 Nutzern ein Kostenvorteil für das Web Based Training erzielt wird. Er steigt wegen des Fixkostendegressionseffekts mit der Anzahl der Lernenden. Die Kosten pro Einheit werden umso geringer, je höher die Nutzungsintensität ist. Allgemein ist festzustellen, dass eine Eigenentwicklung nur dann Sinn macht, wenn eine kritische Nutzeranzahl überschritten wird (break even).

Grafisch lässt sich der Sachverhalt folgendermaßen darstellen:

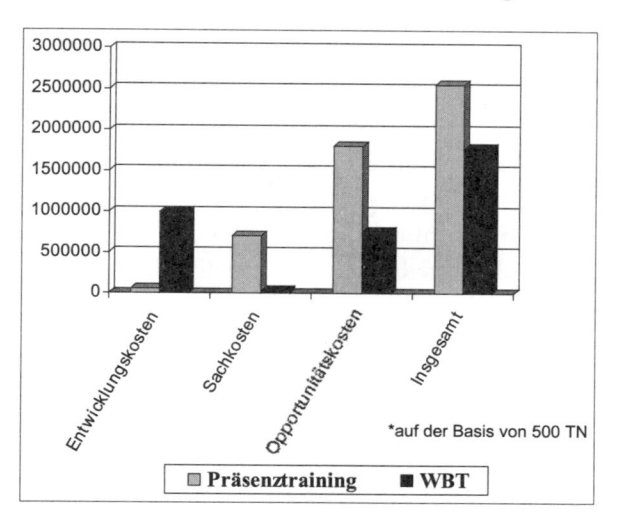

Abb. 1: *Kostenvergleich*

## Potenziale und Rationalisierungseffekte

Wenn im Unternehmen die strategische Entscheidung getroffen wird, 20% des herkömmlichen Kursprogramms durch mediales

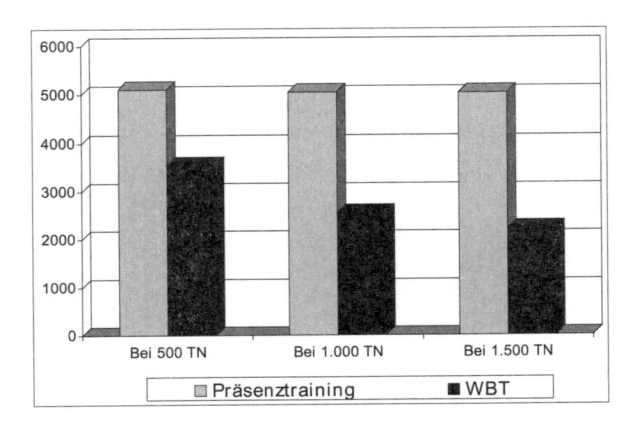

Abb. 2: *Kostenvergleich und Teilnehmeranzahl*

Training zu ersetzen, wäre eine Effizienzpotenzialrechnung nach folgendem Muster denkbar (siehe Tabelle 3).

Im oberen Bereich der Tabelle werden die wichtigsten Faktoren eines Präsenztrainings dargestellt: Anzahl der Kurstitel, Kurstermine, Teilnehmer und Dauer pro Kurs sowie Teilnehmertage, Reisetage und Opportunitätskosten. Der untere Bereich veranschaulicht die erreichbaren Potenziale bei Durchführung von WBTs. Dementsprechend werden Kosten, Bruttoerlöspotenziale und Einsparpotenziale gezeigt, die entstehen, wenn bestimmte Themenbereiche durch WBT ersetzt werden. Das dargestellte Modell verdeutlicht somit, ob Einsparpotenziale vorhanden sind und wo sie im einzelnen liegen. Die Beispielrechnung zeigt einen Positivsaldo von 824.750,- Euro. Bei den eingesparten 2000 Teilnehmertagen kann es sich um ein oder zwei Kurstypen handeln, in denen eine große Teilnehmermenge durch Präsenztraining geschult wird. Wird ein Buchführungskurs beispielsweise 10 mal mit je 20 Teilnehmern 5 Tage lang durchgeführt, so ergeben sich daraus 1000 Teilnehmertage. Eine Verkürzung auf 4 Tage würde bedeuten, dass ein 3-4 stündiges WBT entwickelt werden müsste. Die Reduzierung der Schulungstage durch den Einsatz eines WBT enthält klar nachvollziehbare Effizienzen,

**Tabelle 3: Potentiale und Kosten E-Learning**

**Präsenzschulung**

| Summe TN Tage | Titel/ Anzahl Kurse | Anzahl Kurstermine | TN Anzahl | Dauer (in Tagen) im Durchschnitt | TN Tage | TN Reisetage | Opp. Arbeitstage |
|---|---|---|---|---|---|---|---|
| Kurse | 35 | 100 | 20 | 4 | 8.000 | 2.000 | 10.000 |

**Potenziale und Kosten E-Learning**

| Bruttoerlöspotenziale | | Kosten | | | | Ersparnisse | | |
|---|---|---|---|---|---|---|---|---|
| Ersatz Präsenztraining durch WBT Tage Euro | AZ für WBT (Erlösminderung) | Kosten Lizenzen in DM p.a. | Kosten Entwicklung Euro | Kosten DV-Inf.str. (ges. 425.000 Euro) % Euro | | Trainer Euro | Hotel Verpfl. km-Geld Euro | Saldo Euro |
| 2.000 | 1.600.000 | 640.000 | - | 300.000 | 53 | 225.250 | 90.000 | 300.000 | 824.750 |

## Die Berechnung

Teilnehmertage werden errechnet, indem Anzahl der Kurstermine mit Teilnehmeranzahl und Kursdauer multipliziert werden. Die Teilnehmerreisetage ergeben sich durch Multiplikation von Kursterminen und Teilnehmeranzahl. Die Opportunitätstage sind die Summe aus Teilnehmertagen und Reisetagen. In der unteren Spalte wird davon ausgegangen, dass 20% der Opportunitätstage eingespart werden sollen. Die eingesparten Tage werden mit einem durchschnittlichen Tagessatz von 800 Euro multipliziert. Die einzelnen Kosten ergeben sich durch die Erlösminderung für die Bearbeitung von WBTs. 20% von 8000 TN-Tage=1600 Teilnehmertage minus 50% (weniger Lernzeit bei WBTs)= 800 Tage multipliziert mit 800 Euro,-= 640.000,-Euro. Die Kosten für Entwicklung und Lizenzen sind je nach Produkttyp und Länge zu bestimmen. Die anteiligen Kosten an der DV-Infrastruktur ergeben sich aus dem prozentualen Verhältnis zwischen Gesamtteilnehmertagen (15.000) und den kursspezifischen Teilnehmertagen (8000). Die durch nicht eingesetzte Trainer und den Wegfall der Hotel- und Verpflegungskosten verursachten Ersparnisse sind dementsprechend einzusetzen. Der Saldo ergibt sich aus der Addition von Bruttoerlöspotentialen und Ersparnissen sowie der Subtraktion der Kosten.

wenn bei einem Kurstypen die Teilnehmer- und Kursmenge, sprich die Teilnehmertage eine kritische Größe erreicht haben. Der hier errechnete Saldo kann in neue E-Learning Produkte investiert werden und somit zur ständigen Qualitätsverbesserung beitragen.

### Qualitative und organisationale Erfolgsfaktoren

Dass E-Learning Effizienzsteigerung und Kostenersparnis von beträchtlichem Umfang für ein Unternehmen bedeutet, konnte mehrfach belegt werden. Doch E-Learning dient nicht ausschließlich der Kostenreduzierung. Anders formuliert: Wer nur Kosten einspart hat die Möglichkeiten des E-Learning noch nicht voll ausgeschöpft. E-Learning Maßnahmen können als Instrument zur Erreichung von Unternehmenszielen nur dann wirksam werden und Mehrwert schaffen, wenn sie effektiv die Erreichung unternehmensrelevanter

Kompetenzziele unterstützen und strategisch an diesen ausgerichtet sind. Im Einzelnen kommt es daher auf folgende Faktoren an:

### Die Auswahl von WBTs

Der Einsatz von E-Learning ist nicht in erster Linie eine technische Fragestellung, sondern eine personal-bezogene Organisationsmaßnahme, die medienunabhängig die Vorrausetzungen für die Auswahl, Gestaltung und Bewertung einer Maßnahme schaffen muss. Eine besondere Rolle spielt dabei die Formulierung konkreter, kompetenzorientierter Lernziele für bestimmte Zielgruppen, die aus einer sorgfältigen Analyse des Veränderungs- und Bildungsbedarfs im Unternehmen hervorgeht. Bei der Formulierung von Kompetenzzielen kommt es daher darauf an, »dass die Trainingsziele die gesamte Spanne des geforderten Lernens abdecken und so ausgedrückt sind, dass ihr Erreichen leicht gemessen werden kann.« [3]

Aus der didaktischen Analyse der identifizierten Kompetenzziele ergibt sich, welche Methoden für den jeweiligen Kompetenztyp geeignet sind. Nur wo Lernziel und didaktischer Ansatz aufeinander abgestimmt sind, kann relevanter Lernerfolg erwartet werden. Unterschieden werden kann zwischen verschiedenen Kompetenztypen wie Basis-, Fach-, Sozial- Handlungs- oder Lernkompetenzen. [4]

Jeder Kompetenztyp erfordert eine spezifische Gestaltung des entsprechenden Lernraums. Je nachdem ob reine Wissensvermittlung oder das Erlernen und Ausüben von Handlungsroutinen im Vordergrund stehen oder die sogenannten fächerübergreifenden Fähigkeiten wie Analytisches Denken, Problemlösen, Urteilsfähigkeit etc. sind unterschiedliche Lernumgebungen und Aufgabenstellungen auszuwählen. Das Wissen darüber, welche Methoden und lerntheoretischen Ansätze sich für welche Art von Kompetenzen eignen, ist wesentlich, um beurteilen zu können, ob ein bestimmtes Lernprogramm überhaupt für die eigenen Ziele in Frage kommt.

Vereinfacht dargestellt verlangen Basiskompetenzen (Computer Literacy, Office -Programme...) mehr instruktionale Lernformen, während Sozial- und Handlungskompetenzen mehr soziale und kollaborative Lernformen erfordern.

Der Tatsache, dass WBTs in der Regel individualisiertes Lernen vorsehen, d.h. als reines Selbstlernmedium ohne sozialen und fachlichen Austausch für bestimmte Kompetenzziele nicht unbedingt geeignet sind, kann durch ihre Einbindung in integrierte Schulungskonzepte begegnet werden. Hier liegt der Erfolgsfaktor für den Einsatz von WBTs in der sinnvollen Kombination mit anderen Lernformen und die Planung auf curricularer Ebene. Hat man sich für den Einsatz eines WBTs entschieden und im Vorfeld geklärt, welche inhaltlichen und didaktischen Anforderungen an ein Lernprogramm gestellt werden, so gilt es nun zu überprüfen, ob diese Bedingungen im konkreten Fall erfüllt werden und ob die multimediale Gestaltung des Lernprogramms den Zielerwartungen entspricht. Textlastige, schlecht aufbereitete WBTs, beispielsweise, sparen vielleicht kurzfristig Geld, tragen jedoch kaum zur Erreichung des Trainingszieles bei. So wird aus der Kosteneinsparung eine doppelt »teure« Fehlinvestition.

Die Qualität eines Produkts sowie dessen Einbettung in ein umfassendes Weiterbildungskonzept, das an den Unternehmenszielen ausgerichtet ist, entscheiden noch nicht allein über den erfolgreichen Einsatz. Es müssen auch Rahmenbedingungen geschaffen werden, die die effektive Nutzung von WBTs in der betrieblichen Aus- und Fortbildung ermöglichen.

## Rahmenbedingungen für den erfolgreichen Einsatz von WBTs

### Individuelle Lernvoraussetzungen: Selbstlernkompetenz

Die Selbstlernkompetenz der einzelnen Mitarbeiter stellt eine notwendige Voraussetzung erfolgreicher WBT-Nutzung dar und muss daher von Unternehmensseite unterstützt werden. Sie kann nicht als selbstverständlich betrachtet werden, auch wenn von Seiten der Mitarbeiter genug »Lernerfahrung« vorliegt. Entscheidend ist, dass mit dem Paradigma einer selbstgesteuerten Lernkultur die Verantwortung für Lernprozesse in Richtung Mitarbeiter verschoben wird, was bei der herkömmlichen Lern-Sozialisation, die nach wie vor auf lehrerzentrierten Unterrichtskonzepten basiert, zu Unsicherheiten, bzw. fehlender Effektivität oder Überforderung führen kann [2]. Funktionen, die traditionellerweise der Lehrende übernommen hat (Planung, Lernüberwachung, Feedback, etc.) gehen nun in die Verantwortung des Lernenden über. Die neuen Formen der Lernorganisation erfordern Eigenverantwortlichkeit, eine hohe Selbstdisziplin, optimales Zeit- und Selbstmanagement. Gleichzeitig fallen unterstützende soziale Strukturen weg, wenn individualisiert gelernt wird. Auch ist Hilfestellung bei ersten Erfahrungen mit elektronischen Lernumgebungen oder beim Einsatz von Informations- und Wissensmanagement-Tools beim Lernen zu geben. Vom Erleben der eigenen Medienkompetenz im Umgang mit WBTs ist in hohem Maß die Motivation und tatsächliche Nutzung abhängig.

**Schaffung von Support-Strukturen**
Die optimale Unterstützung der Anwender bei der Nutzung von E-Learning und ein stimmiges Betreuungskonzept ist deshalb wesentlicher Erfolgsfaktor. Selbstgesteuertes Lernen bedeutet nicht, die Lerner alleine zu lassen, sondern vielmehr, dass andere Betreuungs- und Beratungsstrukturen als bisher notwendig werden. Dazu müssen die entsprechenden Strukturen meist erst geschaffen werden. Eine wichtige Maßnahme ist die Qualifizierung der Trainer und Anwenderbetreuer in speziellen Seminaren. Trainer und Dozenten werden dabei auf die Integration von neuen Lernmedien und die Anwenderbetreuer auf die didaktisch-methodischen und kommunikative Unterstützung der Mitarbeiter im Benutzer-Service (Hot-Line) vorbereitet.

### Organisatorische Regelungen

Die zweite wichtige Vorraussetzung dafür, dass WBTs überhaupt genutzt werden, ist dass Regelungen über die Integration von Lernprozessen in den Arbeitsalltag geschaffen und kommuniziert werden. »Der Einsatz von E-Learning Maßnahmen darf nicht dazu führen, dass Mitarbeiter ihre Lernzeiten in die Freizeit verschieben müssen, nur weil es Ihnen nicht möglich ist, sich während der Arbeitszeit auszuklinken. Das Verhältnis von Lern- und Arbeitszeiten muss neu geregelt und organisiert werden.« [4] Lernzeiten und Rahmenbedingungen müssen klar geregelt und verbindlich festgelegt sein, die notwendigen Freiräume bzw. Freistellungsmöglichkeiten müssen angeboten werden, wenn arbeitsplatznahes Lernen sein volles Potenzial in einem Unternehmen entfalten soll. Der Wandel zur selbstgesteuerten Lernkultur, muss seitens des Unternehmens glaubwürdig vertreten werden. Das kann nicht durch Worte, sondern nur durch geeignete organisatorische Neuregelungen erfolgen.

### Akzeptanz-Management

»Organizations cannot rely on the technology itself to drive interest, acceptance, or satisfaction with E-Learning. While companies can indeed view E-Learning as an efficient new means for educating employees, the context in which this learning is offered must be carefully considered and managed«. Wie bei jeder technischen Neuerung genügt es in der Regel nicht, eine Technologie zur Verfügung zu stellen, damit sie genutzt wird. Die reine Bereitstellung von
E-Learning Technologie wird noch keinen signifikanten Effekt auf Personalentwicklung oder »workforce Performance« haben. Mitarbeiter müssen deutlich die Vorteile der bereitgestellten Möglichkeiten erkennen, damit sie sie nutzen. Welche Mittel dafür geeignet sind und zu hoher Teilnahmebereitschaft führen erläutert eine

neue Studie der American Society for Training & Development (ASTD) and des MASIE Centers. Sie identifiziert drei Schlüsselfaktoren, die unabhängig von Typ und Kursdesign der E-Learning Maßnahme die Teilnahmebereitschaft und Zufriedenheit mit arbeitsbezogenen E-Learning Kursen fördern:

⇨ Internes Marketing – Mitarbeiter fühlen sich besser auf E-Learning Massnahmen vorbereitet;
⇨ Unterstützung – Mitarbeiter sind E-Learning gegenüber aufgeschlossener, wenn sie technischen, fachlichen und Management Support erhalten;
⇨ Incentives – Mitarbeiter müssen den Nutzwert der Inhalte erkennen, die mittels E-Learning vermittelt werden.

Die Anforderungen moderner Dienstleistungs- und Industrieunternehmen werden immer größer. Zunehmende Mitarbeiterzahlen und ein sich daraus ergebender höherer Ausbildungsbedarf, steigende Kosten und Qualitätsansprüche sowie ein stetig wachsender Informationsbedarf kennzeichnet die aktuelle Aus- und Fortbildungssituation. Daher sollten Unternehmen bestimmter Größenordnungen die Einführung medienbasierten Wissens, begleitet von einem LMS untersuchen. So wie E-Business und E-Commerce zu deren Alltagsverständnis in einem hochgradig wettbewerbsorientierten Umfeld gehören, sollte E-Learning in einer Welt, die von Wissen bestimmt wird, ebenso in den unternehmerischen Alltag integriert werden. Die dabei zu realisierenden Effizienzen der Aus- und Fortbildungs- und Lernprozesse sind wichtige Argumente für die Einführung von E-Learning. Die Entscheidung sollte jedoch von der Erkenntnis begleitet sein, dass die Technologie allein nicht den Erfolg von E-Learning ausmacht. Ein integratives Lernkonzept, das den qualitativen und organisationalen Ansprüchen eines Unternehmens genügt, sollte als langfristiges Ziel anvisiert werden.

## Literatur

[1] KRAEMER W., MILIUS F.: *Vom Lernen auf Vorrat zum Lernen auf Abruf – Anwendungspotentiale von E-Learning in Industrieunternehmen*, in: Industrie Management, 16 (2000) 4, S. 27

[2] HAGEDORN, F., MICHEL, L., HEDDERGOTT, K. & BEHRENDT, E. (2001). *Web Based Training in kleineren und mittleren Unternehmen: Rahmenbedingungen und erfolgreiche Anwendungen. Eine Studie im Auftrag der Staatskanzlei des Landes NRW*, Abschlussbericht, Marl.

[3] BERGMANN, BÄRBEL (1999). *Training für den Arbeitsprozess – Entwicklung und Evaluation aufgaben- und zielgruppenspezifischer Trainingsprogramme*. Zürich: vdf., S.267

[4] BACK, BENDER & STOLLER-SCHAI (2001). *E-Learning im Unternehmen: Grundlagen-Strategien-Methoden-Technologien*. Zürich: Orell Füssli, S. 170

[5] E-Learning: »If we build it, will they come?« Executive Summary. ASTD and The MASIE Center Report, (Alexandria, VA.), 2001

## Das integrierte Schulungskonzept – I-Learning

Integrated-Learning – dieser dem E-Learning angelehnte Begriff – bezeichnet ein Konzept, das Schulungen als integralen Bestandteil der Personalentwicklung begreift und unterschiedlichste Lernmedien bei der Gestaltung von ganzheitlichen Lernkonzepten und Schulungseinheiten mit einbezieht. I-Learning bedeutet mehr als »blended learning«, also eine Mixtur aus verschiedenen synchronen oder asynchronen Lernarten. Es geht weit über die reine Integration von Präsenzschulungen, Selbststudium mittels Web-based Trainings (WBT) oder readings und über Lernsequenzen, die durch Teletutorien geleitet werden, hinaus. I-Learning führt zur Qualitätssteigerung der Unternehmensprodukte und Profitsteigerung und zeigt gleichzeitig, wie eine wirklich effiziente Personalentwicklung betrieben werden kann. Oft genug wird E-Learning zu isoliert betrachtet. Hier geht es um ein Gesamtkonzept, das die strategische Ausrichtung von E-Learning Maßnahmen und ihre Integration in vorhandene Schulungskonzepte betont.

*Stichworte:* Integrated Learning, Business Needs, performance Needs, Zielgruppen, Learner Needs, Medienwahl, Medientypen, Lernzieldefinitionen, Rollenkonzeption, Schulungsdesign, eTrainer, Technologie, Implementierung, Evaluation

LEONIE FUHRMANN, ERIK KLAS

### Der Gesamtprozess im Überblick

Der Prozess des *I-Learnings* beginnt auf der obersten Leitungsebene eines Unternehmens. Im Vorstand oder von der Geschäftsführung wird die Vision eines Unternehmens entwickelt: Die Analyse von

Märkten, potenziellen Marktsegmenten für Expansionen, von Unternehmen für Fusionen oder Übernahmen und die Beurteilung des eigenen Unternehmens in Bezug auf Schwachstellen oder Verbesserungspotenzial. Auch die Beobachtung von Entwicklungen in Politik und Gesetzgebung werden in die Überlegung der Strategiegeber eines Unternehmens miteinbezogen. Aus Effizienzstudien, Umsatzzahlen, Budgetüberschreitungen, den Projektlaufzeiten sowie der Kunden- und Mitarbeiterzufriedenheit können ebenfalls mögliche Handlungsnotwendigkeiten abgeleitet werden.

Aus der Analyse der Defizite, der Entwicklungspotenzialen bzw. Handlungsnotwendigkeiten und/oder dem Entwurf einer neuen Unternehmensstrategie wird in einem zweiten Schritt durch die Personalentwicklung der Schulungsbedarf abgeleitet. Hier muss zunächst die Identifikation der Fähigkeiten und Fertigkeiten, des Wissens und der Kompetenz abgeleitet werden, über welche die Mitarbeiter verfügen sollen, damit sie neuen oder veränderten Anforderungen gerecht werden.

Neben dem oben genannten spezifischen Bedarf, der aus konkreten Handlungsnotwendigkeiten resultiert, existiert der allgemeine Schulungsbedarf der Mitarbeiter. Eine umfassende Personalentwicklung sieht die Fähigkeits- und Wissensentwicklung von Mitarbeitern, die einen definierten Gang durch verschiedenen Positionen und Hierarchien durchlaufen, vor. Sukzessive werden so Kompetenzen, die für höherqualifizierte Aufgaben benötigt werden, auf- und ausgebaut. Dieser Schulungsbedarf besteht je nach Zielgruppe z.B. in der Vermittlung von Kenntnissen und Fähigkeiten in der Mitarbeiterführung, der Produktentwicklung, in der Organisation, im Controlling, in der Projektarbeit etc. Auch dieser Bedarf wird im Rahmen des integrierten Schulungskonzepts berücksichtigt.

In einem dritten Schritt werden Schulungskonzepte und Schulungen von der Trainingsabteilung entwickelt, welche die avisierten Fähigkeiten, Fertigkeiten und Kenntnisse bei den Mitarbeitern hervorbringen. Dabei werden curriculare Strukturen konstruiert und sinnhafte Relationen zwischen einzelnen Trainingsmodulen, Präsenzveranstaltungen, virtuellen Lernmodulen und konventionellen Medien hergestellt. Alle Lerntypen sind zu berücksichtigen, eine reichhaltige Lernumgebung sollte geschaffen und ein bedarfsbezogenes Angebot gewährleistet werden.

Schließlich folgt die Implementierung, Durchführung und Evaluation der neu entwickelten Schulungen. Der Evaluation kommt dabei eine bedeutende Rolle zu, stellt sie doch fest, in wie weit Theorie und Praxis, gestaltetes Lernkonzept und realisierte Schulungssequenz übereinstimmen und wo Verbesserungspotenziale bestehen.

Die Abbildung 1 visualisiert den Gesamtprozess.

## Marktanalyse

Der wohl wichtigste Aspekt des Integrierten Schulungskonzepts besteht in der Integration der vier oben genannten Teilprozesse in einen Gesamtprozess. Oft genug wird Training in Unternehmen mehr oder weniger unabhängig von der Unternehmensvision oder Geschäftspolitik gestaltet. Um jedoch zeitnah und effektiv Visionen oder die Geschäftspolitik eines Unternehmens umsetzen zu können,

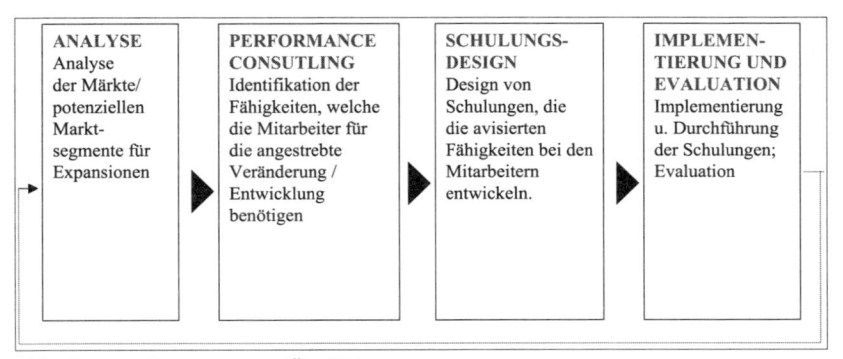

| ANALYSE Analyse der Märkte/ potenziellen Marktsegmente für Expansionen | PERFORMANCE CONSUTLING Identifikation der Fähigkeiten, welche die Mitarbeiter für die angestrebte Veränderung / Entwicklung benötigen | SCHULUNGS-DESIGN Design von Schulungen, die die avisierten Fähigkeiten bei den Mitarbeitern entwickeln. | IMPLEMENTIERUNG UND EVALUATION Implementierung u. Durchführung der Schulungen; Evaluation |
|---|---|---|---|

Abb. 1: *Der Gesamtprozess im Überblick*

| ANALYSE | PERFORMANCE | SCHULUNGS- | IMPLEMEN- |
|---|---|---|---|
| Analyse der Märkte/ potenziellen Marktsegmente für Expansionen | CONSULTING Identifikation der Fähigkeiten, welche die Mitarbeiter für die angestrebte Veränderung / Entwicklung benötigen | DESIGN Design von Schulungen, die die avisierten Fähigkeiten bei den Mitarbeitern entwickeln. | TIERUNG UND EVALUATION Implementierung u. Durchführung der Schulungen; Evaluation. |

Abb. 2: *Der Teilprozess* Marktanalyse

ist es sinnvoll die *Human Resources* zielgerichtet einzusetzen und zu entwickeln.

Im ersten Teilprozess steht die Analyse von Märkten und neuen Tätigkeitsfeldern im Vordergrund. Langfristige Entwicklungsziele und Visionen des Unternehmens werden in konkrete Ziele operationalisiert.

Die Ergebnisse aus Effizienzstudien, Kontrollen der Umsätze, Budgetüberschreitungen, Projektdauer sowie von Kunden- und Mitarbeiterzufriedenheitsstudien fließen in die Analyse mit ein. Die direkte und schnelle Anpassung des Schulungsangebots an den tatsächlichen Trainingsbedarf, an *business needs* und *learner needs* und die Zukunftsorientierung des Unternehmens bilden die Notwendigkeit für eine effektive und flexible Trainingsgestaltung.

Die bessere Abbildung der Entwicklungsziele des Unternehmens in Trainingszielen für Mitarbeiter schafft eine effektivere Personalentwicklung, die wiederum dem Unternehmen den gewünschten Mehrwert verschafft.

Wenn nicht am Bedarf vorbeigeschult wird, wenn schnell auf identifizierte Bedürfnisse reagiert wird, wenn bei Fusionen oder Unternehmensübernahmen gut ausgebildete und mit dem Unternehmen vertraute Mitarbeiter bereits vorhanden sind und nicht erst beschafft werden müssen, dann können die Kosten für das Personalbeschaffung reduziert und so letztlich der Profit gesteigert werden.

So ist es sinnvoll, dass die Unternehmensleitung eng mit der Personalentwicklung sowie der Aus- und Fortbildung bei der Analyse des Schulungs- und Entwicklungsbedarf zusammenarbeitet.

**Performance Consulting**

Während der erste Teilprozess von der Unternehmens- oder Geschäftsleitung bestritten wird, steht im zweiten Teilprozess die Personalentwicklung im Vordergrund. Ihre Aufgabe ist es, den Veränderungsbedarf der Mitarbeiter aus den analysierten Defiziten, Entwicklungspotenzialen, Handlungsnotwendigkeiten oder dem Entwurf einer neuen Unternehmensstrategie abzuleiten. Im Gespräch mit der Geschäfts- oder Unternehmensleitung erfragt die Personalentwicklung den tatsächlichen Bedarf und identifiziert die Fähigkeiten und Fertigkeiten, das Wissen und die Kompetenzen, über welche die Mitarbeiter verfügen sollen, um veränderte oder neue Aufgaben bewältigen zu können. Eine intensive Beratung, die eruiert, welche *business needs* bestehen und welche *performance needs*

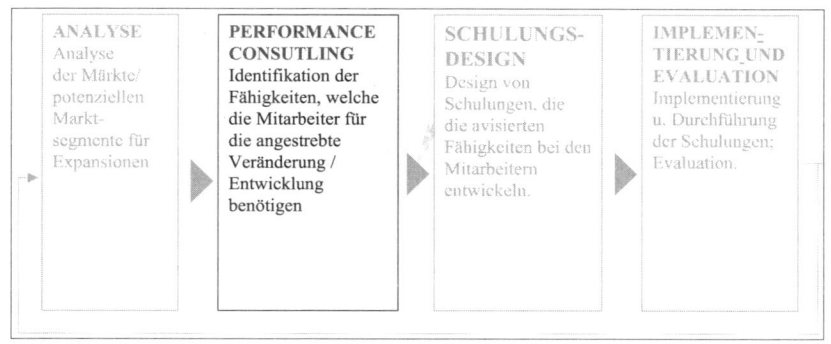

| ANALYSE Analyse der Märkte/ potenziellen Marktsegmente für Expansionen | PERFORMANCE CONSUTLING Identifikation der Fähigkeiten, welche die Mitarbeiter für die angestrebte Veränderung / Entwicklung benötigen | SCHULUNGS- DESIGN Design von Schulungen, die die avisierten Fähigkeiten bei den Mitarbeitern entwickeln. | IMPLEMEN- TIERUNG UND EVALUATION Implementierung u. Durchführung der Schulungen; Evaluation. |
|---|---|---|---|

**Abb. 3:** *Der Teilprozess* Performance Consulting

bzw. *training needs* aus diesen resultieren, ist hier von entscheidender Bedeutung [1].

Der Begriff *performance needs* beschreibt die Tätigkeiten und Fähigkeiten, die Mitarbeiter ausüben bzw. über die sie verfügen müssen, damit die *business needs* erfüllt werden können.

Unter den *training needs* versteht man jenes Wissen oder Können, das ein Mitarbeiter erwerben muss, damit er seine Aufgaben erfolgreich bewältigen kann. Die Abhängigkeit dieser drei Parameter ist in Abbildung 4 visualisiert.

Ein Soll/Ist-Vergleich der Performance der Mitarbeiter deckt die *training needs* auf. Durch eine zeitnahe und direkte Reaktion auf die identifizierten Mängel oder veränderten *business needs* mittels Training in einem Integrierten Schulungskonzept können die *performance needs* der Mitarbeiter befriedigt werden. Diese Schulungsmaßnahmen orientieren sich am tatsächlichen Bedarf und an der Umsetzbarkeit der vermittelten Inhalte in die Arbeitspraxis der Mitarbeiter. *Performance Consulting* sorgt so dafür, dass die Lücke zwischen Soll und Ist minimiert wird und trägt damit zur Effektivitätssteigerung auf Mitarbeiterseite, zur Kostenreduktion für Fortbildungsmaßnahmen und letztendlich auch zur Qualitätssteigerung der Unternehmensprodukte bei.

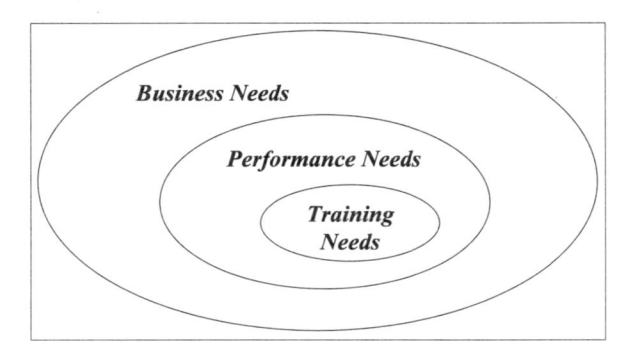

Abb. 4: *Die Beziehung der drei Parameter*

## Design eines integrierten Lernkonzepts

Neben der Integration von Schulungskonzeptionen in organisatorische Strukturen im Unternehmen besitzt der Begriff »Integration« eine weitere Qualität.

Um ein Lernkonzept zu gestalten, dessen Zielsetzung eine adäquate Lernzielerreichung ist, ist es notwendig, verschiedene Komponenten zu einem Ganzen zu formen bzw. sie in eine bereits vorhandene Konzeption zu integrieren.

Folgende Komponenten sollten deshalb in diesem Abschnitt diskutiert werden:

⇨ Zielgruppenadaptivität &learner needs,
⇨ Medienwahl,
- Medientypen,
- Content, Lerninhalte
- didaktisches Setting,
⇨ Lernzieldefinition
⇨ Rollendefinitionen,
⇨ Technologie

Resultat der Durchführung einer idealen Schulungskonzeption bedeutet, dass die Lerner mit Hilfe der richtigen Kombination

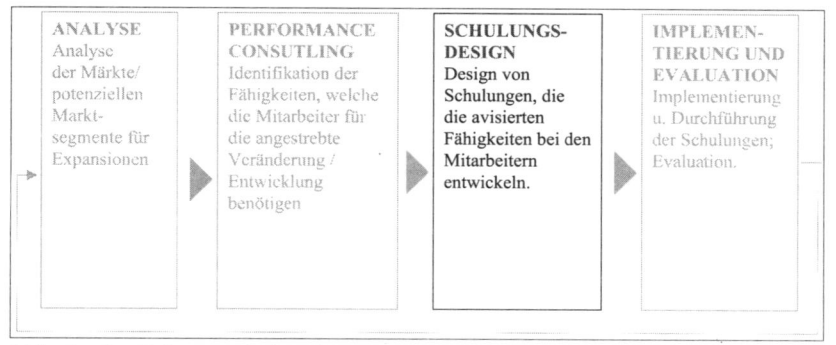

| ANALYSE | PERFORMANCE CONSUTLING | SCHULUNGS-DESIGN | IMPLEMEN-TIERUNG UND EVALUATION |
|---|---|---|---|
| Analyse der Märkte/ potenziellen Marktsegmente für Expansionen | Identifikation der Fähigkeiten, welche die Mitarbeiter für die angestrebte Veränderung / Entwicklung benötigen | Design von Schulungen, die die avisierten Fähigkeiten bei den Mitarbeitern entwickeln. | Implementierung u. Durchführung der Schulungen; Evaluation. |

Abb. 5: *Der Teilprozess* Schulungsdesign

**business cases**

Die allgemeinen Vorteile von E-Learning sind weitestgehend bekannt und sollen deshalb an dieser Stelle nicht erwähnt werden. Wichtiger sind hier eher jene Aspekte, die das Design von effektiven Schulungskonzepten betreffen.
Warum ist es also so wichtig, eine Personalentwicklung mit Hilfe integrierter Schulungskonzepte zu betreiben?
Die Halbwertzeit des Wissens sinkt stetig und die Unternehmen sind mehr denn je gezwungen, den Wissensstand ihrer Mitarbeiter den sich ständig ändernden oder erweiternden Gegebenheiten ihres Arbeitsfeldes anzupassen. Es kommt oft vor, dass Mitarbeiter verschiedene Rollen im Arbeitsprozess übernehmen müssen oder kritische Ereignisse im Unternehmen Kompetenzentwicklung *just-in-time* erfordern.
Vorhandene und oft veraltete Ausbildungsstrukturen können diesen dynamischen Anforderungen nicht mehr ausreichend gerecht werden.
Daher sollte man nach Wegen suchen, diese Strukturen zu erneuern und die jeweilige Wissensanpassung so schnell, kostengünstig und effektiv wie möglich vorzunehmen. Das bedeutet konkret, dass diese Wissensdefizite (oder: einzelne *business cases.* Ein *business case* kann definiert werden als die betriebwirtschaftliche Rechtfertigung eines Projekts.) so schnell wie möglich detailliert dargestellt und Schulungskonzepte entwickelt werden.
Die technischen und organisatorischen Möglichkeiten, solche Alternativen zu realisieren, stehen heute vielen modernen Unternehmen zur Verfügung. Doch fehlt oft das Wissen, diese entsprechend den Ausbildungserfordernissen einzusetzen. Deshalb werden im Folgenden die Qualitätskriterien für den effektiven Einsatz eines Integrierten Schulungskonzeptes vorgestellt.

**Qualitätskriterien**
Alle oben genannten Komponenten determinieren die Qualität der Schulungskonzepte zu einem bestimmten Grade. Aber in den seltensten Fällen ist dieser Grad einfach quantifizierbar oder in verschiedenen Konzeptionen gleich groß. Deshalb steht außer Frage, dass es für die Erstellung eines solchen Konzeptes keinen »Königsweg« geben wird, der die geforderten Lernerfolge versprechen kann. Vielmehr soll in diesen Ausführungen kurz dargestellt werden, worauf es bei den jeweiligen Komponenten ankommt.

bzw. Integration dieser Elemente zum geforderten Lernziel gelangen.

### Zielgruppenadaptivität & learner needs

In diesem Abschnitt gilt es, die Aspekte Akzeptanz und Motivation näher zu betrachten.

Grundsätzlich zeichnet sich der Idealfall einer Schulungsmaßnahme dadurch aus, dass ein Mitarbeiter durch seine Tätigkeit »on-the-job« selbst die Notwendigkeit einer Schulungsmaßnahme identifiziert und diese bei der jeweils genehmigenden Instanz schlüssig legitimieren kann. Dies bedeutet, dass er bereits vor Kenntnis der Schulungsmaßnahme bzw. der eingesetzten Medien eine positive Grundmotivation entwickelt hat.

Andererseits ist es Aufgabe von Kontrollinstanzen, jeweilige Schulungsbedürfnisse für bestimmte Mitarbeitergruppen zu identifizieren und diese fortwährend an evtl. Änderungen anzupassen. In dem Falle sind die motivationalen Voraussetzungen weniger ideal und sollten durch unternehmensinterne Maßnahmen (Marketing oder *support*) gefördert werden.

Es gilt hier, die Schulungsmaßnahme so zu gestalten, dass sie für den Lerner bei minimalem Aufwand einen maximalen Lernerfolg zur Folge hat. Dazu ist es sinnvoll, den Inhalt der Schulung in einen für die Zielgruppe adäquaten Kontext einzubauen.

Deshalb ist es für das Design der Schulungskonzepte somit von großer Bedeutung, die Zielgruppe möglichst detailliert zu beschreiben. Für die Medientypen (s. Abschnitt Medientypen) Präsenztraining und Schulungstexte (*readings*) greifen geläufige pädagogische Konzepte[3]. Auch in Bezug auf den Einsatz von WBT gibt es in der Literatur aussagekräftige Konzeptionen. [4]

## Medienwahl

Die Wahl des für einen jeweiligen Inhalt effizientesten Lernmediums ist eine der wichtigsten Fragen, die über die Güte und Qualität einer Schulungsmaßnahme entscheiden. Auch die Frage, an welcher Stelle im Lehrplan ein evtl. bereits vorhandenes Medium eingesetzt werden muss, ist von zentraler Bedeutung.

Abgesehen davon stellen gerade synchrone Medien, wie *Chat* und Foren besondere Lernelemente dar, die in Schulungspläne nur mit sehr viel Vorbereitung und Fingerspitzengefühl integrierbar sind.

Nachfolgend soll ein Überblick über die meisten, heute zur Verfügung stehenden Lernmedien gegeben werden.

**Medientypen bzw. Lernelemente**
⇨ *Präsenztraining (auch Instructor-led training, ILT)*
  Dabei handelt es sich um eine der konventionellsten und traditionellsten Formen der ausbildenden Wissensvermittlung, sie ist auch weithin die am meisten verbreitete. Das Wissen wird für alle Lerner am gleichen Ort zur gleichen Zeit vermittelt (synchrones Lernen). Diese Form ist den meisten Lernern aus traditionellen *settings* bekannt. Der Vorteil von Präsenztrainings liegt darin, dass soziale Dimensionen des Lernens zum Tragen kommen. Nachteile wären bspw. etwa schnell unüberschaubar werdende Kosten (Trainer, Reisetätigkeit, Opportunität), Heterogenität der Schulungsteilnehmer, Ortsabhängigkeit und hoher Planungsaufwand.

⇨ *Schulungstexte (oder readings)/ Grafiken, Präsentationen,*
  Texte und auch Grafiken sind die älteste Form der Informationspräsentation. Entscheidende Vorteile sind: Texte sind kostengünstig, lassen sich schnell verbreiten und es sind kaum zusätzliche Medien notwendig. Nachteile sind: die Inhalte sind statisch,

sie sind nach der Verbreitung nur schwierig auf den neusten Stand zu bringen, sie sind nicht interaktiv und oft wenig anschaulich.

Der Einsatz von Texten ist also nur empfehlenswert, wenn die Nachteile vernachlässigbar gering sind bzw. durch andere Medien kompensiert werden können.

Ein alleiniger Einsatz von Präsentationen hingegen kann maximal einen Überblick verschaffen. Ist die Vertiefung des Inhaltes beabsichtigt, sollte dieser durch andere Medien untermauert werden.

⇨ *computer-based training* (CBT, Lernprogramm, lokal gespeichert, bspw. CD-ROM),

Beim CBT handelt es sich grundsätzlich rechnergestütztes Lernen. (Die Abkürzung CBT wird auch synonym dafür verwandt, dass sich das Lernprogramm lokal auf dem jeweiligen Computer bzw. auf einer CD-Rom befindet – vs WBT). Oft sind sie interaktiv: Aus Grafiken werden Animationen und aus geschriebenem Text werden gesprochene Worte. Im Idealfall werden visuelle und auditive Kanäle sinnvoll miteinander gekoppelt. Lerner haben verschiedene Möglichkeiten, an die gesuchten Informationen zu gelangen bzw. den gesamten Lernstoff aufzunehmen (bspw. assoziatives *browsing* oder lernen via *guided tours*).

Auch spielt die Heterogenität der Lernergruppe eine untergeordnete Rolle, da die Inhalte individuell vom Lerner selektiert werden können und auch das Lerntempo selbst bestimmt werden kann. Natürlich ist zur Bewältigung dieser Aufgaben eine spezielle Medienkompetenz notwendig, darauf sei aber hier nur hingewiesen. Als Nachteile von CBT sind zu nennen: hohe Entwicklungszeit und –kosten und aufwändige Aktualisierbarkeit.

Ein Einsatz lohnt sich vor allem dann, wenn eine hohe Anzahl von Lernern mit der gleichen Art von Lernstoff zeit- und ortsunabhängig auf einen homogenen Wissenstand gebracht werden soll. Weiterhin müssen diese Lerner über vergleichbare Technologie verfügen, um diese Lernprogramme mit zufriedenstellender Performanz durchzuführen.

Die Frage, ob gewünschte Lernziele mit einem CBT erreicht werden können, ist von der Art des Lernziels und der didaktischen und multimedialen Aufbereitung abhängig und sollte im jeweiligen Einzelfall vorbereitend geklärt werden.

⇨ *web-based training (WBT, Lernprogramm, netzbasiert),*
WBT sind weitestgehend vergleichbar mit CBT, doch treten hier oft andere Aspekte in den Vordergrund. Von entscheidender Bedeutung, Inhalte über ein Netzwerk zur Verfügung zu stellen ist die Tatsache, dass bei entsprechender Redaktion eine permanente Aktualität gewährleistet werden kann. Bestimmte Teile (oder auch Module) können je nach *business case* ausgewechselt bzw. modifiziert werden und stehen dem Lerner *just-in-time* zur Verfügung.
Dabei ist Voraussetzung, dass die jeweiligen Rechner permanent oder (entsprechend neuerer Technologien) temporär an ein Computernetzwerk angeschlossen sind.

⇨ *virtueller Klassenraum*
Die Definitionen von virtuellen Klassenräumen gehen im Detail sehr weit auseinander. Ein Grundkonsens besteht lediglich darin, dass es sich dabei um eine synchrone, aber ortsunabhängige Lernform handelt, bei der die Schulungsteilnehmer über ein Computernetzwerk textuell (*Chat*), auditiv (*voice-over-IP*), visuell oder mit einer Mischform untereinander und/oder mit einem Tutor verbunden sind. Hinzu kommen Technologien wie *application sharing* oder die Kopplung mehrerer Technologien, wie z.B. die analoge Übertragung externer Audio- und Videoquellen. Der Einsatz ist vor allem dann sinnvoll, wenn eine zahlenmäßig limitierte Gruppe schnell auf einen geforderten Wissenstand gebracht werden sollen (bspw. *train-the-trainer*), sich aber nicht am gleichen Ort befinden.

> **Application sharing**
>
> Application sharing bedeutet, dass mehrere Personen an verschiedenen über ein Netzwerk miteinander verbundenen Computern an ein und dem selben Programm arbeiten können. Alle Personen sehen den gleichen Bildschirm. Zu realisieren ist dies etwa über MS NetMeeting.

⇨ *Chat / voice-over-IP*

*Chat* stellt, wie schon im vorangegangenen Absatz erwähnt, eine textuelle Form des synchronen Informationsaustauschs dar. Mehrere Mitglieder eines »Chatraumes« können gleichzeitig das lesen, was ein Mitglied gerade geschrieben hat und darauf antworten. Voraussetzung hierfür ist, dass alle Personen mit ihrem Computer an ein Netzwerk angeschlossen sind und über die entsprechende *Chat*-Software verfügen. Weiterhin müssen alle oder ein Teil der Mitglieder zur gleichen Zeit an ihren Rechnern präsent sein. Einsetzbar ist *Chat* vor allem dann, wenn die Praxisrelevanz von durch andere Medien erlerntem Wissen diskutiert werden soll (Nachbereitung von Schulungsmaßnahmen). Dazu empfiehlt sich auch der Einsatz eines Moderators bzw. Teletutors.

⇨ *Forum*

Ein Forum ist im Grunde die asynchrone Form des *Chat*. Mitglieder eines Forums haben die Möglichkeit, Nachrichten bzw. Informationen zu hinterlassen, die von allen anderen Teilnehmern gelesen aber auch beantwortet werden können. Voraussetzung ist ein temporärer Anschluss an ein Computernetzwerk und ggf. die entsprechende Software. Ein sehr gutes Einsatzgebiet von Foren besteht in der längerfristigen Nachbereitung oder Evaluation von Schulungsmaßnahmen. Wiederum empfiehlt sich die Leitung durch einen Moderator oder Teletutor.

⇨ *Teletutoring*

Unter *Teletutoring* ist der Einsatz einer oder mehrerer Personen zu verstehen, die eine Gruppe von Lernern via E-Mail, Forum, Chat oder auch Videokonferenzen, d.h. ortsungebunden betreuen. Dabei handelt es sich u.a. um die Evaluation von vom Lerner erbrachten Leistungen, das Festsetzen von Zielen oder die Diskussion von Problemen.

Voraussetzung ist auch hier, dass die Lerner an das entsprechende Medium zum Informationsaustausch angeschlossen sind.

Die Einsatzgebiete gestalten sich sehr weitreichend, bspw. im Kennenlernen oder Einschätzen von Schulungsteilnehmern im Vorfeld einer Schulungsmaßnahme, in der Nachbereitung von Schulungsmaßnahmen oder auch in der Unterstützung einer Schulungsmaßnahme selbst (bspw. beim Lernen mit WBT). Der Hauptvorteil liegt dabei in der Ortsunabhängigkeit.

Die Möglichkeit, diese Medienelemente in verschiedenen »didaktischen *settings*« miteinander zu kombinieren, bietet eine effektive, angenehme und flexible Lösung, ein weites Spektrum von Lern- bzw. Lehranforderungen abzudecken.

### Lernzieldefinition & Arten zu vermittelnder Inhalte

Eine der wichtigsten Voraussetzungen um ein effektives Training zu gestalten, ist die genaue Definition des Lernziels und damit auch die Art der zu vermittelnden Inhalte. Diese bestimmen dann die Wahl des didaktischen *Settings*.

So ist es unsinnig, bspw. Gesetzestexte über Simulationen darstellen zu wollen oder aber ein Produkt, bspw. ein Bauteil für einen PKW, nur textuell zu erklären.

Im folgenden werden die unterschiedlichen Inhaltsarten erläutert.

⇨ *Informative Inhalte*
Es handelt sich hierbei meist um die bloße Darstellungen von

Fakten, wie z.B. Preislisten, technische Daten eines Geräts, Vokabellisten oder Telefonnummern. Fraglich ist bei dieser Art Inhalt oft, ob diese Daten jeweils tatsächlich vom Lerner gelernt werden müssen oder es ausreichend ist, sie in Nachschlagewerken präsent zu haben.

Ist es tatsächlich notwendig, diese Fakten zu lernen, so empfiehlt sich eine Integration des Lernstoffs in einen begreifbaren oder schlüssigen Kontext. Bspw. ist das Lernen des Betrages der Motorleistung bei einem PKW einfacher, wenn der Lerner gleichzeitig Daten präsentiert bekommt, die direkt oder indirekt mit der Motorleistung zusammenhängen könnten, etwa dem maximalen Drehmoment, dem Verbrauch, der Beschleunigung oder auch eine grafische Darstellung der Maschine. So wird ein Gesamtbild erzeugt, das eine Wissenseinheit darstellt.

Sollte es nicht notwendig sein diese Daten zu lernen, ist ein Mechanismus zu definieren, der schnellen und leichten Zugriff auf benötigte Daten erlaubt. Dies kann durch gedruckte Texte oder aber durch computergestützte Datenbanken mit entsprechenden Suchmasken erfolgen.

⇨ *Prozedurale Inhalte*

Prozedurales Wissen bedeutet, dass dem Lerner bestimmte Schritte erläutert werden, die zusammen einen Prozess darstellen. Diese Schrittfolge ist immer gleich. Sie haben bspw. eine Schreibsoftware, mit der ein Serienbrief erstellt werden soll. Dem Lerner werden nun alle Schritte, vom Erstellen oder Öffnen einer Datei bis hin zum Ausdruck erläutert. Hierbei handelt es sich um einen linearen Pfad, der jeweils gleich ist, bzw. in dem bestimmte Teile (oder Module) immer an ein und derselben Stelle erscheinen. Diese Module können enthalten sein oder nicht (bspw. können die Adressen beim Serienbrief einzeln eingegeben werden oder sie werden aus einer Datenbank übernommen). Für die Vermittlung dieser Art Inhalt eignen sich z.B. Computerlernprogramme (CBT/WBT) sehr gut, da diese neben der einfachen Darstellung des Prozesses noch Simulationen von realen Schritten zulassen, diese evaluieren können und auch entsprechend *feedback* geben.

⇨ *Behaviorale Inhalte*
Diese Art der Inhalte ähnelt sehr den prozeduralen, denn sie sind auch verhaltensbezogen. Darüber hinaus weisen sie jedoch weitere Qualitäten auf, wie z.B. eine wesentlich höhere Anzahl an Optionen oder Lösungsmöglichkeiten. Hier sei z.B. auf Preisverhandlungen oder vielleicht auch das Ausfüllen einer Steuererklärung verwiesen.
Die effektivsten Lernerfolge bei solchen Inhalten werden erzielt, wenn diese im anwendungsbezogenen Kontext durchgeführt bzw. unter realen Bedingungen simuliert werden. Auch ist die fortwährende Übung von solchen Vorgehensweisen mit möglichst vielen Facetten sehr hilfreich.
Je nach Komplexität des Sachverhaltes können hier fast alle beschriebenen Medien eingesetzt werden. Dies sei am Beispiel Preisverhandlungen erläutert: Der Lerner bekommt zuerst einen Text, der bestimmte Verhandlungssituationen darstellt. Weiterhin erhält er die Möglichkeit und genügend Zeit, die Beispiele interaktiv in einem Lernprogramm zu explorieren. Nachfolgend nimmt er an einer Präsenzveranstaltung teil, in der die Beispiele noch einmal direkt geübt werden, danach an einem Online-Forum, in dem er seine Erfahrungen im Austausch mit anderen Kursteilnehmern diskutieren und festigen kann.

⇨ *Konzeptuelle Inhalte*
Aufbauend auf das behaviorale Wissen soll hier versucht werden, dem Lerner die Fähigkeit zu vermitteln, einen Wissenstransfer zu leisten. Dabei nimmt die Interaktion mit anderen Lernern eine Primärstellung ein. Als Beispiel kann Problemlösen im sozialen Bereich angeführt werden. Erst die Beobachtung oder auch die

problembezogene Interaktion mit anderen hilft Defizite zu erkennen und abzubauen.

Schulungspläne könnten ähnlich dem bei behavioralen Wissen aufgebaut sein, nur muss der interaktive Charakter hier schon von Beginn an im Vordergrund stehen, etwa: Kennenlernen/Präsenztraining – Schulungstexte/Aufgaben mit Teletutoring bzw. Forum zum Austausch von Informationen zwischen den Teilnehmern – Lernprogramm zur Vorbereitung auf ein weiteres Präsenztraining – Präsenztraining – nachbereitende Betreuung durch Teletutoring und Forum.

Rollenkonzeption

Um eine integrierte Schulungsmaßnahme durchzuführen ist es im Vorfeld notwendig, verschiedene Veranwortlichkeiten bzw. Zuständigkeiten in diesem Prozess zu definieren. Dies ist über ein differenziertes Rollenkonzept zu realisieren, wobei nicht ausgeschlossen ist, dass eine oder mehrere Personen mehrere dieser Rollen übernehmen können.

Dabei wird angenommen, dass zum effektiven Einsatz von solchen Schulungsmaßnahmen ein IT – gestütztes System zur Verfügung stehen muss, um die einzelnen Komponenten zu organisieren, zu planen und/oder durchzuführen. Es ist vorerst nebensächlich, ob die Komponenten im IT – System einzeln als Applikationen zur Verfügung stehen, oder in einem LMS (Learning Management Systems) gebündelt sind.

Die Rollen »Kompositeur«, »Designer«, »Administrator«, »eTrainer«, »Präsenztrainer« und »Moderator« sind in der folgenden Abbildung in ihren Abhängigkeiten dargestellt und werden anschließend einzeln erläutert.

Der gesamte Prozess wird in drei Rollenebenen eingeteilt. Die erste Ebene »Schulungsdesign« beinhaltet die gesamte Gestaltung der Schu-

```
┌─────────────────────────────────────────────────────────────┐
│  ┌──────────────────┐                   ┌──────────────────┐ │
│  │ Schulungsdesign  │◄─────────────────►│ System (ggf. LMS)│ │
│  └──────────────────┘                   └──────────────────┘ │
│           ▲                 ┌─────────┐          ▲           │
│           └────────────────►│ Trainer │◄─────────┘           │
│                             └─────────┘                      │
│                                                              │
│  - Kompositeur        - eTrainer            - Administrator  │
│  - Designer           - Präsenztrainer                       │
│                       - Moderator                            │
└─────────────────────────────────────────────────────────────┘
```

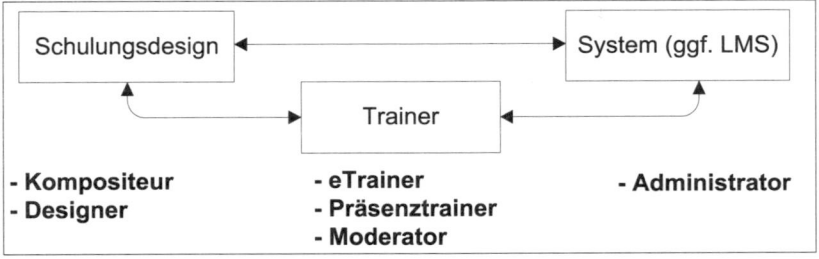

Abb. 6:  *Grafische Darstellung des Rollenkonzepts*

lungsmaßnahme. Auf der zweiten Ebene »System« ist die komplette Architektur des unterstützenden IT – Systems angesiedelt und die dritte Ebene »Trainer« stellt die tatsächliche Schnittstelle zu den Lernern dar.

**Schulungsdesign**
⇨ *Kompositeur*
Der Kompositeur »komponiert« die gesamte Schulungsmaßnahme. Er verfügt über fundierte Kenntnisse des jeweiligen Themas und über medienpädagogisch-didaktische Kenntnisse der sinnvollen und lerneffektiven Zusammenstellung von einzelnen Medienkomponenten. Er kennt die Trainer und arbeitet eng mit dem Administrator hinsichtlich spezifischer Möglichkeiten im System, zu erstellender Zeitpläne und der Einstellung von Schulungsunterlagen zusammen. Weiterhin evaluiert er vorhandene Schulungsunterlagen und andere Lernmedien bezüglich ihrer Anwendbarkeit im jeweiligen Schulungskonzept, bzw. gibt neue in Auftrag.
Seine Arbeitsziele erschließt er aus dem jeweiligen *business case*.
⇨ *Designer*
Der Designer erstellt die notwendigen Schulungsunterlagen für bestimmte Schulungsmaßnahmen. Dies umfasst *readings* und WBT genau so wie Übungen, Simulationsanweisungen und weitere für die jeweilige Schulungskonzeption notwendigen Lernmedien.
Er verfügt über hervorragende didaktische Kenntnisse, um diese

Schulungsunterlagen für die jeweilige Zielgruppe adäquat zu erstellen. Idealerweise hat er enge Verbindungen zu Personen, die mit den jeweiligen Inhalten vertraut sind bzw. verfügt über eine Bibliothek der jeweils relevanten Literatur. Seine Arbeitsanweisungen erhält er vom Kompositeur. Die Ergebnisse seiner Arbeit gibt er an diesen zurück.

**Trainer**
⇨ *eTrainer*
Der eTrainer unterstützt die Lerner bei der Bearbeitung elektronischer Lernmedien wie WBT/CBT oder anderer Informationsmedien, die über das Intra- oder Internet zur Verfügung gestellt werden. Er gibt Arbeits- und Übungsanweisungen und überprüft die Ergebnisse. Der gesamte Austausch der Informationen erfolgt dezentral, d.h. per E-Mail oder Telefon.
Er verfügt über exzellente Kenntnisse des jeweiligen Themas und des Lernmediums sowie über die didaktischen Richtlinien bei der Online-Betreuung.
Seine Instruktionen bekommt er vom Kompositeur und vom Administrator bzw. vom IT – System (bspw. in Form von konkreten Schulungs- und Terminplänen).

⇨ *Präsenztrainer*
Der Präsenztrainer nimmt die herkömmliche Rolle des Lehrers in einem Präsenzseminar ein. Er leitet die Lerner an und unterstützt diese bei der Bearbeitung der Aufgaben. Er gibt Arbeits- und Übungsanweisungen und überprüft die Ergebnisse.
Er verfügt über sehr gute Kenntnisse des jeweiligen Themas und über die didaktischen Richtlinien, diese zu unterrichten.
Seine Anweisungen bekommt er vom Kompositeur und vom Administrator bzw. vom IT-System.

⇨ *Moderator*
Der Moderator leitet die Lerner bei der Kommunikation hin-

sichtlich bestimmter Schulungsinhalte an. Die Kommunikation erfolgt per Forum oder Chat. Weiterhin unterstützt auch er die Lerner bei der Bearbeitung der Aufgaben und kann Ergebnisse überprüfen und in der Lernerrunde diskutieren.

Er verfügt über ausgezeichnete Kenntnisse des jeweiligen Themas und über didaktische Richtlinien, die bei der Moderation über diese Medien notwendig sind.

Seine Anweisungen bekommt er vom Kompositeur und vom Administrator bzw. vom IT-System.

**System (ggf. LMS) Administrator**

Der Administrator stellt den operativ-fachlichen Betrieb der Einzelsysteme oder des LMS sicher. Er überwacht alle Funktionalitäten und Schnittstellen mit anderen Systemen (bspw. ERP – Systeme – Enterprise Resource Planning System) und bildet die kommunikative Schnittstelle zwischen den Fachabteilungen (verschiedenen Kompositeuren), der IT – Abteilung und ggf. dem oder den Unternehmen, die das System erstellt und installiert haben. Er pflegt *useraccounts* und vergibt bestimmte Schreibberechtigungen.

In Zusammenarbeit mit dem Kompositeur implementiert er die Schulungsmaßnahmen in der entsprechenden Ordnung in das System und passt es ggf. an neue Erfordernisse an.

Er besitzt die notwendigen IT – Kenntnisse, idealerweise besitzt er Überblickswissen zum Thema E-Learning und zu wichtigen fachlichen Themen, hat sehr hohe soziale und kommunikative Kompetenzen und Grundkenntnisse in Projektmanagement. Von Vorteil sind methodisch-didaktische Fähigkeiten.

Der technische Betrieb des Systems gehört nicht zu seinem Aufgabenbereich, dies wird von der jeweiligen IT – Abteilung gewährleistet.

Die hier diskutierten Rollen stellen Primärrollen dar. Natürlich ist es erforderlich, eine breite Verzahnung mit dem laufenden Geschäft zu realisieren, um die Zielsetzungen der Ausbildung genau zu erfassen. Weiterhin ist es erforderlich auch die oder den jeweiligen Hersteller des Systems sowie die IT-Abteilung fortwährend in die Kommunikation einzubeziehen um einen reibungslosen Betrieb, Anpassungen und Verbesserungen zeitnah und optimal sicher zu stellen.

Technologie

Wie schon mehrfach erwähnt ist es beim Einsatz bestimmter Medien Voraussetzung, dass eine IT – Infrastruktur mit der jeweils notwendigen Performanz zur Verfügung steht. Was bedeutet dies nun konkret?

Um eine effektive Realisierung von integrierten Schulungskonzepten in Unternehmen durchführen zu können, sollte eruiert werden, in wie weit sich der Einsatz einer Lernplattform bzw. eines *Learning Management Systems* (LMS) lohnt. Gängige LMS bieten derzeit einen sehr hohen Funktionsumfang, begonnen bei der Darstellung und der Buchungsmöglichkeit von Präsenzschulungen über die Bereitstellung von Schulungsunterlagen und WBT bis hin zu Foren oder Chat, dies oft auch angepasst auf individuelle oder gruppenspezifische Anforderungen der Mitarbeiter. Genannt seien hier etwa die Lösungen von imc, SABA, Docent oder IBM.

Voraussetzung für den Einsatz solcher LMS ist, dass bereits ein dementsprechend leistungsfähiges Computernetzwerk existiert. Wünschenswert wäre auch ein schon vorhandenes internes Mailsystem, etwa über MS Exchange bzw. Lotus Notes, wobei diese Funktionalität auch vom LMS geliefert werden kann.

Ein leistungsfähiges Computernetzwerk bedeutet in dem Falle eine permanente Transferrate von mindestens 10 Megabit, optimaler ist selbstverständlich modernere Technologie mit 100 Megabit Datendurchsatz. Ist ein Einsatz über Telefon bzw. ISDN geplant, sollten alle Systeme auch über 56 Kilobit zufriedenstellend lauffähig sein.

Weiterhin ist darauf zu achten, dass ein für die Nutzerzahl angemessener Server bzw. Servercluster (darunter versteht man einen Zusammenschluss mehrer Einzelserver, die alle den gleichen Aufgabenpool bearbeiten können) für das LMS installiert wird. Meist reicht hier ein entsprechend ausgestattetes Gerät. Bedacht werden sollte weiterhin, dass oft eine oder mehrere Datenbanken und Contentserver für bspw. WBT angeschlossen werden müssen.

Moderne LMS sind so gestaltet, dass auf Seiten der Nutzercomputer keine oder nur unbedeutende Veränderungen vorgenommen werden müssen. In den meisten Fällen genügt dort die Installation eines Internetbrowsers wie bspw. Netscape oder der MS Internetexplorer mit den entsprechend notwendigen plug-in's (Zusatzprogramm im Internetbrowser zum Ausführen bestimmter Multimediadaten aus dem Internet) und codecs (Decodierungsmechanismen im Betriebssystem zum Ausführen bestimmter Multimediadaten).

Welchen genauen Spezifikationen die Computer der Mitarbeiter und auch die Server genügen müssen, kann bei den Herstellern der LMS und WBT bzw. der Medienkomponenten erfragt werden.

Im allgemeinen sind mitarbeiterseitig PC's mit einem 233 MMX Prozessor, einer 4 Gigabyte Festplatte, 64 Megabyte Arbeitsspeicher, Sound und Windows 95 bzw. einer vergleichbaren Technologie ausreichend, wobei dies bei anspruchsvollen Programmen schon zu Geschwindigkeitsproblemen führen kann. Je schneller der Prozessor (höhere Taktfrequenz) und je mehr Arbeitsspeicher, desto leistungsfähiger arbeitet Ihr Computer, dies auch im Hinblick auf andere Programme, die parallel aktiv sind.

Serverseitig ist eine zufriedenstellende Geschwindigkeit von weit mehr Faktoren, wie z.B. der Nutzeranzahl, der Netzperformanz oder anderer angeschlossener Geräte abhängig.

Zusammenfassend sei noch einmal darauf hingewiesen, dass die Akzeptanz und die tatsächliche Nutzung für die eingesetzten Systeme sehr stark vom zufriedenstellenden Betrieb aller Funktionalitäten auf den eingesetzten Rechnern abhängig ist.

## Implementierung, Durchführung und Evaluation

Zur Implementierung des integrierten Lernkonzeptes ist es notwendig, dass die Entscheidungsgremien des Unternehmens – Vorstand oder Strategieausschuss – auch diesen Teilprozess unterstützen. Ferner sollten dabei die oben genannten Qualitätskriterien erfüllt sein, auf ein *business need* reagiert und das Projektmanagement kompetent durchgeführt werden.

Die Durchführung der neu entwickelten Schulungen ist so flexibel wie möglich zu gestalten, um die Anpassung an *business needs* zeitnah und umfassend zu ermöglichen. Dazu kann ein Gremium oder Ausschuss eingesetzt werden, der die Geschäftsprozesse und die dynamischen sowie die permanenten Ziele des Unternehmens in einem Soll/Ist- Vergleich beobachtet. Auf Veränderungen kann man sofort reagieren, indem die Schulungen entsprechend an die veränderten Bedürfnisse und Anforderungen angepasst werden. Eine enge Zusammenarbeit dieses Gremiums mit der Trainingsabteilung, die mit einem kompetenten *Performance Consulting* die Bedürfnis- oder Anforderungsveränderungen aus dem oben genanten Soll/Ist-Ver-

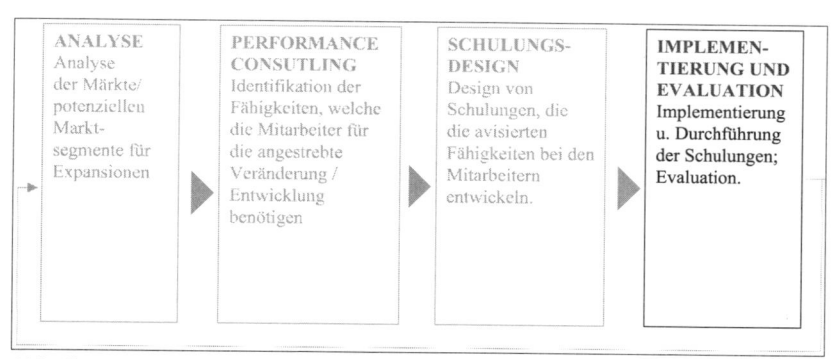

| ANALYSE Analyse der Märkte/ potenziellen Marktsegmente für Expansionen | PERFORMANCE CONSUTLING Identifikation der Fähigkeiten, welche die Mitarbeiter für die angestrebte Veränderung / Entwicklung benötigen | SCHULUNGS-DESIGN Design von Schulungen, die die avisierten Fähigkeiten bei den Mitarbeitern entwickeln. | IMPLEMEN-TIERUNG UND EVALUATION Implementierung u. Durchführung der Schulungen; Evaluation. |
|---|---|---|---|

Abb. 7: *Der Teilprozess* Implementierung und Evaluation

gleich ableitet und in Schulungen umsetzt, ist bei diesem Prozess zu empfehlen. Nur so ist zu gewährleisten, dass Bedürfnisse und Notwendigkeiten korrekt erkannt werden, um auf diese adäquat zu reagieren.

Zur Kontrolle der Wirksamkeit und Nachhaltigkeit der Schulungen ist eine umfassende Evaluation notwendig. Diese kann zunächst nach dem herkömmlichen Verfahren mit einer Lernerbefragung erfolgen. So kann die Zufriedenheit der Mitarbeiter festgestellt und eventuelle Schwachstellen der Kurse können erkannt werden. Als weiterführende Evaluation überprüft man die Umsetzung des Gelernten in die Praxis. Um ein objektives Ergebnis zu erzielen, sollte neben der Mitarbeiterbefragung ein *Coaching* bzw. eine Supervision erfolgen. Beispielsweise ist der Lernerfolg und die Umsetzbarkeit in die Praxis des auf einem Mitarbeiterführungsseminar Gelernten dadurch evaluierbar, dass ein *Coach* oder Supervisor den betreffenden Vorgesetzten im Umgang mit seinen Mitarbeiter oder bei Mitarbeitergesprächen beobachtet. Dabei ist es sinnvoll, vor und nach der Fortbildungsmaßnahme das Mitarbeiterführungspotenzial des betreffenden Vorgesetzen zu bestimmen. Die resultierende Veränderung sollte dann zunächst durch den Supervisor festgestellt werden, wobei eine Befragung der Mitarbeiter hinsichtlich der Veränderung des Führungsverhaltens ihres Vorgesetzten sowie seine eigene Einschätzung als weitere Korrektive heranzuziehen sind.

Darüber hinaus ist es zweckmäßig, Seminare durch kompetente Fachleute beobachten zu lassen, um die tatsächliche Umsetzung der Kurskonzepte zu überprüfen und die Berücksichtigung der *learner needs* sicherzustellen. Diese Bedürfnisse bezeichnen einerseits die von außen an den Lerner herangetragenen Forderungen, anderseits seine spezifischen, individuellen Lernbedürfnisse. Da im Integrierten Schulungskonzept viel Wert auf das selbstgesteuerte Lernen gelegt wird, ist es notwendig, die Voraussetzungen für den selbstgesteuerten Wissenserwerb zu schaffen. So haben empirische

Untersuchungen zur Unterrichtsforschung gezeigt, dass selbstgesteuertes Lernen erst dann gelingt, wenn ein gewisses Maß an Vorwissen vorhanden ist oder wenn eine Sensibilität für die Notwendigkeit des Gelernten geweckt wurde. Ferner müssen die Bedingungen für selbstgesteuertes Lernen auf organisatorischer Ebene geschaffen werden. Zum Beispiel sind klare Betriebs- und Supportkonzepte zu entwickeln etc. Diese Punkte gilt es sicher zu stellen.

Der Evaluation sollten Anpassungen an die Bedürfnisse der Lerner und permanente Verbesserungen der Schulungen folgen, die zur Optimierung der Schulungen, des Schulungsangebotes und des Wissenserwerbs führen. So ist zu gewährleisten, dass die Qualität der Schulungen und damit letztlich auch des Schulungskonzepts permanent verbessert bzw. sichergestellt wird.

Ferner ist die Unternehmenskultur sowie die Lernkultur für den Erfolg des integrierten Lernkonzeptes von entscheidender Bedeutung. Nur wenn dafür gesorgt wird, dass den Lernern Lernräume und Lernzeiten in angemessener Qualität und ausreichendem Maße zur Verfügung stehen, kann realisiert werden, dass Lernen ein für den Lerner nutzbringender und für das Unternehmen ein gewinnbringender Vorgang ist. Wenn lebenslanges und nachhaltiges Lernen gepflegt wird, dann kann dieses Konzept den antizipierten Mehrwert erbringen.

**Fazit**

Das hier vorgestellte *Integrated-Learning* Konzept integriert strategische, personalpolitische und didaktische Aspekte in ein umfassendes Konzept. Seine besondere Relevanz besteht darin, Schulungen individuell auf das Unternehmen, die identifizierten *business needs* und die Lerner zuzuschneiden und damit viele Bedürfnisse befriedigen zu können. So kann effektiv und zeitnah auf Marktveränderungen, Geschäftspläne und akute Probleme reagiert und die Profitabilität eines Unternehmens gesteigert werden.

Ein kompetentes *performance consulting* stellt die Verbindung zwischen *business needs, performance needs,* und *training needs* her und gewährleistet eine Anpassung der Schulungen an die Zielgruppen und Lernbedürfnisse der Mitarbeiter. Darüber hinaus ist das integrierte Lernkonzept besonders dazu geeignet, dem weitverbreiteten Problem der Mitarbeiterfluktuation entgegenzuwirken. Da auf die Bedürfnisse der Mitarbeiter, auf ihre *learning needs* eingegangen wird und da Personalentwicklung in diesem Konzept besonders berücksichtigt wird und die Mitarbeiter somit in überdurchschnittlichem Maße gefördert werden, bindet man sie an das Unternehmen. Vorausschauende Unternehmens- und Geschäftspolitik, die auch eine antizipierende Personalpolitik und Personalentwicklung mit einschließt, schafft Flexibilität und Wettbewerbsvorteile. Damit ist *I-Learning* das Lernkonzept der Zukunft.

## Literatur

[1] DANA GAINES ROBINSON; JAMES C. ROBINSON: *Performance Consulting. Moving Beyond Training. San Francisco 1996, S.24-28.*

[2] F. SCHELL, E. STOLZENBURG, H. THEUNERT, Medienkompetenz: *Grundlagen und pädagogisches Handeln, München, 1999.*

[3] EDELMANN, *Lernpsychologie, 2001 und U. Schielefe, Motivation und Lernen mit Texten, Göttingen, 1995.*

[4] M. J. ROSENBERG, E-Learning. *New York, San Francisco, etc., 2001.; L. J. Issing & P. Klimsa (Hrsg.), Weinheim, 1998.*

# Step by Step – Von der Strategie zur Implementierung

**Der folgende Beitrag zeigt, wie die Entscheidung für die Umsetzung von E-Learning im Unternehmen durch einen systematischen Einführungs- und Beratungsprozess von der ersten Analyse über die Strategieentwicklung und Lernplattform-Einführung bis hin zum laufenden Betrieb erfolgreich realisiert werden kann. An einem fiktiven Fallbeispiel eines mittelständischen Unternehmens auf dem Sprung zur Internationalisierung wird die praktische Anwendung der beschriebenen Systematik in ihren verschiedenen Phasen illustriert.**

*Stichworte:* E-Learning, Innovationspotenziale, Vorgehensmodell, E-Learning Solution Map, Learning Process Engineering, Strategie-Entwicklung, Learning Service Providing, Corporate University, Lernportal, Learning Management System, E-Learning-Plattform, E-Learning-Implementierung,

WOLFGANG KRAEMER, PETER SPRENGER

## Einführung

Viele Unternehmen, die vor der Entscheidung stehen, ob die Personalentwicklungsziele durch E-Learning-Maßnahmen unterstützt werden sollen, stellen sich die Frage, ob ihr Unternehmen für E-Learning bereit ist. Dabei werden, variierend nach der Größe des Unternehmens, unterschiedliche Problembereiche formuliert, wie z.B.:

⇨ Sind unsere Mitarbeiter psychologisch bereit, sich auf das »virtuelle Lernen« einzulassen?
⇨ Sind die Mitarbeiter technisch versiert genug im Umgang mit dem Computer?

⇨ Können wir E-Learning ohne organisatorische Brüche in unsere Personalentwicklungsprozesse integrieren?
⇨ Erfüllt unser Unternehmen die IT-Anforderungen, die für eine Realisierung notwendig sind?
⇨ Rechnet sich die Investition in ein elektronisches Lernsystem?
⇨ Wie steigen wir am Besten in das Thema ein?
⇨ Eignen sich die Themen, die geschult werden sollen, überhaupt für virtuelle Weiterbildungsszenarien?

Kleine und mittlere Unternehmen sind eher skeptisch, befürchten hohe Investitionen für die anfängliche Implementierung aber auch für den späteren laufenden Trainingsbetrieb. Zumindest in den großen Unternehmen aber sind diese grundlegenden Bedenken der Bereitschaft gewichen, E-Learning verstärkt als ein wichtiges Personalentwicklungsinstrument wahrzunehmen und eine Realisierung anzustreben. Dadurch hat sich, vor allem im letzten Jahr, der Fokus verschoben. Die Frage »Warum sollten wir E-Learning machen? Was bringt uns E-Learning?« ist durch erfolgreiche Referenzprojekte, wie z.B. die DaimlerChrysler Corporate University, E.ON Academy oder bei mittelständischen Unternehmen wie Festo, Kaeser Kompressoren etc. posktiv beantwortet. Stattdessen stellt sich nun eher die Frage »Wie realisiere ich E-Learning? Wie mache ich E-Learning erfolgreich? Was ist die beste Vorgehensweise?«

Dabei ist zu beobachten, dass viele Firmen die Einführung von E-Learning auch mit neuen inhaltlichen Zielen verknüpfen und eine weitere Stufe der Personalentwicklung zünden wollen, die über klassische HR-Werkzeuge nicht erreicht werden konnte.

Diese Haltung haben auch die Diskussionen und Vorträge auf Kongressen [A1] gezeigt, aktuelle Beiträge der Fachliteratur [A2] [17] [9] aber auch in den vergangenen Wochen und Monaten veröffentlichten E-Learning-Studien [1], [5], [17].

Bei der Einführung von E-Learning geht es im Kern darum, Wissens- und Lernprozesse durch den Einsatz von Informationstechnik effizienter zu gestalten. E-Learning fokussiert damit auf die wettbewerbsrelevante Rolle von Wissen und Lernen in Unternehmen, Bildungsinstitutionen oder Hochschulen und behandelt die Frage: Wie sind die organisationalen und individuellen Lernprozesse zu planen, zu organisieren und zu steuern, um die Leistungsfähigkeit einer Organisation sowie ihrer Mitarbeiter auf Dauer zu sichern? Ziel einer E-Learning Lösung ist es, einen definierten Nutzerkreis bei niedrigen Kosten und hoher Informationsverfügbarkeit zu qualifizieren.

E-Learning-Lösungen unterstützen Lernprozesse, bei denen die Lernenden ihre Lernumgebung, die Lernschritte und -zeiten sowie das Lerntempo individuell gestalten können. Dies fördert die Entwicklung einer Lern- und Arbeitskultur, die von den Mitarbeitern selbst getragen und weiterentwickelt wird.

Die Frage nach dem »How to...?« versucht dieser Artikel durch die Darstellung praktikabler Vorgehensweisen für die Implementierung von E-Learning zu beantworten. Illustrierend wird das fiktive Fallbeispiel eines Unternehmens skizziert, das vor der Entscheidung für die Einführung von E-Learning steht.

## E-Learning Readiness

Was bedeutet E-Learning Readiness?

Vor dem Projekt steht die Bestandsaufnahme: Die Konzeption und Umsetzung einer E-Learning-Strategie stellen ein umfassendes Projekt dar. Einen wichtigen Beitrag zur Reduktion der Komplexität leisten strukturierte Methoden und Vorgehensmodelle, die eine systematische Vorgehensweise bei der Einführung von E-Learning unterstützen:

- ⇨ Zum einen ist es ein informationstechnischer Prozess, der die Installation einer Software beinhaltet, die Anpassung dieser Software an die Anforderungen im Unternehmen sowie die Einbindung dieser Software in die IT-Infrastruktur;
- ⇨ Es ist ein organisatorischer Prozess, der die Veränderung von Aufgabenbereichen beinhaltet, die Einbindung einer neuen Abteilung bzw. eines neuen Services in das Unternehmen, die Eingliederung in bestehende Personalentwicklungsprozesse, aber auch die Veränderung von Lerngewohnheiten der Mitarbeiter;
- ⇨ Drittens betrifft es inhaltliche Zielvorstellungen, die sich durch die neue Technologie verändern, die ermöglicht oder erweitert werden und die neue Weiterbildungsszenarien und strategische Visionen ermöglichen. Diese fachlich-inhaltlichen Ziele sind auf die Zielgruppe, also auf Personen bezogen;

Diese drei Parameter – Technology, Organisation und People – fließen in die Bestandsaufnahme ein. Als Ergebnis der Bestandsaufnahme steht die Formulierung der sogenannten »E-Learning-Readiness«. Dieses Readiness Statement beantwortet nicht die Frage »Ist mein Unternehmen bereit für E-Learning?«, sondern es ermöglicht einen Überblick über die spezifischen Maßnahmen und die in der Folge zu wählende Realisierungsstrategie, um E-Learning erfolgreich einzuführen.

In der Literatur finden sich verschiedene Konzepte, über die erfolgskritischen Faktoren oder limitierenden Rahmenbedingungen, die die Planung und Umsetzung einer E-Learning Strategie im Vorfeld begleiten, die also die E-Learning-Readiness beeinflussen.

Rosenberg [13] identifiziert vier Faktoren, die »Four C's for Success«: Culture, Champions, Communications, Change. Für Rosenberg sind im weitesten Sinne unternehmenspolitische Faktoren für den Erfolg von E-Learning-Projekten ausschlaggebend: eine offene Lernkultur, die Unterstützung des Projektes durch das Senior Management, die erfolgreiche Kommunikation des Projektes und seiner Vorteile für die Mitarbeiter sowie ein Veränderungsprozess, der diese Erfolgsfaktoren in die Weiterentwicklung der Organisation und der Mitarbeiter einbettet. Diese Elemente, so Rosenberg, gilt es im Vorfeld eines Projektes zu klären, wenn das Projekt Erfolg haben soll.

Aus einer mehr methodischen Sichtweise, aber mit einem ähnlichen Ergebnis identifizieren Habermann/Kraemer [4] fünf typische Problembereiche, die »primär [...] bereits im Vorfeld eines Projektes bestehen« und die Einfluss auf die strategische und operative Planung haben: Komplexitäts-, Informations-, Ressourcen-, Entscheidungs- und Koordinationsprobleme.

Stacey [16] wiederum nähert sich dem erfolgreichen Start eines E-Learning-Projektes eher aus der Richtung fachlich-inhaltlicher Aspekte: Seine »Big 8 Questions to Answer in Planning & Implementing E-Learning« enthalten Fragen zu organisatorischen und didaktischen Abwicklung sowie zur Erfolgsmessung.

In allen drei Positionen ist erkennbar, dass die Autoren E-Learning-Projekte weniger auf der Basis eines technischen Implementierungsprozesses betrachten, sondern vielmehr auf der Grundlage der erforderlichen Organisationsentwicklung und organisatorischen Einbindung.

### Wie wird die E-Learning Readiness ermittelt?

Die E-Learning Readiness ist eine möglichst genaue Beschreibung der zum Zeitpunkt der Projektentscheidung organisatorischen, tech-

> **Big 8 Questions**
> Paul Stacey: The Big 8 Questions to Answer in Planning & Implementing E-Learning:
> 1. How will e-learning be governed, planned and managed?
> 2. What is the optimum business model for the provision of e-learning?
> 3. Who are the resources that will create, deliver and support e-learning?
> 4. What are the e-learning success models and pedagogies?
> 5. What curriculum and content can be targeted for online?
> 6. What educational technologies will be used to develop and deliver e-learning?
> 7. What is the production process for development and delivery of e-learning?
> 8. How will e-learning be evaluated and revised over its life-cycle?

nologischen und inhaltlich-fachlichen Ausgangssituation. Diese Ausgangsituation kann durch einen geeigneten Fragenkatalog – oft sogar bis zu einem gewissen Grad standardisiert – ermittelt werden. Ziel des Fragenkataloges für die E-Learning Readiness ist die Ermittlung der erforderlichen Projektschritte, Projektbeteiligten und eine Abschätzung des erforderlichen Projektbudgets. Als ein weiteres Ergebnis dieser Analyse werden auch mögliche Problembereiche sichtbar, wie sie Rosenberg, Habermann/Kraemer und Stacey formuliert haben: mangelnde Unterstützung durch das Senior Management z.B. oder eine sehr komplexe, notwendige Projektorganisation. Als Beispiele für eine solche, zum Teil standardisierte Analyse können die Vorgehensweisen von Research Dog und imc stehen.

Der eLearnCheck® der imc [3] fokussiert auf eine mögliche Projektrealisierung und organisatorische Einbindung. Der eLearnCheck® basiert auf der E-Learning Composition Map und stellt den fachlichen Bezug zwischen der Ausgangssituation und den zielführenden Rahmenbedingungen eines E-Learning-Projektes – Technologie, Zielgruppe und Organisation – her.

> **E-Learning Needs Assessments**
>
> Das »E-Learning Needs Assessment« [2] ist ein Fragenkatalog von Research Dog, der die Bereitschaft eines Unternehmens zur Umsetzung von E-Learning auf der Basis folgender Befragungskomplexe ermittelt:
> - Psychological Readiness
> - Sociological Readiness
> - Environmental Readiness
> - Human Resource Readiness
> - Financial Readiness
> - Technology Readiness
> - Equipment Readiness
> - Content Readiness
>
> Die Auswertung der Befragung schließt mit einem E-Learning Readiness Statement in jedem der o.g. Bereiche und einem globalen Statement ab. Die Empfehlungen für Lieferanten, die Samantha Chapnick von Research Dog auf ihrer Homepage gibt (E-Learning Market Map), sind allerdings auf den amerikanischen Markt beschränkt.

Nach der Erhebung durch einen standardisierten Fragenkatalog (s. Kasten »Fragenkomplex des eLearn Checks® und ihr inhaltlicher Fokus«) können die Ergebnisse durch einen E-Learning Consultant ausgewertet und im direkten Gespräch mit dem Unternehmen vertieft werden. Ergebnis dieses Interviews ist eine Lösungsskizze in Form einer Management-Summary mit Hinweisen auf weitere, für das Unternehmen interessante Quellen. In einem persönlichen telefonischen Interview wird dann im dritten Schritt die Ausgangssituation detaillierter besprochen und analysiert. Der eLearnCheck® schließt mit einer Ergebnispräsentation ab, in der wichtige Meilensteine, Projektstrategien und geschätzter Aufwand so zusammengefasst werden, dass das Ergebnis als Entscheidungsvorlage im Unternehmen für die Planung eines E-Learning-Projektes genutzt werden kann.

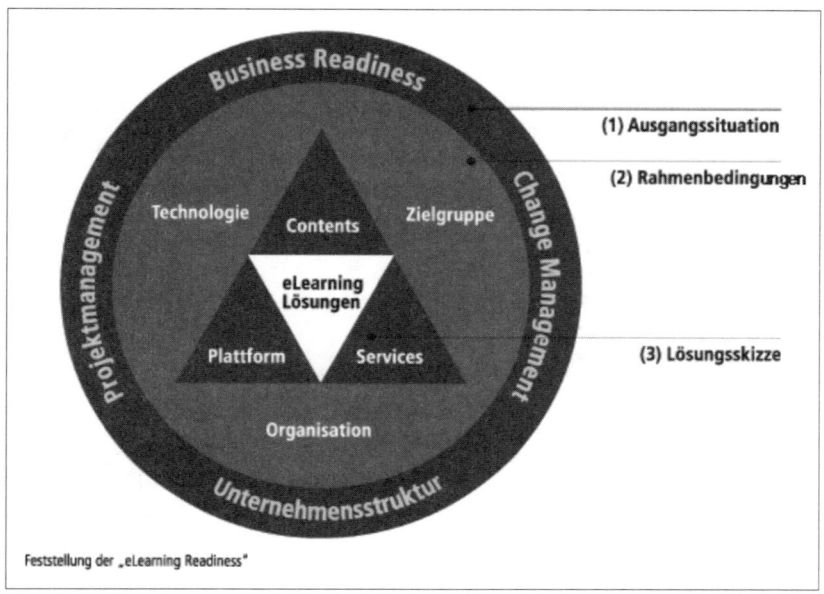

Abb. 1: *E-Learning Composition Map*

E-Learning Readiness Analyse der Schöner & Jung AG
(fiktives Fallbeispiel)

Um zu illustrieren, wie die Analyse der Ausgangsbedingungen und die Ergebnisse für ein E-Learning-Projekt in einem konkreten Fall aussehen könnten, nehmen wir eine Musterfirma, die sich mit der Einführung von E-Learning beschäftigt. Anhand einiger ausgewählter Elemente soll dies den Prozess von den ersten Überlegungen bis zur Projektentscheidung beleuchten. In den folgenden Kapiteln werden diese Fallstudien weiter verfolgt.

Gegenstand unseres Beispiels ist die Firma »Schöner & Jung AG«. Das Unternehmen beschäftigt 1000 Angestellte und entwik-

**Fragenkomplexe des eLearnChecks® und ihr inhaltlicher Fokus**

**Business Readiness**
- ⇨ Intranet: Verfügbarkeit und Ausbauformen des Intranets
- ⇨ Internet: Verfügbarkeit und Inhalte des Unternehmens im Internet
- ⇨ E-Business: Erfahrungen im E-Business und in der elektronischen Geschäftsprozess-Optimierung
- ⇨ Projektmanagement: Projekterfahrungen bei der Einführung komplexer Softwareprojekte
- ⇨ Verfügbare Mittel: Verfügbare Finanzmittel für E-Learning

**Learning Culture**
- ⇨ Weiterbildung: Weiterbildungs-Politik des Unternehmens
- ⇨ Erfahrung mit E-Learning: (Projekt-) Erfahrungen mit der Einführung oder Nutzung von elektronisch gestützten Lernformen allgemein
- ⇨ Geplanter Wandel: Diskussionsstand der Beschäftigung mit E-Learning
- ⇨ Betreibermodell: Geplante technische und organisatorische Einbindung von E-Learning
- ⇨ Tutoring: Verfügbarkeit und Kommunikationsmodell von Trainern und Tutoren

**Human Resources**
- ⇨ Struktur: Gegenwärtige Ausbauformen und Instrumente des Personalmanagements
- ⇨ Personalentwicklung: Organisatorische Aufgaben der Personalentwicklung
- ⇨ Skill Management: Formen und Funktionen der Mitarbeiter-Weiterbildung durch Skills, Curricula
- ⇨ Coaching: Existenz und Organisation des Mitarbeiter-Coachings

**Vision**
- ⇨ Hintergrund: Strategische Ziele und Gründe für die Beschäftigung mit E-Learning
- ⇨ Definition E-Learning: Was versteht das Unternehmen unter E-Learning?
- ⇨ Ziel: Gewünschte Effekte und Zielsetzungen für ein E-Learning Projekt
- ⇨ Träger: Treibende Organisationseinheiten / Abteilungen / Personen für ein E-Learning Projekt

**Technology**
- ⇨ Betriebssysteme: Welche Betriebssysteme werden eingesetzt
- ⇨ Ausstattung Clients: Ausstattung der Arbeitsplatzrechner (allgemein)
- ⇨ Ausstattung Grafik: Ausstattung der Arbeitsplatzrechner (Grafikkarte und Monitore)
- ⇨ Internet-Anbindung: Anbindung der Arbeitsplätze an das Internet
- ⇨ Knowledge- und Learning Management: Einsatz und Formen elektronisch gestützten Wissensmanagements
- ⇨ Netzwerk: Formen der Einbindung einer E-Learning Lösung in das Netzwerk
- ⇨ Webserver: Verfügbarkeit von Webservern
- ⇨ Datenbankserver: Verfügbarkeit von Datenbankservern
- ⇨ Externer Zugriff: Möglichkeiten des Zugriffs von Mitarbeitern auf das Intranet außerhalb des Firmennetzwerkes
- ⇨ Benutzeranzahl: Geschätzte Anzahl der Nutzer, die eine E-Learning-Lösung zukünftig gleichzeitig nutzen werden

**Organisation**
- ⇨ Bildungsorganisation und Bedarfsermittlung: Organisationsprozess, Bedarfsermittlung und Genehmigung von Bildungsmaßnahmen
- ⇨ Budgetierung von Bildungsmaßnahmen: Organisation der Budget-Verantwortung für Bildungsmaßnahmen
- ⇨ Bildungsformen: Bisher eingesetzte Formen der Weiterbildung (Präsenz, Medien)
- ⇨ Change-Management: Stakeholder bei der Einführung von E-Learning
- ⇨ IT-Organisation: Existenz und Organisationsformen der IT-Abteilung
- ⇨ Regionale Infrastruktur: Regionale Verteilung des Unternehmens und der Zielgruppe (lokal, Deutschland, weltweit etc.)

**People**
- ⇨ Zielgruppen von E-Learning: Geplante Zielgruppen für den Einsatz von E-Learning
- ⇨ Voraussetzungen der Zielgruppe: Computerkenntnisse der Zielgruppe
- ⇨ Internetnutzung: Internetnutzung der Zielgruppe
- ⇨ Lernbereitschaft: Lernkultur und Lernbereitschaft der Mitarbeiter des Unternehmens
- ⇨ Erfahrung mit E-Learning: Erfahrung der Mitarbeiter mit E-Learning

⇨ Aufnahme der Weiterbildungsmaßnahmen: Präferenzen der Mitarbeiter bei der Nutzung bestimmter Lernformen, speziell E-Learning

**Contents und Services**
⇨ Inhalte: Geplante Themen und Schulungsinhalte
⇨ Art der Inhalte: Art der Inhalte, z.B. Standardinhalte, individuelle Produktion, interne Trainer etc.
⇨ Inhaltsdistribution: Bisherige Verteilung von Schulungsinhalten
⇨ Herkunft der Inhalte: Wo werden die Inhalte bezogen?
⇨ Pflege von Inhalten: Formen und Organisation der kontinuierliche Qualitätssicherung der Schulungsinhalte
⇨ Curriculum: Existenz und Funktion von Curricula für die Weiterbildung

**Plattform und Services**
⇨ Portal: Werden personalisierte Dienstleistungen der Lernplattform gewünscht?
⇨ Virtuelle Lerngemeinschaft: Gibt es Pläne oder Absichten für die Implementierung von virtuellen Lerngruppen, elektronischer Kommunikation?
⇨ Medien: Mediale Formen der Schulungsinhalte (Text, Simulation etc.)
⇨ Systemschnittstellen: Schnittstellen zu anderen Systemen, z.B. Personaldatenbank o.ä.

kelt Kosmetikprodukte für Drogerien, Kosmetiksalons, Parfümerien und Kaufhäuser. Die beratungsintensiven Produkte werden durch einen 40-köpfigen Außendienst in ganz Deutschland verkauft und durch ein zentrales Auslieferungslager vertrieben.»Schöner & Jung AG« plant die aggressive Ausweitung der Aktivitäten für ganz Europa und will auch dort schnellstmöglich ein Vertriebsnetz aufbauen. Zusätzlich baut »Schöner & Jung AG« einen Online-Shop auf und plant weitere Kooperationen mit Online-Kaufhäusern, z.B. Amazon. Um die europaweiten Vertriebsaktivitäten zu unterstützen wird ein eigenes Call-Center aufgebaut, bei dem Endkunden telefonisch bei der Anwendung der Kosmetikprodukte beraten werden können und weitere Produkte aus dem Angebot des Unternehmens per Mail-Order testen können.

Aufgrund dieser Expansionspläne plant das Unternehmen die Einführung von E-Learning zur Unterstützung sämtlicher Abteilungen, die sich mit dem Thema Vertrieb, Marketing und Sales beschäftigen.

Die Analyse im Vorfeld der E-Learning-Einführung ergibt folgende Rahmenbedingungen:

⇨ *Business Readiness:*

Das Unternehmen verfügt über ein eigenes Intranet, das jedoch nur den Mitarbeitern der Unternehmenszentrale (Forschung & Entwicklung, Vertrieb, Marketing, Controlling etc.) zur Verfügung steht. Produktion und Auslieferung werden jeweils an anderen Standorten abgewickelt. Das Intranet hat jedoch noch kein Portal für alle Mitarbeiter der Zentrale, sondern besteht im Großen und Ganzen aus aufgabenspezifischen oder projektbezogenen Seiten und Applikationen. Das Unternehmen verfügt über einige Erfahrungen bei der Einführung komplexer Softwareprojekte, da in den vergangenen fünf Jahren ein elektronisches System für die Steuerung der Kern-Wertschöpfungskette eingeführt wurde, das die reibungslose Kommunikation zwischen den drei Standorten (Produktion, Hauptverwaltung und Vertriebszentrum) sicherstellen sollte. Da es bis zu diesem Zeitpunkt jedoch noch keine größere IT-Abteilung im Unternehmen gab, stieß dieses Projekt auf eine Fülle von Schwierigkeiten und wurde erst weit nach dem geplanten Termin reibungsfrei in Betrieb genommen. Aufgrund der grundlegenden strategischen Bedeutung des Expansionsprojektes und der Überzeugung, dass E-Learning eines der zentralen Instrumente zur Realisierung dieser Strategie ist, stehen für das Projekt relativ hohe Mittel von 2 Mio Euro / Jahr bereits zur Verfügung.

⇨ *Learning Culture:*
Das Unternehmen hat bisher keinerlei Erfahrungen mit E-Learning. Jegliche Weiterbildung, z.B. Produktschulungen für den Außendienst, wurde bisher über Präsenzveranstaltungen abgewickelt. Zusammen mit den verfügbaren Mitteln wurde auch bereits ein 5-köpfiges Team und ein Projektleiter benannt, die sich dauerhaft um das Projekt und den späteren laufenden Betrieb kümmern sollen.

⇨ *Human Resources:*
Es gibt für den Bereich Vertrieb, Marketing und Sales keine spezifischen Personalentwicklungsprozesse, kein spezifisches Wissensmanagement. Die Job Descriptions sind eher allgemein und dienen vor allem der Abgrenzung von Management-Ebenen und Gehaltskategorien. Es findet keine zentrale Verwaltung von Mitarbeiter-Wissen, Skill Profilen statt. Mitarbeiter kümmern sich selbst um ihre fachliche Weiterbildung außerhalb der vom Unternehmen angesetzten, produktbezogenen Schulungen oder werden von ihren Abteilungsleitern darin unterstützt. Allerdings haben sich in den vergangenen Jahren informelle Wissensaustausch-Kanäle zwischen den Bereichen Forschung und Entwicklung, Produktion und Sales entwickelt. Die Beteiligten haben sich im Vorfeld bereit erklärt, an der Transformation dieser inoffiziellen Gesprächskanäle in einen formalen Prozess mitzuwirken und das Projekt aus dieser Perspektive auch fachlich zu beraten.

⇨ *Vision:*
Ziel des E-Learning-Projektes soll es sein, mit seiner Hilfe die Realisierung der Expansionsstrategie und Internationalisierung sicherzustellen und zu beschleunigen. Das Projekt hat daher als strategisches Projekt auch volle Rückendeckung durch das Senior Management. Als Zeitplan für die Realisierung wird angestrebt, in möglichst kurzer Zeit von ca. vier Monaten mit der Pilotgrup-

pe aller deutschen Mitarbeiter online zu gehen. Im weiteren Verlauf werden dann einzelne Länder dazukommen. Mit dem Start der internationalen Aktivitäten in drei Hauptzielmärkten gleichzeitig (in ca. sechs Monaten) soll das System reibungslos laufen und dabei die zentralen Anforderungen des Unternehmens erfüllen. Im Laufe der nächsten eineinhalb Jahre werden neben den strategisch wichtigen Hauptzielmärkten (Frankreich, England, Italien) weitere Länder dazukommen. Dabei wird das System kontinuierlich ausgebaut und um weitere Funktionalitäten ergänzt.

Als Vision sieht das Unternehmen für den europaweiten Außendienst, der insgesamt in seinem endgültigen Umfang ca. 400 Mitarbeiter umfassen soll, einen mobilen E-Learning-Service per Notebook und Handheld-Computer.

⇨ *Technology:*

Das Unternehmen verfügt über einen eigenen Serverpark und setzt weitestgehend Standard-Produkte der neuesten Generation ein. Die Clients sind nach aktuell üblichen Standards voll ausgestattet. Bisher haben Außendienst, Produktion und Auslieferung jedoch keine Möglichkeit, auf das Firmen-Intranet direkt zuzugreifen. Der Außendienst erhielt seine Schulungsunterlagen bisher in Papierform.

⇨ *People:*

Eine Befragung unter Mitarbeitern ergab, dass sich die Zielgruppe mit der Benutzung von Computern und Internet ausreichend auskennt. E-Learning-Erfahrungen wurden von ca. einem Drittel der Zielgruppe angegeben, meist im privaten Rahmen. Für die zu rekrutierenden oder bereits rekrutierten internationalen Mitarbeiter wird von einer hohen Lernbereitschaft auch mit E-Learning ausgegangen; allerdings ist der Zentrale auch bekannt, dass die bisherigen Mitarbeiter über den riskanten Expansionskurs geteilter Meinung sind. Insofern werden trotz der guten

Ausgangslage psychologische Widerstände gegen die Maßnahmen vermutet, die es aufzufangen gilt. Die Zielgruppe umfasst derzeit insgesamt ca. 500 Mitarbeiter aller Hierarchieebenen bis zum mittleren Management in den Bereichen Sales & Marketing, Außendienst, Produktmanagement, Vertrieb.

⇨ *Inhalte:*
Die Schulungsinhalte werden zu einem großen Teil intern erarbeitet werden müssen. Insbesondere geht es dabei um Produktschulungen und Vertriebsprozesse. Zusätzlich ist geplant, den Mitarbeitern mit Hilfe von extern zu beschaffenden Standard-Contents Sprachen-Training und allgemeines Know-How für die Bereiche Sales & Marketing anzubieten. Über Curriculum für diese Schulungsinhalte ist bisher noch nicht nachgedacht worden. Auch ist bisher noch nicht definiert, woher die internen Inhalte konkret kommen sollen, wer sie erarbeitet und pflegt. Zusätzlich zu den reinen Online-Inhalten sollen auch weiterhin präsenzbasierte Produktschulungen stattfinden, die über die Plattform angeboten werden. Die Präsenzseminare finden in einem regelmäßigen Turnus nach einem festgelegten Plan statt; weitere Präsenzangebote sind nicht geplant.

⇨ *Plattform & Services:*
Bisher gibt es keine Pläne für eine Personalisierung der E-Learning-Plattform, für Lerngemeinschaften o.ä. »Schöner & Jung AG« möchte sich jedoch diese Option offen halten, sobald sie den Sinn solcher Personalisierung aufgezeigt bekommt. Die Schulungsinhalte sind zu einem geringen Teil multimedial; Animationen und Videos sind vereinzelt notwendig, werden jedoch von dem Unternehmen insbesondere als Marketingmaßnahme für die Nutzung der Lernplattform angesehen. Viele Inhalte insbesondere der Produktschulungen werden jedoch Abbildungen benötigen. Als Schnittstelle zu anderen technischen Systemen wird insbesondere die Anbindung des Lernsystems an

die bestehende Vertriebssoftware des Außendienstes gefordert. Die Mitarbeiter im Außendienst sollen vom elektronischen Bestellformular aus direkt auf die vorhandenen Produktinformationen und Produktschulungen zugreifen können.

### Ergebnisse und Implikationen der E-Learning Readiness Analyse

Die Analyse auf der Basis des eLearnChecks® ergibt ein relativ klares Bild
- ⇨ der Aufgaben, die in einem E-Learning-Projekt mit »Schöner & Jung AG« zu lösen wären,
- ⇨ der Probleme, die bei diesem Projekt technisch, fachlich und organisatorisch auftreten können,
- ⇨ der hoch oder niedriger zu priorisierenden Aufgaben eines E-Learning-Projektes.

Auf der Grundlage dieser Faktoren lässt sich schließlich auch abschätzen, in welcher Reihenfolge welche Aufgaben in einen Realisierungs- und Projektplan fließen sollten und eventuell nach einer genaueren Analyse auch, welches Budget für die Realisierung notwendig ist.

Wenn man die E-Learning Composition Map aus Abbildung 1 noch einmal hinzieht, dann sieht man, dass mit Hilfe des eLearnChecks® die Ausgangssituation sowie grob die Rahmenbedingungen analysiert wurden. Zwar wurde bis jetzt nur eine Vision und noch keine Projektstrategie definiert, doch diese Strategie wird u.U. auch auf der Grundlage bereits im Vorfeld erkannter Probleme oder Chancen angepasst. Die E-Learning Composition Map bringt die Ergebnisse der Erhebung in Zusammenhang mit einer Lösungsskizze. Eine solche Lösungsskizze muss nicht unbedingt die Einführung eines komplexen Learning-Management-Systems bedeuten. Unter Umständen ergibt die Analyse auch, dass die Produktion und Distribution eines individuellen Web-based-Trainings, distribuiert durch eine CD-ROM, die angemessenere Lösung für das Problem darstellt.

Welche Probleme oder Chancen kann man nun aus der Analyse der Firma Schöner & Jung AG erkennen?

⇨ *Plattform:*
Die Einführung einer Lernplattform zur Steuerung der Weiterbildungsprozesse scheint auf den ersten Blick nicht zwingend die beste Lösung zu sein. Gegen die Implementierung einer Lernplattform spricht zunächst, dass erhebliche Teile der anvisierten Zielgruppe – nämlich der gesamte Außendienst sowie die Auslieferung – keinen Zugriff auf das Intranet des Unternehmens haben. Dies ist kritisch vor allem für den Außendienst, dem im Expansionskurs des Unternehmens eine erhebliche strategische Bedeutung zukommt.

Auf der anderen Seite ist auch der Versand von CD-ROMs an Außendienst und Auslieferungslager keine einfache logistische Aufgabe: Auch hier werden zentral verfügbare, immer aktuelle Mitarbeiterdaten benötigt, die oft zeitlich kritischen Schulungsthemen werden durch den Postversand nur verzögert in die Linienfunktionen distribuiert und der Produktionsaufwand für Herstellung und Vertrieb von CD-ROMs ist recht hoch – insbesondere, da das Unternehmen nur wenige multimediale WBT's, sog. »Rich Contents«, anbieten wird. Dadurch wird das zeitlich-logistische Problem verschärft, da die Aktualisierung eines einzelnen Textdokuments mit einer Produktbeschreibung entweder auf die Produktion und den Versand der nächsten CD-ROM warten muss oder aber für ein solches einzelnes Dokument eine CD-ROM produziert werden müsste.

Darüber hinaus wird das eigentlich von der Zentralen Trainingsabteilung zu lösende organisatorische Problem auf die Zielgruppe verlagert: wenn Außendienst und Logistikzentrum die Contents auf Offline-Medien erhalten, sind diese selbst für eine Aktualisierung und Organisation der Dateien auf ihren Clients verantwortlich – ein Zeitaufwand, der den Außendienst viel zu sehr in seiner eigentlichen Aufgabe behindert.

Aus diesen Überlegungen wird offensichtlich, dass zwar die Anfangsinvestitionen für die Anbindung von Außendienst und Auslieferung an das Intranet des Unternehmens höher ist als die Produktion und Distribution einfacher CD-ROMs, dass jedoch die laufenden und versteckten Kosten höher, die organisatorischen Effekte und die Erreichung von Trainingszielen problematischer sind.

Als Ergebnis kann daher festgehalten werden, dass die Einführung einer Lernplattform für die Erreichung der Unternehmensziele notwendig ist. Als erste und wichtigste Projektaufgabe neben der reinen Plattform-Einführung wird die Anbindung der Auslieferung und des Außendienstes an das Intranet sein. Der Zugang für den Außendienst als erfolgskritischer Faktor kann dabei auf unterschiedliche Weise erfolgen: Durch einen externen Zugang zum Intranet – oder durch eine Installation der Lernplattform in einem Extranet oder womöglich sogar im Internet. Beide Optionen werden zu Beginn des Projektes in einer Machbarkeitsstudie überprüft und auf dieser Grundlage frühzeitig entschieden.

Für die Anbindung der internationalen Mitarbeiter ist im Laufe des Projektes die technische Umsetzung zu klären. Ziel dieser Klärung ist insbesondere, frühzeitig einen groben Projektfahrplan zu erhalten, der die zeitkritische Umsetzung der IT-Anbindung ermöglicht.

Aus diesen Punkten wird erkennbar, dass die IT-Abteilung von »Schöner & Jung AG« als zentraler Stakeholder des Implementierungsprozesses intensiv in das Projekt eingebunden werden muss.

Eine Anforderung des Unternehmens war es auch, eine Schnittstelle zwischen Lerninhalten und Vertriebssoftware zu schaffen. Die Umsetzung und das technische Design dieser Schnittstelle sind im Projektverlauf zu überprüfen. Allerdings hat zu diesem Zeitpunkt diese Schnittstelle eher visionären Charakter; ob und wie schnell sie umgesetzt werden soll, ist von der folgenden Ausarbeitung einer inhaltlichen Strategie abhängig. Die Umsetzung dieser spezifischen Schnittstelle ist daher weniger zeitkritisch und wird vermutlich als Anschlussprojekt nach der Klärung der zentralen Fragen der IT-Implementierung durchgeführt werden. Bezüglich der technischen Ausstattung der Clients und Server des Unternehmens scheint es zunächst keine Probleme zu geben, in dieser Hinsicht ist die Implementierung vorbehaltlich einer genauen Prüfung unkritisch.

⇨ *Content:*
Inhaltliche Zielsetzungen des E-Learning-Projektes sind Produktschulungen, Vertriebs-Know-how, Vertriebsprozesse, Strategie-Implementierung sowie Unterstützung der Internationalisierung. Da es sich bei etwa der Hälfte der Themen um intern zu erarbeitende Inhalte handelt, ist die Klärung des Prozesses der Content-Herstellung frühzeitig zu klären. Ein wichtiger Projektbestandteil wird nach der Klärung von Zuständigkeiten und Prozessen auch die Schulung der für die Content-Erstellung verantwortlichen Trainer oder Experten sein. Da die internen Experten schlecht als Trainer fungieren können, muss im Projektverlauf die Option geprüft werden, ob die bestehenden Mitarbeiter des E-Learning-Projektes diese Aufgabe wahrnehmen können oder ob Trainer im Unternehmen oder extern rekrutiert werden können.

Völlig offen dagegen ist noch die optimale Content-Strategie: Hier gilt es zu klären, ob Curricula eingesetzt werden sollen, ob die Weiterbildung auf der Grundlage von zu dokumentierenden

Mitarbeiter-Skills erfolgt, ob es Qualifizierungsmodelle mit Zertifizierung geben wird und dementsprechend auch Testszenarien und ob der Wissensaustausch für die Strategieimplementierung und Internationalisierung des Unternehmens ein wichtiger Faktor der inhaltlichen Strategie darstellen kann. Hier sind ggf. die beteiligten Mitarbeiter an den informellen Kommunikationskanälen in das Projekt einzubinden.

Aus inhaltlicher Sicht ist als kritischer Faktor die Sprache der Plattform zu sehen. Da viele Mitarbeiter des Unternehmens bisher nicht international arbeiten mussten (und auch in Zukunft nicht müssen, z.B. der Außendienst) ist die Internationalität der Plattform mit einer einheitlichen Sprache (z.B. Englisch) schwer zu realisieren. Viele Mitarbeiter verfügen vermutlich nicht über ausreichende Fremdsprachenkenntnisse, die Trainingsinhalte sind zudem inhaltlich komplex und mit Fachvokabular der Kosmetikbranche versetzt. Die daraus resultierende Erkenntnis, dass sowohl das System wie auch die Inhalte vermutlich mehrsprachig sein müssen hat erhebliche Auswirkungen sowohl auf die Plattformanforderungen, die technisch-redaktionellen Prozesse und die Inhaltebeschaffung.

⇨ *Services:*
Die erste Analyse des Unternehmens hat gezeigt, dass die Mitarbeiter vermutlich dem Thema E-Learning bzw. der Bedeutung des Trainingscurriculums zum Teil skeptisch gegenüber stehen. Diese Skepsis ist weniger begründet durch die Einführung des neuen Mediums, sondern – was die deutschen Mitarbeiter betrifft – eher durch die generelle Skepsis gegenüber der Unternehmensstrategie. Die dadurch potentiellen Schwierigkeiten müssen im Laufe des Roll-outs der E-Learning-Plattform durch geeignete Marketing-Maßnahmen und entsprechende Trainingsinhalte aufgefangen werden.

In den Projektplan für die erste Phase müssen außerdem Schulungsmaßnahmen für das Kernprojektteam sowie die zukünftigen internen Content-Produzenten grob konzipiert werden. Es ist offensichtlich, dass bei dem festgestellten Projektumfang neben der redaktionellen und content-strategischen Beratung offensichtlich auch zusätzlich externe Berater benötigt werden, um die anspruchsvollen IT-technischen Anforderungen und fachlichen Fragen zu klären. Insbesondere ist das Fehlen einer inhaltlichen Strategie jenseits der bisher auch erst grob erfolgten Themendefinition erkennbar. Da es außerdem neben den Online-Inhalten auch Präsenzseminare gibt und die Nutzungsszenarien der Inhalte, ggf. in Qualifizierungsrunden, bisher aus Personalentwicklungssicht völlig ungeklärt sind, wird ein wichtiger Bestandteil des E-Learning-Projektes die Aufgabe des *Learning Process Designs* und *Learning Process Engineerings* sein.

## Strategie-formulierung und Strategie-Implementierung

Die Analyse auf der Grundlage z.B. des eLearnChecks®, die mit dem E-Learning Readiness Statement und dem Commitment der Unternehmensleitung für ein E-Learning-Projekt abschließt, hat grundlegende Zielsetzungen, potentielle Problembereiche und eine erste inhaltliche Orientierung geben können. Diese Ergebnisse bilden den Rahmen, innerhalb dessen im folgenden Schritt nun eine konkrete E-Learning-Strategie erarbeitet werden kann. In dieser Phase der Strategieentwicklung werden die Analyseergebnisse so verdichtet, dass daraus organisatorische, technologische und inhaltliche Projektstrategien formuliert werden können.

Dabei fallen im Rahmen der zu formulierenden Weiterbildungskonzepte eine Fülle sehr unterschiedlicher Prozesse und didaktischer Methoden an, die durch die HR-Manager eines Unternehmens organisiert und optimiert werden müssen. E-Learning-Projekte stehen stets in einem Spannungsfeld aus harten und weichen Einflussfaktoren und Aufgaben. Wie alle IT-Projekte erfordern auch E-learning-Projekte einen umfangreichen Maßnahmen-Katalog vom Process (Re-)Engineering bis zum Change Management.

In vielen E-Learning-Projekten besteht das Risiko, dass das »Learning«, das ja letztlich Gegenstand und Ziel der Prozessgestaltung und IT-Implementierung ist, nur allgemein definiert wird. Stattdessen konzentrieren sich viele Unternehmen und manche E-Learning-Projekte auf den einfacher zu steuernden technischen Implementierungsprozess – das »E« in E-Learning. Anders als bei vielen anderen IT-Projekten – zu denen E-Learning sicherlich gehört – genügt es bei E-Learning oftmals nicht, die Anforderungen im Unternehmen in einer Form zu erheben, die mit dem Ziel der direkten Umsetzung verbunden ist. Dies führt zwar zu einem schnellen Projekterfolg im Sinne einer schnell verfügbaren Lernplattform, doch es führt eben nicht zu einem nachhaltigen Projekterfolg – wenn die Mitarbeiter keinen »added value« erkennen, werden Sie auf das E-Learning-System, das in sehr vielen Fällen als ein zusätzlicher, freiwilliger Service des Unternehmens implementiert wird, nicht zugreifen.

Auch unter dem Druck schneller Implementierung und Realisierung erfordern E-Learning-Projekte in der Anfangsphase eine genaue Definition des Begriffes »Lernen«. Diese Diskussion wirkt auf viele Projektbeteiligte oft »schwammig« und fruchtlos, ist jedoch erfolgskritisch für eine technische Realisierung, die das Ziel einer nachhaltigen Entwicklung des Projektes vor Augen hat.

Zu Beginn eines Projektes kann selten auf eine aktuelle, ganzheitliche und konsistente E-Learning-Strategie zurück gegriffen werden. Existieren bereits unternehmensinterne Strategiepapiere, so liegen oftmals zwischen der Dokumenterstellung und dem Projektstart mehrere Monate. Aufgrund in der Zwischenzeit realisierter anderer Projekte im Unternehmen, geänderten organisatorischen Zuständig-

keiten oder technologischen Innovationen sind die beschriebenen Konzepte häufig unvollständig oder nicht mehr schlüssig. Die erste Aufgabe der Strategiedefinition besteht deshalb darin, die bestehende E-Learning Strategie zu überprüfen und gegebenenfalls zu überarbeiten. Dabei sind die folgenden Aspekte zu berücksichtigen:
⇨ Verzahnung von Organisationsstrategie und E-Learning-Strategie
⇨ Strukturwandel durch Blended Learning: Lernen online und in Präsenzveranstaltungen
⇨ Verbindung von Knowledge Management und Learning Management
⇨ Abstimmung von Lernangebot und -nachfrage
⇨ Beschaffungsstrategie für E-Learning-Inhalte

Das aktualisierte Strategiekonzept wägt für alle genannten Aspekte die Argumente hinsichtlich Risiken sowie Kostenaspekten und Nutzenpotenzialen ab. Integrationsnotwendigkeiten werden identifiziert. Alle strategischen Zieldimensionen – Kosten, Zeit und Qualität – werden im Business Case berücksichtigt. Der Business Case veranschaulicht die grundsätzliche Realisierbarkeit, dokumentiert den Return on Investment und dient somit als Entscheidungsvorlage für das Management.

Eine E-Learning-Lösung – dies wurde bereits oben mit der E-Learning Composition Map gezeigt – umfasst drei Komponenten: Multimediale und interaktive Lerninhalte (Contents), eine Infrastruktur, die diese Inhalte organisatorisch zugänglich macht und die Nutzung steuert (Technologie/Plattform) sowie Dienstleistungen, die für die Einführung und den effizienten Betrieb der E-Learning-Lösung nötig sind (Organisation/Services) [9]:
⇨ Der Bereich »Content« umfasst alle Methoden und Prozesse, die direkt mit den Lerninhalten zu tun haben. Dies beinhaltet z.B. die Gestaltung der Redaktions- und Content-Beschaffungspro-

zesse, die benutzten Content-Technologien (wie Meta-Beschreibungsstandards oder Dateitypen) und die e-learning-didaktischen Prinzipien, nach denen die Inhalte gestaltet sein sollen.
⇨ Der Bereich »Technologie/Plattform« umfasst alle Fragen, die direkt mit der Lernplattform und ihrer IT-Architektur zusammenhängen, wie z.B. die Einbindung in das Corporate Intranet, die genutzten Basistechnologien (Programmiersprachen, Datenbanken, Web- und Application Server) und die technische Infrastruktur der E-Learning-Plattform.
⇨ Der Bereich »Organisation/Services« umfasst alle Aufgaben, die im Zuge der Implementierung der Plattform administrative Änderungen erfordern. Dies betrifft zum Beispiel die Geschäftsmodelle und interne Verrechnung der Weiterbildungs-Dienstleistungen, aber auch das Change Management zu einer e-learning-fähigen HR-Abteilung, Marketingaufgaben für die Verankerung der Lernumgebung sowie die Anbindung und Vernetzung der E-Learning-Konzepte an die grundlegenden Prozesse der Personalentwicklung. Insbesondere im Zusammenhang mit Präsenzveranstaltungen kommt den organisatorischen Veränderungen eine erfolgskritische Bedeutung zu.

Es ist offensichtlich, dass innerhalb von E-Learning-Projekten insbesondere dem Bereich »Organisation/Services« eine besondere Bedeutung für die eHR-Strategie zukommt. Aus Sicht der eHR-Strategie sind Contents und Plattform Tools, die nur sekundär die angestrebte Optimierung von Prozessen in der Personalentwicklung unterstützen. Die für eine eHR-Strategie wichtigsten Erfolgskriterien und Meilensteine liegen in der organisatorischen Veränderung und werden sichergestellt durch intern oder extern geschaffene Ressourcen für entsprechende Services.

Jedes der o.g. Elemente beinhaltet – sofern im Unternehmen vorhanden – immer auch Konzepte für präsenzbasierte Weiterbildungsangebote. Das Ziel von E-Learning-Projekten sollte immer sein, die Migration von isolierten Präsenzveranstaltungen zu einem erweiterten Weiterbildungsangebot zu erreichen, in dem »reale« Trainings mit virtuellen Content- und Service-Angeboten gemischt werden. Aus der Kombination von Präsenzveranstaltungen und E-Learning-Maßnahmen entsteht ein höherer Mehrwert als aus der isolierten Nutzung beider Maßnahmen im Unternehmen.

Die Strategieformulierung umfasst zunächst vier Stufen:

⇨ 1. In einer »Vision« werden die erhofften Effekte und Entwicklungen formuliert. Die Vision blickt quasi in die Zukunft nach der Implementierung und der erfolgreichen Inbetriebnahme des E-Learning-Systems und formuliert, welches die optimale Situation und die optimalen Effekte sind, die unmittelbar durch das Projekt entstehen. Die Vision eines Unternehmens bezüglich des E-Learning-Projektes kann sich durchaus evolutionär weiterentwickeln.

Es kann dabei durchaus sinnvoll sein – und sehr hilfreich gerade für externe Strategieberater –, das Team mehrere Visionen individuell formulieren zu lassen. Dieses Vorgehen ermöglicht es, im Team die gemeinsamen Überzeugungen über den Auftrag und das Ziel zu überprüfen und ggf. auch unterschiedliche Schwer-

---

**Vision**

Für das Unternehmen »Schöner & Jung AG« könnte eine – erste – Vision z.B. lauten: »Unsere Internationalisierungsstrategie wird getragen und ermöglicht durch das Engagement unserer Vertriebsmitarbeiter auf allen Hierarchieebenen. Ihre Exzellenz und damit unsere große Präsenz in den Märkten wird durch die kontinuierliche Weiterbildung und Qualifizierung sichergestellt. Unsere Außendienstmitarbeiter und Vertriebsmitarbeiter sind jederzeit in der Lage, ihr fachliches Wissen schnell und an jedem Ort zu aktualisieren und zu überprüfen. Sie haben überall Zugang zu unserem Lernportal. Unsere Produktstrategie können wir ohne Verzögerungen in den Markt tragen, da sie durch die Inhalte auf dem Lernportal offen kommuniziert und implementiert werden kann. Dank der Lernplattform können sich die Mitarbeiter ein größeres Verständnis der Vertriebsprozesse erarbeiten. Dies führt zu einer stetigen Verbesserung der Vertriebsprozesse. (...)«

punkte oder vollkommen voneinander abweichende Zielvorstellungen.

⇨ 2. Im zweiten Schritt wird das »Mission Statement« formuliert. Es ist im Gegensatz zur Vision operativ angelegt und beschreibt

**Mission Statement**
Schöner & Jung hat sich im E-Learning-Projekt zu folgendem Mission-Statement bekannt: »Wir machen unsere Produktschulungen und – informationen allen Mitarbeitern in produktspezifischen Katalogen verfügbar. Dabei benutzen wir das interne Know-how zur Generierung dieses Wissens und ergänzen es durch Standardschulungen in Vertriebsthemen. Unsere Aufgabe ist es, allen Vertriebsmitarbeitern zeitnah aktuelle Informationen zu liefern, die sie befähigen, am Markt und in den Prozessen professionell und sicher zu agieren.«

die Vorgehensweise, die Instrumente und den Auftrag, die zur Erreichung der Vision als wichtig erkannt werden.

⇨ 3. Im dritten Schritt können nun, z.B. mit Hilfe einer GAP- und SWOT-Analyse [13], einzelne Elemente der eingangs erhobenen Anforderungen genauer analysiert werden. Ziel dieser Analyse ist es zu verstehen, wie die Zielsetzungen und identifizierten Problembereiche, die sich aus der Analyse der E-Learning Readiness ergeben haben, zusammenhängen, was genau und im Einzelnen die Ursachen und kritischen Faktoren sind. Aus dieser Analyse lässt sich dann bereits eine recht konkrete Projektstrategie ableiten.

### Analyse

Die strategische Analyse für die »Schöner & Jung AG« hat z.B. ergeben, dass die bisherigen Überlegungen zur e-learning-gestützten Produkt- und Vertriebsschulung nicht ausreichen, um wirklich die Internationalisierungsstrategie der Unternehmens sicherzustellen. Für das E-Learning-Projekt hat sich daraus eine Ausweitung der Strategie ergeben: Neben den eigenen Mitarbeitern sollen die Beteiligten innerhalb der kompletten horizontalen Wertschöpfungskette in die Weiterbildungsstrategie eingebunden werden: Europaweit neu akquirierte Lieferanten sollen an die logistischen Prozessen des Unternehmens schnell herangeführt werden können; die Kunden, in diesem Fall der Fachhandel für die Kosmetika des Unternehmens »Schöner & Jung AG«, sollen ihr Know-how über die Produkte, ihre Vorzüge und ihre Anwendung erweitern. Ebenso wie der Außendienst jederzeit auf Informationen über die Produkte sogar im Verkaufsgespräch zugreifen kann, sollen sich die Fachhändler über die Produkte des Unternehmens besser als über Konkurrenzprodukte informieren können – und dies schneller, ausführlicher und attraktiver als durch die bisher distribuierten gedruckten Unterlagen.

Die strategischen Überlegungen und Planungen können je nach Projektlage in unterschiedlichen Kategorisierungen vorgenommen werden. Sinnvoll ist z.B. eine strukturierte Strategie-Karte nach dem folgenden Muster (siehe Abbildung 2):

Eine Hilfestellung für den Prozess der Strategieentwicklung, aber auch der Weiterentwicklung während des laufendes Betriebes kann eine Tabelle nach folgendem Muster sein (vgl. Abbildung 3). Sie fasst die treibenden Kräfte, erhofften Effekte, Stakeholder und Innovationspotenziale bestimmter Bereiche einer E-Learning Maßnahme übersichtlich zusammen:

## Von der Strategie zur Implementierung

**Personalentwicklung / HR / Training Department**
- Personalmanagement
- Personalprozesse
- Personalentwicklung & -ziele
- Trainer & Tutoren
- Personal-Organisation
- Skill Management
- Qualifizierungsmodelle

**Stakeholder & Partner**
- EDV / IT
- Senior Management
- Content Lieferanten
- Interne Experten
- Unternehmenskommunikation & Marketing
- Design / Corporate Identity
- Organisatorische Schnittstellen
- Kunden
- Lieferanten

**E-Learning Strategieentwicklung**

E-Learning Readiness Statement

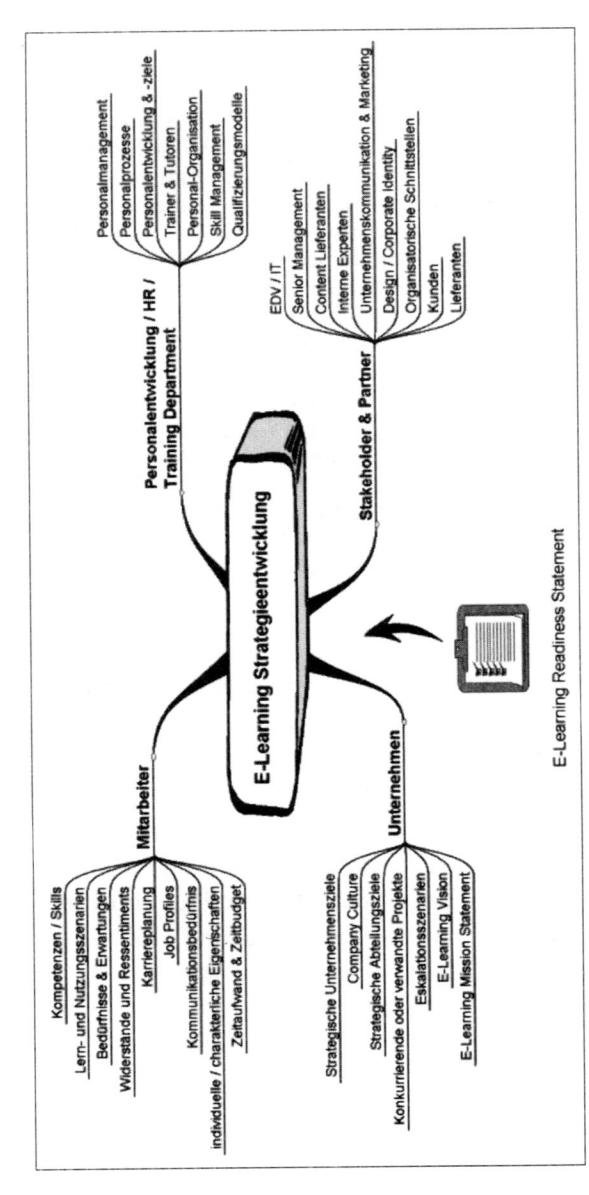

**Mitarbeiter**
- Kompetenzen / Skills
- Lern- und Nutzungsszenarien
- Bedürfnisse & Erwartungen
- Widerstände und Ressentiments
- Karriereplanung
- Job Profiles
- Kommunikationsbedürfnis
- individuelle / charakterliche Eigenschaften
- Zeitaufwand & Zeitbudget

**Unternehmen**
- Strategische Unternehmensziele
- Company Culture
- Strategische Abteilungsziele
- Konkurrierende oder verwandte Projekte
- Eskalationsszenarien
- E-Learning Vision
- E-Learning Mission Statement

Abb. 2: *Mindmap zur E-Learning-Strategieentwicklung*

*Von der Strategie zur Implementierung*

| Geschäftsfeld | Beschreibung | »Driving Forces« | Erhoffte Effekte | Elemente, Beteiligte Personen felder | Innovationspotentiale, Implikationen & Eskalationen (Chancen und Risiken für die Entwicklung neuer Geschäfts-) |
|---|---|---|---|---|---|
| **Organisation: Personalleiter (PL) - Zugang** | ⇨ Realisierung eines Zugangs aller personalverantwortlichen Führungskräfte und HR Manager zur E-Learning Plattform; <br> ⇨ Verwaltungsfunktionen für die Administration der unter ihrer Verantwortung stehenden Mitarbeiter; <br> ⇨ Tools für die statistische Auswertung der Trainingsmaßnahmen für diese PL <br><br> **Mögliche Varianten eines PL-Zugangs:** <br> 1. PL registriert nur seine Mitarbeiter für zentral vorgegebene Trainings <br> 2. PL registriert seine Mitarbeiter sowohl für zentral vorgegebene Trainings, erhält aber zugleich auch Verantwortung für die Auswahl und Freigabe von Trainings, Evaluation der Trainings und Möglichkeiten für individuelle Trainingsmaßnahmen | ⇨ Korrekte Abbildung der HR-Prozesse. <br> ⇨ Integration aller Personalverantwortlichen in die E-Learning Prozesse. <br> ⇨ Transparenz des Mitarbeitertrainings und der Bildungsbiographie für Führungskräfte und PL | ⇨ Schnellere & ökonomischere Abwicklung der Personalprozesse; <br> ⇨ Optimierung des Trainingsangebotes für Mitarbeiter; <br> ⇨ Verkürzung von Entscheidungsprozessen durch Verantwortlichkeit der direkt Beteiligten; <br> ⇨ Forcierung einer unternehmensweiten E-Learning Strategie; <br> ⇨ Refinanzierung der Projektkosten durch Serviceleistungen für PL <br> ⇨ Zentralisierung des Trainingseinkaufs bei gleichzeitig dezentralen Beauftragungsprozessen | ⇨ Bildungsbiographie <br> ⇨ Zielgruppen-Contents <br> ⇨ Trainingsoptimierung <br> ⇨ Trainings-Workflow <br> ⇨ Content-/Trainings-Beschaffungsprozesse <br> ⇨ Skill Management <br> ⇨ HR Prozesse <br> ⇨ Trainings-Freigabeprozesse <br> ⇨ ROI <br><br> ⇨ PL <br> ⇨ HR-Leitung <br> ⇨ Trainingsabteilungen | **Plattform:** <br> ⇨ Personal-Verwaltungsfunktionen (Enrollment, Deaktivierung, Bearbeitung von Profilen); <br> ⇨ Skill Management für PL und Skill-Evaluation; <br> ⇨ Trainingsplanung (Monta, Jahr); <br> ⇨ Trainings-Budgetplanung für PL; <br> ⇨ Trainings-Vorschlagswesen für PL; <br> ⇨ Projektbezogene Skill-Entwicklung für PL; <br> ⇨ Berichtswesen der PL an übergeordnete Trainings- oder HR-Abteilungen; <br> ⇨ Statistische Auswertung (Skills, Anzahl, Art, Budget, Auslastung); <br> ⇨ Trainings- Evaluation; Feedback-Management; <br> ⇨ Gemeinsame Content-Management-Funktionen für PL; <br> ⇨ Team-Organisation und Zusammenstellung auf Grundlage der Skills; Plattform als Planungsinstrument für Teamaufgaben und die dafür notwendigen Skills; <br> ⇨ Trainingsplanung und -entwicklung in Kooperation mehrerer PL und zentraler Bildungsabteilung; <br> ⇨ Reporting-Tools <br><br> **Content:** <br> ⇨ Content-Datenbank zur schnellen Kursgenerierung für grundlegende, globale Skills <br><br> **Services:** <br> ⇨ Business Modelle für die Kooperation mehrerer PL; <br> ⇨ Interner Verkauf und Vermarktung der Trainingsmaßnahmen einzelner PL zur Erreichung eines optimalen ROI (Profit Center); <br> ⇨ Beratungsleistungen für die Konzeption von Trainingsmaßnahmen und den Aufbau von Skills mit Hilfe von eLearning. <br> ⇨ Schulung der PL im Gebrauch der Plattform (technische und fachliche Schulung); <br> ⇨ Überarbeitung und Optimierung der Trainingsprozesse auf der Grundlage des Einsatzes einer E-Learning Plattform; <br> ⇨ Entwicklung eines globalen Skill-Sets für Zielgruppen als Grundlage und Arbeitserleichterung/Ergänzung für das Skill-Management der PL; <br> ⇨ Skill-Beratung, Teamberatung, Erweiterung des Ansatzes von individuellen Trainingsmaßnahmen zu Team-Events und ihre Unterstützung durch eLearning. <br> ⇨ Formulierung und Beratung des Zusammenhangs von Teamzielen/Projektzielen und erforderliche Team-Member-Skills; <br> ⇨ Evaluation der von den PL ausgewählten/definierten Skills und Planung auf Grundlage dieser Daten (z.B. Beschaffung einer entsprechenden, die wichtigsten Skills abdeckenden Content-Datenbank). |

*Abb. 3: Checkliste Identifizierung von E-Learning – Innovationspotenzialen*

## Entwurf der Lernprozesse und E-Learning-Business-Strategie für Schöner & Jung AG

Die Firma Schöner & Jung hat sich in der Phase der E-Learning-Strategieentwicklung dafür entschieden, die geplante Weiterbildung der Mitarbeiter im Bereich Sales, Marketing und Logistik auszudehnen. Da als ein kritischer Erfolgsfaktor für die Umsetzung der Unternehmensstrategie die Stakeholder der gesamten vertikalen Wertschöpfungskette im Bereich Vertrieb & Logistik erkannt wurden, also auch externe Stakeholder wie Kunden und Lieferanten, wird die ursprüngliche Vorstellung einer internen, im Intranet des Unternehmens angesiedelten Lernplattform für die Mitarbeiter durch die Strategie eines Lernportals der Kosmetikbranche im Internet ersetzt. Dieses Lernportal wird geschlossene und gesicherte Bereiche für die Mitarbeiter des Unternehmens haben, einen geschlossenen Kundenbereich sowie einen offenen Bereich, bei dem die Endkunden die Anwendung der Kosmetikprodukte »lernen« können. Dieser Strategiewechsel hat Implikationen auch für andere Aufgabenbereiche der E-Learning-Implementierung: als »Kosmetikbranchen-Bildungsportal« wird nun ein aufwändigeres Corporate Design verwirklicht, als dies bei einem internen Lernportal für Mitarbeiter der Fall sein musste. Das Lernportal wird neben der Schulung der Mitarbeiter, Lieferanten und Kunden auch für andere Personal- und Marketingprozesse genutzt: Qualifizierung von Kosmetikern zu »Certified S&J Visagist«, »Trusted S&J Dealer« etc. Die Mitarbeiter des Unternehmens werden über die reine Produktschulung hinaus ebenfalls in Qualifizierungsrunden fortgebildet und zertifiziert. Die fortschreitende Internationalisierung ermöglicht erfolgreich zertifizierten Außendienst- und Vertriebsmitarbeitern so den Aufstieg in das mittlere Management Sales & Marketing sowie die Entsendung in internationale Geschäftsstellen als Expatriats. Damit soll insbesondere der Wissenstransfer erfahrener deutscher Mitarbeiter des Unternehmens

*Von der Strategie zur Implementierung*

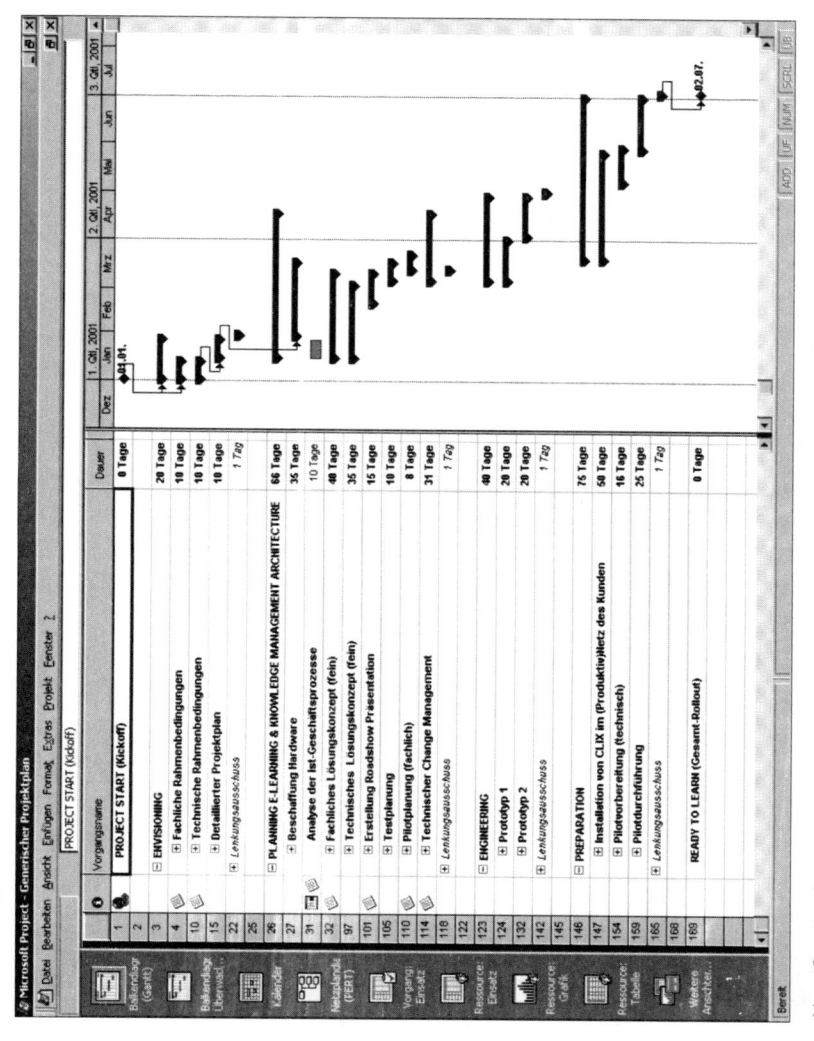

Abb. 3: *Ausschnitt aus einem generischen Projektplan für die Einführung von E-Learning*

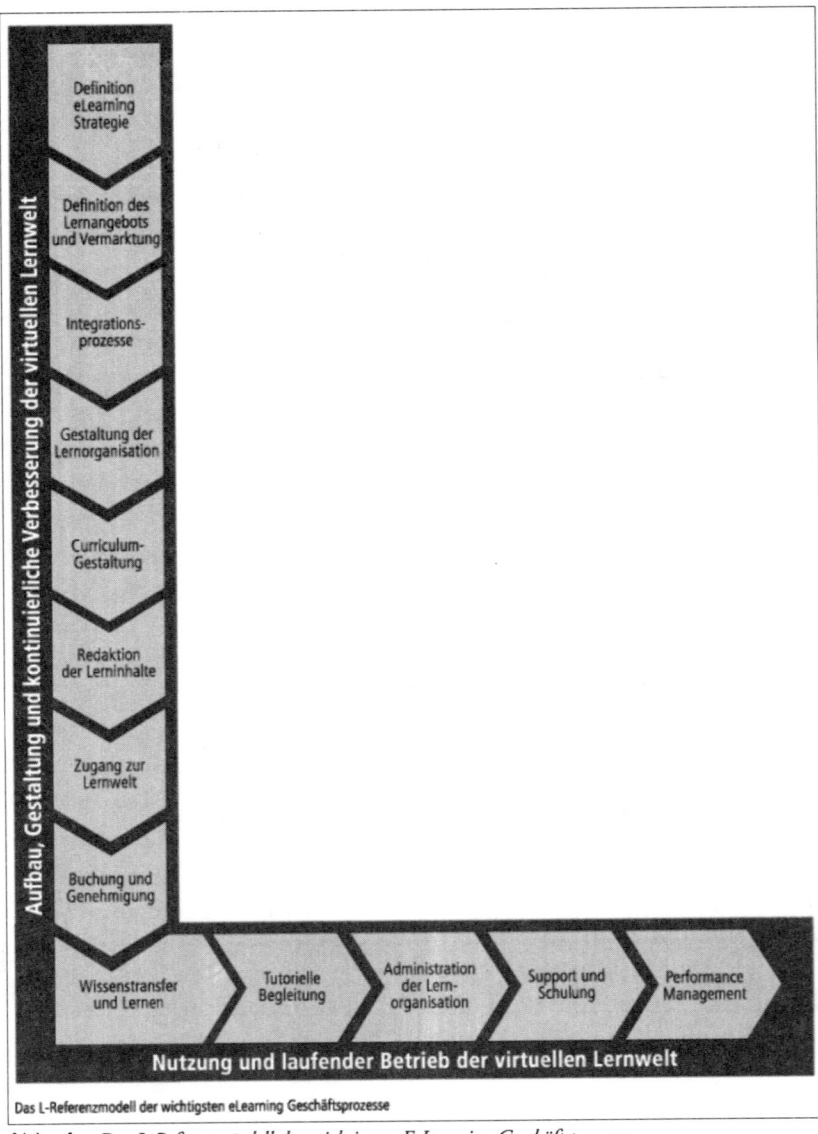

Abb. 4: *Das L-Referenzmodell der wichtigsten E-Learning Geschäftsprozesse*

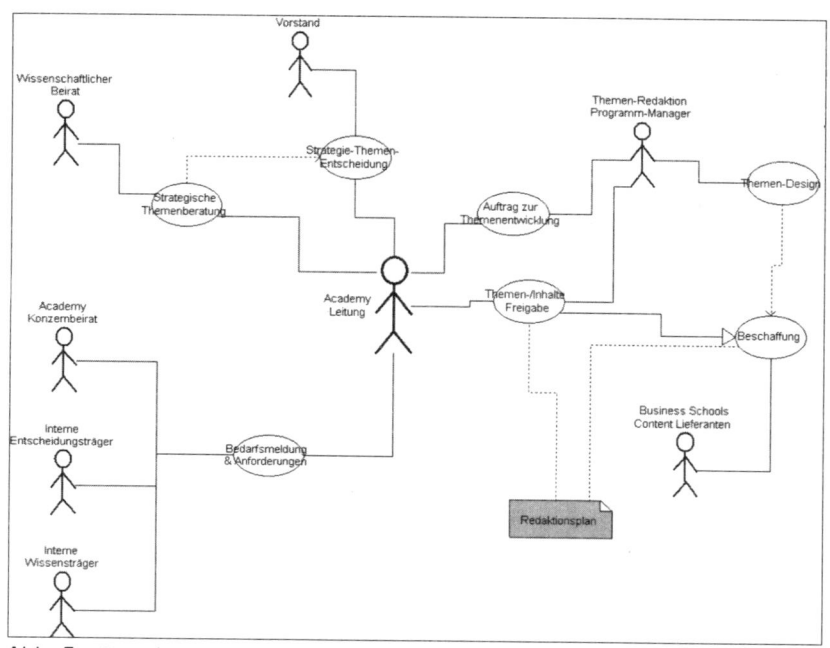

Abb. 5: *Beispiel Use Case zur Themenentwicklung und Abstimmung einer Corporate University*

in die neu gegründeten europaweiten Niederlassungen begünstigt werden. Zur Sicherstellung der zusätzlichen Personalprozesse werden in die Personalentwicklung zusätzliche Instrumente aufgenommen, insbesondere ein Skill-Management. Zusätzlich wird die Lernplattform als Kommunikationsmedium zwischen den europäischen Mitarbeitern genutzt, um den Wissens- und Erfahrungsaustausch zu fördern. Zu diesem Zweck werden geeignete Außendienst- und Vertriebsmitarbeiter für einen bestimmten Zeitraum als »hauptamtliche« Moderatoren und Tutoren dieser Kommunikationsprozesse sowie als Experten für die interne und praxisnahe Contentproduktion bereitgestellt. Dadurch wird auch das Problem der internen Content-Herstellung zufriedenstellend gelöst. Für die geplanten E-

Learning-Aktivitäten werden ingesamt vier Mitarbeiter, ein Außendienstler sowie drei Vertriebsmitarbeiter unterschiedlicher Funktionen und Hierarchieebenen eingesetzt.

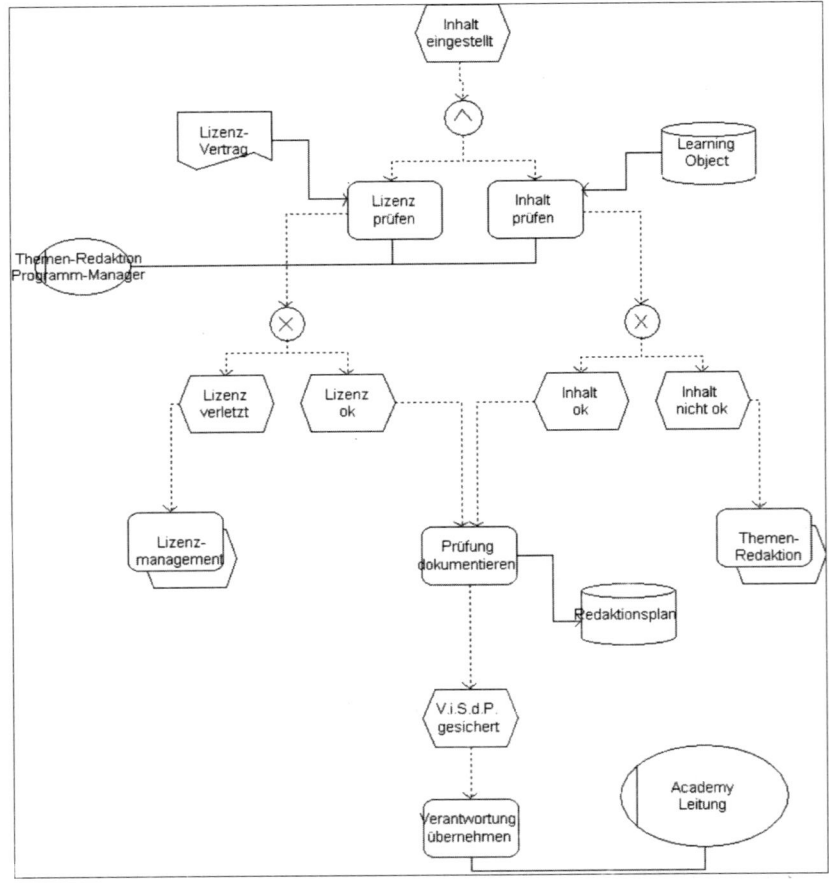

Abb. 6: *Geschäftsprozess für die urheber- und lizenzrechtliche Absicherung einer Corporate-University-Redaktion*

## Planning und Learning Process Engineering

Die bisher formulierten Strategien bewegen sich immer noch auf einem relativ abstrakten Niveau, das zwar als Ausgangspunkt, jedoch nicht als Handlungsanleitung für die nun auch technisch zu realisierende E-Learning-Umgebung dienen kann. Für die Implementierung der Trainingsstrategien werden die einzelnen Elemente in einem Projektplan gebündelt und in einer systematischen Vorgehensweise erfasst. Der Projektplan überführt die E-Learning Strategie in operative Projektziele und steuerbare Projektschritte. In der Projektplanung wird der gesamte Projektverlauf einmal vollständig gedanklich durchlaufen. Die zum geplanten Projektstart bestehende Zeit-, Finanz- und Personalsituation wird analysiert, Ansprechpartner für den weiteren Projektverlauf werden definiert, unternehmensinterne und -externe Trends im Projektumfeld identifiziert, notwendige Vorlaufzeiten benannt sowie potenzielle Schwierigkeiten für die Realisierung antizipiert und die geeigneten Projektschritte bestimmt. Der Project Schedule bildet die Grundlage für eine effiziente Durchführung des Projekts. Gleichzeitig gewährleistet der Projektplan sowohl für den Kunden als auch für den Lösungsanbieter die notwendige Planungssicherheit hinsichtlich Zeiten, Kosten und einzusetzendem Personal. Bereits die Planerstellung erfordert ein erhebliches Maß an Know-how, wobei Projektmanagement-Kenntnisse, E-Learning Kompetenzen und Wissen über unternehmensindividuelle Strukturen und Regeln kombiniert werden müssen. Aus diesem Grund sollte die Projektplanung unbedingt als ein eigenständiges Projekt im Vorfeld der Realisierung durchgeführt werden.

Das Design einer Lernplattform ist abhängig davon, welche Zielsetzungen mit ihr erreicht werden sollen. Die Installation einer Standardlösung allein kann den Mehrwert, den die Unternehmen vom Instrument E-Learning erwarten, nicht liefern. Vielmehr bedarf es umfangreicher Anpassungen des Learning-Management-Sy-

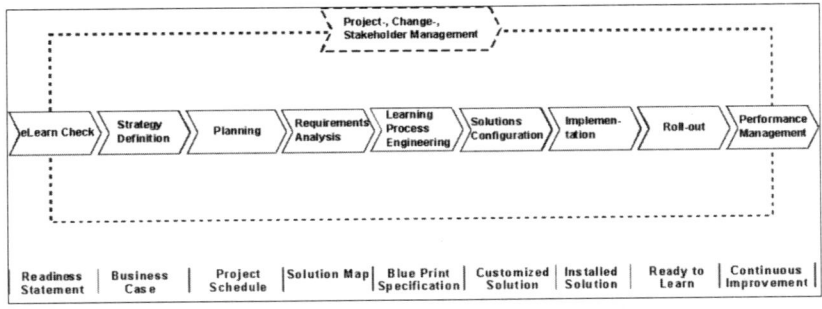

| Readiness Statement | Business Case | Project Schedule | Solution Map | Blue Print Specification | Customized Solution | Installed Solution | Ready to Learn | Continuous Improvement |

Abb. 7:  *imc Learnway*

stems an die Weiterbildungskonzepte des Unternehmens – oder anders herum: durch die Existenz einer E-Learning-Applikation werden die Weiterbildungskonzepte verändert und neu gestaltet.

Daher wird im nächsten Schritt ein Kriterienkatalog erarbeitet, die sogenannte Requirements-Analysis. Die zu Beginn eines Projektes definierte E-Learning-Strategie wird durch die Definition von konkreten Anforderungen an eine E-Learning-Lösung operationalisiert. In der praktischen Projektarbeit gehen mit der Analyse der Lösungsanforderungen häufig bereits Vorstellungen eines ersten Lösungsentwurfs einher. Mit der Learning Solution Map steht deshalb ein Instrument bereit, mit dem die Diskussionsergebnisse der Anforderungsanalyse in Form eines Grobkonzepts dokumentiert werden können. Die Learning Solution Map beschreibt die wichtigsten Gestaltungsfelder einer E-Learning-Lösung. Ein weiteres Ergebnis der Learning Solution Map kann die Erstellung eines Kriterienkatalogs (Request for Proposal) für eine Lernplattform sein, der an Produktanbieter zur Beantwortung versendet werden kann, sofern noch keine Entscheidung für einen Lösungsanbieter getroffen wurde. Die Learning Solution Map ist – so verwendet – Mittel zur zielgerichteten Auswahl von E-Learning-Produkten.

Der Einführung einer Lernplattform ist kein Selbstzweck, sondern dient der Unterstützung betriebswirtschaftlicher Ziele. Diese

**Formulierung einer Contentstrategie:**

Eine Contentstrategie wird im Beratungsprozess ebenfalls mit Hilfe eines systematischen Vorgehensmodells entwickelt. Dieses Vorgehensmodell ist auch geeignet, um neben dem reinen Beratungsprozess auch die Aktivitäten des laufenden redaktionellen Betriebs (teilweise) outzusourcen; in diesem Fall spricht man von *Learning Service Providing (LSP)*:

1. Diskussion der strategischen Optionen für den laufenden Redaktionsbetrieb (»make or buy«);
2. Definition der Lernziele, Themen, Curricula und »Learning Styles«; Diskussion der mit der E-Learning-Plattform angestrebten Lernkultur;
3. Beratung für die Beschaffung interner und ggf. externer Contents bzw. Briefing des Learning Service Providers zur Vorbereitung der Beschaffung unternehmensinterner Lerninhalte;
4. Absprache geeigneter interner und externer Geschäftsmodelle
5. Budgetierung des Redaktionsbetriebs; Budgetdefinition für die Beschaffung von Lerninhalten
6. Content-Marketing-Strategien
7. Beratung und Definition für die Implementierung erweiterter E-Learning-Szenarien mit Tutoren, externen Partnern und Präsenzelementen;
8. Kontinuierliche Definition und detaillierte Evaluation der Zielgruppen (Wissensstand, Präferenzen, Zeitbudget; Lernsituation etc.);
9. Editorial Guidelines und Manuals – Richtlinien für die konkrete Umsetzung von Lerninhalten auf der Lernplattform; Aufsetzen

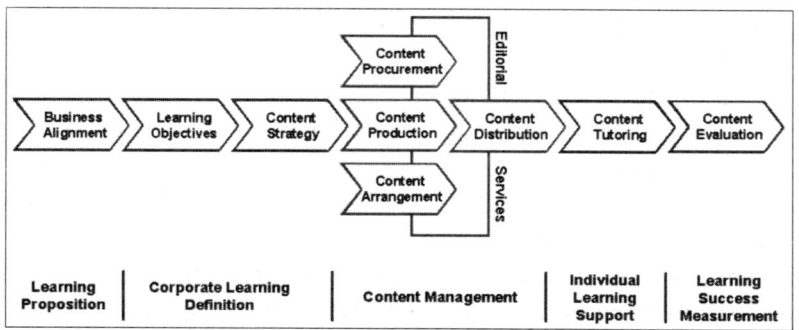

Abb. 8: *Content Supply Chain – Vorgehensmodell für E-Learning-Redaktionen*

eines Redaktionsplanes;
10. Training der Redaktionsmitarbeiter bzw. Change Management für die organisatorischen Veränderungen der Weiterbildungsabteilung durch die E-Learning-Plattform;
11. Formulierung von Job-Profilen, Arbeitsplatzbeschreibungen und Skill-Profilen für die Mitarbeiter der E-Learning-Redaktion; Institutionalisierung des Veränderungsprozesses in der onlinegestützten Personalarbeit;
12. E-Learning didaktische Beratung und Abstimmung (Lernstile)
13. Educational Controlling – kontinuierliche Überprüfung der Trainingserfolge durch E-Learning und Anpassung der Strategien;
14. Roll-out-Konzepte für die Sicherstellung eines erfolgreichen Pilot- und Startbetriebs
15. Planung der redaktionellen Abläufe, Verantwortlichkeiten, fachlichen und zeitlichen Planung (Redaktionsplan, Redaktionsaufgaben, Redaktionsrollen)
16. Beratung bzw. Briefing der Lieferanten zur Sicherstellung technologisch und fachlich-didaktisch passender Lerninhalte. Als Content-Lieferanten kommen insbesondere Business Schools, Beratungsunternehmen, Verlage, Online-Anbieter und klassische E-Learning-Lieferanten in Frage.

Ziele weisen in eine gemeinsame Richtung: die Verbesserung der Lern- und Wissensprozesse im Unternehmen. »Verbesserung« könnte in diesem Kontext auch übersetzt werden mit »Neugestaltung zum Zweck der Effizienzsteigerung«. Die damit verbundenen Aufgaben sind Gegenstand der Phase »Learning Process Engineering« [11] [12].

Der größte Vorzug und Mehrwert webgestützter Lernplattformen besteht in der Vernetzung unterschiedlicher Bildungsaktivitäten des Unternehmens. Die Verfügbarkeit einer Lernplattform für alle Mitarbeiter und Personalmanager, ermöglicht es dem Unternehmen, die vorher räumlich, zeitlich und oft auch organisatorisch »isolierten« Bildungsaktivitäten in einem vernetzten Organisationsschema zu integrieren und die Personalentwicklung damit auf vollkommen neue Füße zu stellen. Auf diese Weise können auch unterschiedliche Bildungsbereiche in einem Unternehmen gebündelt werden. Aus reinen E-Learning-Konzepten werden mit Hilfe des Learning Process Engineering ganzheitliche eHR-Konzepte.

Im Rahmen des Learning Process Engineering werden alle relevanten Prozessketten des Lern- und Wissensmanagements auf Vollständigkeit und logische Korrektheit untersucht. Dabei sind in besonderem Maße die durch den Einsatz von neuen Technologien möglichen Veränderungspotenziale auszunutzen. So können – um ein einfaches Beispiel zu nennen – durch den Einsatz einer Lernplattform »virtuelle«, d.h. zeitlich und örtlich voneinander unabhängige, Lerngruppen gebildet werden. Für diese virtuellen Lerngemeinschaften sind geeignete Kommunikations- und Kooperationsprozesse zu gestalten.

Um eine erfolgreiche Lösung zu gewährleisten, sind in der Summe die folgenden Geschäftsprozesse einer virtuellen Lernwelt zu gestalten:

Die Planung von unternehmensspezifischen Geschäftsprozessen erfolgt zunächst auf der Basis allgemeinerer Use-Cases. Hier werden die organisatorischen Beziehungen zwischen Prozessbeteiligten zunächst aus einer höheren Perspektive beschrieben. Sie dienen als Diskussionsgrundlage für die spätere Gestaltung des detaillierten Prozesses.

---

**Produktstrategien für Inhaltsangebote**

Hybrid E-Learning:
E-Learning-Strategie, bei der Lerninhalte sowohl online als auch offline, z.B. über CD-ROMs distribuiert werden.
Blended Learning:
E-Learning-Strategie, bei der eine methodisch-didaktisch orientierte Mischung aus Präsenztraining und Online-Training verfolgt wird. Dabei werden unterschiedliche Konzepte verfolgt, je nachdem, ob es sich um Trainingsmaßnahmen handelt, die eher die Arbeit in Gruppen betonen oder die individuelle Aneignung von Faktenwissen. Präsenzphasen und Online-Lernphase wechseln sich ab, es gibt Vor- und Nachbereitung von Seminaren etc.

Das Ergebnis des Learning Process Engineering ist ein detailliertes Modell der Geschäftsprozesse der angestrebten E-Learning-Lösung, z.B. einer Corporate University oder einer Online Academy (Blue Print Specification).

**Standardisierte Vorgehensmodelle sichern Projekterfolg und zügige Umsetzung**

Die vorangegangenen Erläuterungen zeigen, dass die Konzeption und Umsetzung einer E-Learning-Strategie ein umfassendes Projekt darstellen. Einen wichtigen Beitrag zur Reduktion der Komplexität leisten strukturierte Methoden und Vorgehensmodelle, die eine systematische Vorgehensweise bei der Einführung von E-Learning unterstützen. Diese systematische Vorgehensweise soll sicherstellen, dass die Analyse der Weiterbildungsprozesse und die Umsetzung technischer, organisatorischer und redaktioneller Anforderungen in einem Projektplan vollständig umgesetzt werden. Ein Beispiel für ein solches systematisches Vorgehensmodell in E-Learning-Projekten ist der imc Learnway:

Der imc Learnway ist ein Best- und Common-Practice Vorgehensmodell, das alle fachlichen und technischen Gestaltungsentscheidungen für die Einführung von E-Learning in einem integrierten prozessorientierten Gesamtkonzept berücksichtigt. Abbildung 7 zeigt die grobe Phasenstruktur des Learnway. Jede Phase ist mit einem detaillierten Projektplan verbunden, der in insgesamt über fünfhundert Projektschritten verdeutlicht, wie bei der Einführung von (virtuellen) Corporate Universities, Online Akademien, Employee Portalen oder Bildungsmarktplätzen vorgegangen werden kann.

Die Content-Architektur kann als illustrierendes Beispiel für die Aufgaben herangezogen werden, die die Umsetzung der E-Learning-Strategie sicherstellen soll. Die Content Architektur umfasst z.B. die Definition der Zielgruppen, die Präsentation der Contents in Kata-

### Lernsteuerung

Lernsteuerung stellt ein zentrales Instrument dar, um zielgruppengerecht Qualifizierungsmaßnahmen zu planen und zu steuern [11]. Drei unterschiedliche Ausprägungsformen können unterschieden werden.

⇨ *Qualifizierungsplan*
Im Rahmen der Qualifizierungsplanung wird für jede Mitarbeiterzielgruppe ein sogenanntes Anpassungsprofil erstellt. Dieses Anpassungsprofil bildet alle von den Mitarbeitern dieser Zielgruppe zu absolvierenden Qualifizierungsmaßnahmen ab, die notwendig sind, um aktuelle und zukünftige Anforderungen in einem definierten Verantwortungsbereich zu erfüllen. Tritt eine neue qualifikatorische Anforderung auf (z. B. durch die Einführung eines neuen Produktes), so wird für diese Zielgruppe eine entsprechende Qualifizierungsmaßnahme entwickelt. Der Qualifizierungsplan wird um diese neue Maßnahme ergänzt und derart kontinuierlich fortgeschrieben.
Die zeitliche Systematisierung der Qualifizierungsmaßnahmen erfolgt durch die Festlegung von Bearbeitungsstartzeitpunkten und Bearbeitungsendzeitpunkten. Der Zeitraum zwischen Bearbeitungsstart- und -enddatum definiert die Zeitspanne, in der die ausgewählte Qualifizierungsmaßnahme von allen Personen der Zielgruppe zu bearbeiten ist. Die für eine Zielgruppe eingeplanten Qualifizierungsmaßnahmen werden dem Mitarbeiter in einer tabellarischen oder kalendarischen Übersicht angezeigt.
Ein Bildungskalender beinhaltet die persönlichen Termine von Qualifizierungsmaßnahmen. Da der didaktische Fokus einer E-Learning-Plattform stark auf ein selbstgesteuertes Lernen abzielt, spiegelt sich dies auch in den Funktionalitäten des Bildungskalenders wieder. Hier werden für alle Qualifizierungsangebote lediglich die Bearbeitungszeiträume angegeben. Innerhalb dieser Zeiträume planen die Mitarbeiter ihre Lernzeit unter Berücksichtigung ihrer beruflichen Anforderungen selbst. Der Bildungskalender ermöglicht weiterhin die Betrachtung unterschiedlicher Zeiträume, die vom Mitarbeiter frei gewählt werden können. Zur Auswahl stehen die Termine des Tages, der Woche, des Monats und des Jahres.

⇨ *Wiedervorlagesystem*
Mittels des automatischen Wiedervorlagesystems sollen die Mitarbeiter eines Unternehmens regelmäßig fachbezogen geschult

**215**

werden. Die angebotenen Contents sind multimedial aufbereitete Lernmaterialen, die insbesondere ein sehr ausgeprägtes Test- und Abfragemodul beinhalten. Die Idee eines Wiedervorlagesystem basiert auf dem Karteikartensystem, wie es für das Vokabellernen bekannt ist. Bei dieser Lernform werden Fragekarten, die der Lerner bei Vorlage korrekt beantwortet, im Karteikasten sehr weit nach hinten gestellt, Fragekarten, die nicht korrekt beantwortet werden, kommen weiter nach vorne. Dieser Effekt bewirkt, dass falsch beantwortete Fragen schneller zur wiederholten Vorlage kommen, richtig beantwortete Fragen im Sinne eines Reminder- oder Refresher-Effektes von Zeit zu Zeit ebenfalls erneut zur Bearbeitung vorgelegt werden. Die Ziele des Wiedervorlagesystems sind die regelmäßige Wiederholung von Lerneinheiten und damit die Erhaltung einmal erworbenen Wissens sowie die Vereinheitlichung von Wissensständen.

Die vom System berechnete Bearbeitungsreihenfolge (Lernsequenz) in der Wiedervorlage wird dabei von folgenden Einflussfaktoren bestimmt:
1. Selbsteinschätzung des Lernbedarfs durch den Mitarbeiter;
2. Priorisierung durch den Trainer oder Personalentwickler;
3. Individueller Lernstatus für einen bestimmten Abfragebaustein (Verhältnis der Richtig-zu-Falsch-Antworten);
4. Individueller Bearbeitungsstatus (Häufigkeit der Bearbeitung als Korrekturwert):

– *Curriculum mit integrierter Lernlogik*
  Das zentrale Element eines Curriculums mit integrierter Lernlogik bilden Aufgaben, die zwingend durch den Mitarbeiter zu bearbeiten sind. Die Bearbeitung einer Frage wird durch eine automatische, systemgesteuerte Auswertung abgeschlossen. Bearbeitet der Mitarbeiter die Aufgabe erfolgreich, so erhält er eine positive Rückmeldung sowie gegebenenfalls weiterführende Erläuterungen oder Verweise auf ergänzende Contents. Danach kann mit der Bearbeitung der nächsten Aufgabe fortgefahren werden. Ist die Bearbeitung einer Aufgabe hingegen fehlerhaft, so wird die richtige Lösung nicht angezeigt und die Abarbeitung der zugeordneten Contents obligatorisch. Eine Lernsequenz wird als bearbeitet gekennzeichnet, wenn alle ihr zugeordneten Aufgaben erfolgreich bearbeitet wurden. Ist das gesamte Curriculum durchgearbeitet, d.h. alle Lernsequenzen wurden erfolgreich absolviert, so wird ein Abschlusstest freigegeben. Der Mitarbeiter hat vor dem Start dieses finalen Tests weiterhin zu Übungszwecken die Möglichkeit,

> auf die Aufgaben und Contents zuzugreifen. Wurde der Abschlusstest gestartet, so besteht kein Zugriff mehr auf Aufgaben und Contents. Es wird durch die Lernlogik sichergestellt, dass die Bearbeitung des Abschlusstests zusammenhängend erfolgt. Ist der Abschlusstest nicht bestanden, so können entsprechende weiterführende Mechanismen initiiert werden. Diese reichen bis hin zu einer Benachrichtigung des Vorgesetzten, der über weitere Maßnahmen entscheidet.

logen, die Struktur dieser Kataloge, die Gestaltung des Lerninhalte-Angebotes in Communities und mit anderen Knowledge-Management-Instrumenten, die Wahl geeigneter Medientypen für die jeweilige inhaltliche Strategie, die Distributions- und Marketing-Konzepte für die Inhalte, den Zusammenhang zwischen Präsenztraining und Online-Training. Viele, aber nicht unbedingt alle von diesen Definitionen haben direkten Einfluss auf die Anpassung des Learning-Management-Systems.

Die Ergebnisse der Analyse von Content-, Business- und Organisations-Architektur werden mit der vom Bildungsprozess im Prinzip unabhängigen Applikationsarchitektur in einem Customizing- oder Entwicklungs-Konzept zusammengefasst, mit dessen Hilfe dann die Implementierung der Lernplattform erfolgt.

### Content-Strategie der Schöner & Jung AG (fiktives Fallbeispiel)

Die Schöner & Jung AG hat sich entschieden, Strategien für Hybrid E-Learning nicht zu verfolgen, da die meisten Lerninhalte keine aufwändigen multimedialen Präsentationen oder Simulationen erfordern, sondern eher aus Text- und Bildmaterial bestehen. Zudem hat eine im Rahmen des Envisionings erfolgte Befragung der zukünftigen Zielgruppe ergeben, dass die Rechnerausstattung an den Arbeitsplätzen der Mitarbeiter und ebenso auch an den Arbeitsplätzen der externen Zielgruppen (Fachhandel etc.) für die bereitgestellten Contents ausreichend ist und eine Internetanbindung bei nahezu der kompletten Zielgruppe besteht. Für diejenigen Mitglieder der Zielgruppe, die keine ausreichende Rechnerausstattung oder Anbindung an das Internet haben, wird »Schöner & Jung AG« die Beschaffung eines geeigneten E-Learning-Arbeitsplatzes unterstützen.

Aufgrund der geringen Zahl an Präsenzveranstaltungen, die zudem hauptsächlich den Außendienst betreffen, wird auch keine spezielle Strategie hinsichtlich der Einbindung von Präsenzseminaren verfolgt. Allerdings hat man sich dafür entschieden, die Inhalte zum Teil in Lehrgängen mit einem festen Curriculum und einem Zertifikat anzubieten, sodass eine Registrierung von Teilnehmern für diese Lehrgänge notwendig ist. Analog werden daher auch Präsenzveranstaltungen nach einem ähnlichen Muster in die Lern- und Buchungsprozesse eingebunden. Die genauen Registrierungs- Buchungs- und Zertifizierungsprozesse werden im Anschluss an die

> **Metadaten:**
> Metadaten sind Daten über Daten, oder anders formuliert: Informationen für Informations- und Lernobjekte. Metadaten beschreiben spezifische Eigenschaften dieser Informations- und Lernobjekte. Zu diesen Metainformationen zählen z.B. Autor, Titel und Umfang eines Lernobjektes. Dieses sind Metadaten, die ggf. auch für die Nutzer der Lernobjekte sichtbar sind. Andere Metadaten dagegen können unsichtbar sein, wie z.B. die Instruktionsmethode, Vorbedingungen für die Nutzung des Lernobjektes (z.B. ein im Vorfeld obligatorisch zu absolvierender Kurs), Datentyp oder Datenpfad. Metadaten können dazu genutzt werden, als Beschreibungselemente sichtbar gemacht zu werden als auch dazu, dass die Lernobjekte auf der Grundlage ihrer Metabeschreibung automatisiert von der Lernplattform gemanagt und distribuiert werden.
> Die Standardisierung von Metadaten erlaubt die lieferantenübergreifende Nutzung solcher Metadaten. Wichtige Metadatenstandards für E-Learning sind Dublin Core, LOM, AICC und SCORM.

Entscheidung für diese Strategie während des Learning Process Engineerings entwickelt.

Die vorrangige E-Learning-Strategie des Unternehmens ist es, den Mitarbeitern individuell und je nach Bedarf ein Angebot an E-Learning Contents bereitzustellen und einen individuellen, freien Zugriff auf diese Contents zu ermöglichen. Dabei wird die Zielgruppe der Contents zwar unterschieden und einige Lerninhalte, speziell mit einem Zertifikat abschließende Kurse, sind auch nur für die jeweils anvisierte Zielgruppe sichtbar. Insgesamt soll jedoch die Lernplattform allen Mitarbeitern einen Überblick über das gesamte Wissen im Bereich Sales & Marketing ermöglichen. Die Lernenden erkunden das System explorativ und stellen sich in eigener Verantwortung die für sie relevanten Zielgruppen ab. Dabei wird eine curriculare Lernsteuerung nur für einige Lerninhalte eingesetzt. Eine Einbindung in Personalprozesse wird zu diesem frühen Zeitpunkt nur vereinzelt und für bestimmte Qualifikationsprofile vorgenommen – so werden neue internationale Mitarbeiter durch ein feststehendes einführendes Curriculum auf ihre Arbeit in dem Unternehmen vorbereitet.

Kommunikationsinstrumente werden auf der Lernplattform der »Schöner & Jung AG« vereinzelt für bestimmte Themenbereiche angeboten. Hierbei bedient man sich insbesondere der seit einiger Zeit bestehenden informellen Wissensaustausch-Kanäle im Unternehmen und bindet die daran Beteiligten treibenden Personen in die redaktionelle Arbeit und kontinuierliche Zielfindung ein. Ziel des kommunikativen Knowledge-Management-Ansatzes ist insbesondere der Wissenstransfer zwischen dem traditionellen deutschen Stammgeschäft und seinen Mitarbeitern mit den neu rekrutierten internationalen Mitarbeitern. Dieses Konzept wird jedoch auf den Bereich des mittleren Managements beschränkt, bei dem aufgrund der internationalen Zusammenarbeit der Wissensaustausch als besonders dringlich eingeschätzt wird. Es wird beabsichtigt, diesen Wissensaustausch zu einem späteren Termin auch auf das Top Management auszudehnen; dies wird jedoch abhängig von dem Ergebnis einer Machbarkeitsstudie realisiert werden, die u.a. klären soll, ob und wann das Top Management eine solche Option nutzen würde.

Für jede Zielgruppe wird jedoch ein eigenes Diskussionsforum für die asynchrone Kommunikation untereinander eingerichtet. Hier kann z.B. der Außendienst ad hoc Fragen an die Kollegen zu einem bestimmten Produkt einstellen und auf Probleme der Kollegen antworten.

Schöner & Jung hat sich außerdem für die Einführung eines mandantenfähigen E-Learning-Systems entschieden, das die unterschiedlichen Personalentwicklungsprozesse der Tochterfirmen abbilden kann. Damit hat Schöner & Jung eine Lösung, die sowohl zielgruppenspezifisch im Hinblick auf die Teilnehmer als auch spezifisch im Hinblick auf die unterschiedlichen Abteilungen und Organsiationen ist.

### Einführung der Lernplattform

Mit der Entscheidung für die fachliche Strategie und dem Entwurf einer darauf angepassten Realisierungsstrategie ist im Folgenden nun die Implementierung der Plattform und das Customizing der Funktionalitäten möglich, welche durch das im Vorfeld abgeschlossene Learning Process Engineering fachlich vorbereitet wurde. Das Customizing ist die Anpassung der Software an die Kundenanforderungen. Dies erfolgt durch die Konfiguration von Parameter-Einstellungen mit Hilfe von Administrations-Funktionalitäten der Lernplattform ohne Veränderung des Quellcodes. Dies betrifft beispielsweise die Navigations-, Mandanten-, Gruppen-, Rollen- und Berechtigungs- und Bildungskatalogstruktur, Buchungs- und Lernprozesse und Meta-Daten-Sets. Ausgehend von dem Corporate Design des Kunden wird die virtuelle Lernwelt individualisiert. Ergebnis ist die Customized Solution.

Zudem können Komponenten angepasst werden, indem spezielle, vom Kunden gewünschte Funktionalitäten hinzugefügt bzw. verfeinert werden. Für diese Komponenten wird gemeinsam mit dem Kunden ein Entwicklungsprozess mit Fachkonzept, DV-Konzept und Software-Entwurf durchlaufen. Diese Komponente wird dann entsprechend den Kundenanforderungen realisiert.

### Anpassung der Lernplattform für die Schöner & Jung AG

Eine der Anforderungen der Schöner & Jung AG an eine Lernplattform ist die Anbindung des Systems an das Produktmanagement- und Verkaufssystem des Unternehmens. Die Mitarbeiter im Allgemeinen und der Außendienst im Speziellen sollen in der Lage sein, aus dem Produktmanagementsystem heraus produktbezogene Informationen und Lerneinheiten abrufen zu können.

Diese Anforderung gliedert sich in zwei Bestandteile: ein Customizing des Lernsystems sowie ein kundenspezifische Entwicklung neuer Funktionalitäten.

#### Schnittstellen-Entwicklung für Schöner & Jung AG

Die Anbindung an das Produktmanagementsystem erfordert die Entwicklung einer Schnittstelle zwischen der Datenbank der Produktdatenbank des Produktmanagementsystems und der Datenbank des Lernsystems. Die Existenz einer solchen Schnittstelle kann aufgrund der spezifischen Natur der Produktdatenbank für die Schöner & Jung AG kaum zum Standard des Lernsystems gehören. Würde dagegen die Verbindung einer Schnittstelle zu einem gängigen Veranstaltungsmanagementsystem wie SAP VM als Anforderung gestellt, so ist eine bereits vorhandene technische Lösung für eine solche Schnittstelle im Lernsystem durchaus möglich.

Die Anbindung des Lernsystems an das Produktmanagementsystem wird in einem Fach- und IT-Konzept zunächst konzipiert, an-

schließend implementiert und getestet. Das Fach- und IT-Konzept hat u.a. Antworten auf die folgenden Fragen zu geben:
- In welcher Richtung erfolgt der Datenaustausch (unidirektional, bidirektional)?
- Welche Daten sollen genau ausgetauscht werden?
- Zu welchem Zweck werden die Daten ausgetauscht?
- In welcher Form werden die Daten ausgetauscht, d.h. wie sehen die einzelnen Datenformate aus (Zahlen, Text, Ja/Nein usw.)?
- In welcher Situation werden die Daten ausgetauscht?
- Wie wird diese Situation initiiert? Wer kann den Prozess anstoßen?
- Was genau passiert nach dem Datenaustausch? Welche Auswirkungen hat der Datenaustausch?
- Wie erfolgt der technische Zugriff auf die Daten?
- Wie sieht der Verarbeitungsprozess der empfangenen Daten aus?

**Plattform-Customizing für Schöner & Jung AG**

Das Customizing des Systems erfolgt auf der Ebene der Metadaten. Da eine Verbindung zwischen der Produktdatenbank des Unternehmens mit den Lerninhalten der Lernplattform gewünscht wird, muss das Metadaten-Set des Lerninhalteangebotes um produktbezogene Metadaten erweitert werden. Auf diese Weise kann z.B. anhand der Produktnummer der zu dieser Produktnummer gehörende Lerninhalt identifiziert und aufgerufen werden.

Zusätzlich werden auf der Plattform die Zielgruppen für die Nutzung der Lerninhalte angelegt. Aufgrund unterschiedlicher Qualifizierungsmaßnahmen unterscheidet Schöner & Jung AG zwischen den Zielgruppen Außendienst, Logistik, Vertrieb und Marketing. Die Kataloge für die Lerninhalte werden nach den fachlichen Anforderungen jeder Zielgruppe gestaltet. Für den Außendienst werden z.B. Kataloge für die Produktschulung, für das professionell geführte Verkaufsgespräch, für das allgemeine Vertriebswissen sowie für die Marketingstrategie des Unternehmens angelegt.

Zusätzlich wird die Plattform für den mehrsprachigen Betrieb customized: Lerninhalte und Kataloge können in verschiedenen Sprachen angelegt und verwaltet werden; auf diese Weise können die Mitarbeiter in Italien, Frankreich und Deutschland jeweils eine italienische, französische und deutsche Sprachversion der Lerninhalte sehen und auf sie zugreifen.

## Implementierung

Mit der IT-technischen Realisierung des Learning Management Systems im Intranet des Unternehmens bzw. im Internet steht es für den inhaltlichen Betrieb zur Verfügung. Die Implementierung der Lerninhalte sowie die Sicherstellung eines laufenden redaktionellen Betriebs sind die zentralen Herausforderungen, die ein E-Learning Projekt in dieser Phase bestimmen. Meist ist es sinnvoll, vor dem offiziellen Roll-out der Plattform eine Pilotphase vorzuschalten und das Management der im Learning Process Engineering definierten Weiterbildungs-Geschäftsprozesse sowie die Systemfunktionen der Lernplattform im Praxisbetrieb einer fachlich Überprüfung zu unterziehen. Außerdem werden die Prozesse und Instrumente, die den laufenden redaktionellen Betrieb unterstützen, eingeübt. Dazu zählen z.B. Redaktionskonferenzen und Redaktionsplan, Verhandlungen und Kooperation mit internen und externen Lieferanten sowie kontinuierliche Marketingmaßnahmen. Oft sind mit der Implementierung des Systems die Redaktionsrollen und –aufgaben erst unvollständig definiert; dies hängt damit zusammen, dass das Team für den laufenden redaktionellen Betrieb meist neu zusammengestellt wird oder aber dass die Job Descriptions des existierenden Teams angepasst werden müssen. Dabei ist im Rahmen des Change Managements innerhalb des Redaktionsteams eine für alle Beteiligten möglichst akzeptable Rollenverteilung zu finden. Innerhalb dieses Veränderungsprozesses werden die während des Learning Process Engineerings vorbereiteten Use-Cases und Prozesse verfeinert, im

Team abgestimmt und eingeübt. Für die Sicherstellung eines erfolgreichen Pilotbetriebs können auch Redaktionsaufgaben z.B. an das Beratungsunternehmen, das die E-Learning-Einführung begleitet, outgesourced werden.

Spätestens während der Pilotphase kann außerdem die Marketingstrategie und Vorgehensweise für den Roll-out vorbereitet werden. Schulung und Training der Redaktionsmitarbeiter, des IT-Supports und der Trainer und Tutoren des Learning Management Systems schließen die Pilotphase ab.

## Anbieterauswahl

Unbestreitbar wird der E-Learning Markt zur Zeit neu formiert: Bisher bestimmten die Hersteller von multimedialen Lerninhalten (Contents) das Bild. Dies führte dazu, dass heute nicht wenige Unternehmen, E-Learning mit Web-based Training gleich setzen. Doch bei den Käufern ist ein Wandel in der Wahrnehmung eingetreten. Einfach Web-based Trainings ins Intranet zu stellen genügt eben nicht, um das Ziel von kontinuierlichem Lernen zu erreichen. Selbst technisch und didaktisch hervorragende Produkte werden so von den Mitarbeitern ignoriert. Mangelnde Integration von Lernprozessen in die Arbeitsrealität, unkomfortable Zugangsmöglichkeiten und kein eindeutiger Mehrwert gegenüber dem traditionellen Schulungsangebot sind wichtige Gründe dafür.

Die meisten Unternehmen haben dies erkannt. Deshalb gilt das Interesse nun zunehmend Instrumenten, die Web-based Trainings im Arbeitsalltag nutzbar machen. Letztlich gilt der viel zitierte Ausspruch »Content is King – but Infrastructure is God«. Im einfachsten Fall kann ein bereits existierendes Firmen-Intranet diese Infrastruktur liefern. Doch Intranets steuern keine Geschäftsprozesse der Personalentwicklung, sie unterstützen weder persönliche Lerndienste noch ein umfassendes Skill Management.

Die vorangegangenen Kapitel haben gezeigt, dass die zentrale Herausforderung bei der Einführung von Learning Management Systemen die Sicherstellung der elektronisch gestützten Lernprozesse und Personalentwicklungsprozesse ist. Learning Management Systeme steuern die gesamte Lernlogistik einer Unternehmung, regeln also z. B., wie Lerner Zugriff auf Web-based Trainings erhalten, die Lernerfolgskontrolle geschieht oder ein Teletutor mit einer Lerngruppe kommunizieren kann.

Auf der Suche nach E-Learning Lösungen sind heute deshalb Anbieter von Lernplattformen die erste Adresse [3]. Im Gegensatz zur großen Masse der Contentanbieter beschränkt sich der Markt für Lernplattformen auf eine Handvoll akzeptabler Produkte. Voraussetzung für den erfolgreichen operativen Betrieb einer Lernplattform ist deren behutsame Integration in eine Unternehmung. Dabei

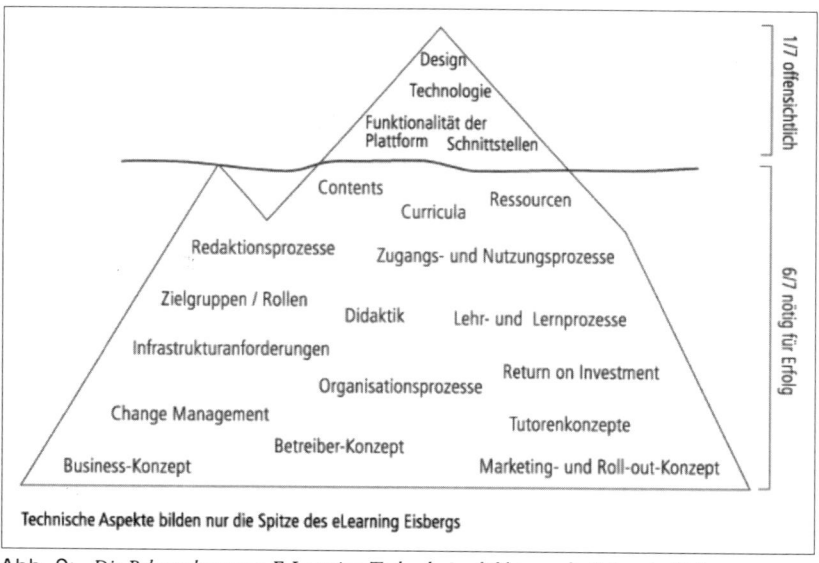

Abb. 9: *Die Beherrschung von E-Learning-Technologien bildet nur die Spitze des Eisbergs*

müssen, wie ausgeführt, vielfältige fachliche und technische Rahmenbedingungen berücksichtigt werden.

Dies lässt sich an einem weiteren Beispiel verdeutlichen: Mit E-Learning wird häufig das Ziel verfolgt, den Lernern persönliche Dienste anzubieten. Die Selbststeuerung beim Lernen soll erhöht, Lerninhalte und -tempo individuell bestimmt werden. Damit derartige Effekte erzielt werden können, muss der Lerner dem Anwendungssystem bekannt sein. Nur wenn die Lernplattform über Informationen verfügt, die den Mitarbeiter beschreiben, können entsprechend personalisierte Dienste bereitgestellt werden.

Technisch kann zu diesem Zweck beispielsweise die Lernplattform an ein Personalstammdatensystem (Peoplesoft, SAP o. ä.) angeschlossen werden. Wenn eine derartige Schnittstelle vorhanden ist, können Datenredundanzen vermieden und der Pflegeaufwand kann effizient gestaltet werden. Unter organisatorischen Gesichtspunkten muss indessen abgestimmt werden, welche Mitarbeiterdaten überhaupt verwendet werden dürfen. Schließlich sind Personaldaten sensible Daten und ihre Verwendung häufig eine Frage der Unternehmenskultur. Zudem gibt es zahlreiche Aspekte des Arbeitsrechts und Datenschutzes, die in diesem Zusammenhang beachtet werden müssen.

Allein dieses Beispiel gibt einen Einblick in die komplexen Integrationsprozesse, die bei der Einführung einer Lernplattform zu bewältigen sind. Für die effiziente Nutzung von E-Learning sind eben nicht allein die technischen Merkmale eines bestimmten Plattform-Produktes entscheidend. Homepages, Chats, Newsgroups und Teletutoring-Funktionen bieten heutzutage die meisten auf dem Markt befindlichen Systeme. Maßgeblich ist vielmehr eine umfassende und systematische Einführungsberatung, die verdeutlicht, wie bestimmte Funktionalitäten einer Lernplattform in Unternehmensabläufe, Organisationsstrukturen und IT-

Infrastrukturen eingepasst werden können. Diese Situation kann durch den E-Learning-Eisberg in der nachfolgenden Abbildung 9 veranschaulicht werden.

Die Verfügbarkeit einer Lernplattform für alle Mitarbeiter ermöglicht es dem Unternehmen, die vorher räumlich, zeitlich und auch organisatorisch isolierten Bildungsaktivitäten in ein vernetztes Organisationsschema zu integrieren. Es handelt sich vor allem um einen evolutionären und interdisziplinären Prozess des Change Management. Die Notwendigkeit, die relevanten »Stakeholder« vom Betriebsrat über die Fachbereiche bis hin zum Management in dieses Projekt einzubinden, ist ein zentraler Erfolgsfaktor für alle E-Learning-Projekte. Alle diese Akteure, ihre unterschiedlichen Kompetenzen, Interessen, Ziele und Verantwortlichkeiten sind im Sinne eines integrierten Projektmanagements zu koordinieren. Dieses Projektmanagement umfasst sowohl die Erstellung und Pflege des Projektplans als auch die Steuerung von Projektmeetings sowie das Controlling, Reporting und die Kommunikation der Projektergebnisse.

In der Zukunft sind Anbieter gefragt, die in der Lage sind, Lösungen zu liefern, die über die Technologie, Funktionalität und Schnittstellen hinausgehen. Technisches Wissen (für das »E«) und fachliche Gestaltungsfähigkeit (für das »Learning«) müssen gleichermaßen stark ausgebildet sein. Die Fähigkeit zur Planung einer initiativen E-Learning-Strategie und zur Gestaltung der sich verändernden Prozesse ist dabei genauso gefragt wie das Know-how zur Auswahl geeigneter Contentlieferanten und die detaillierte Kenntnis von Plattform-Produkten. Nur Anbieter, die den gesamten E-Learning-Lebenszyklus begleiten können – von der Strategieentwicklung über die Implementierung bis zur Einführungsberatung und Change Management – werden mittelfristig als verlässlicher Partner der »Old Economy« akzeptiert werden. Bei der Entscheidung für einen Anbieter sollte daher besonders auf dessen Kompetenz in allen diesen Feldern geachtet werden.

**Erfolgsmessung**
Eine wichtige Teilaufgabe und einer der Hauptgründe für den Pilotbetrieb ist die Evaluation der Akzeptanz der Nutzer. Eine Erfolgsmessung ist aber kontinuierlich auch beim späteren operativen Betrieb notwendig. Die meisten Lernsysteme stellen eine Reihe von Evaluationstools bereit, die es erlauben, das Nutzungsverhalten der Anwender zu kontrollieren und auszuwerten: Die Zahl und Dauer der Log-ins in das System, die zeitliche Verteilung der Nutzung mit ihren Spitzenzeiten, der Aufruf bestimmter Seiten durch die Anwender, die Zahl der Registrierungen zu Kursen oder die Ergebnisse der Tests zur Qualifizierung und Zertifizierung. Zusätzlich zu diesen indirekten statistischen Verfahren gibt es auch plattformgestützte direkte Evaluationsverfahren: über Feedbackfunktionen können die Anwender allgemeine oder auch inhalte-bezogene Kommentare abgeben, die von der Lernplattformredaktion zur Erfolgsmessung und Problemidentifikation ausgewertet werden können. Rating-Verfahren zur Bewertung der Inhalte durch die Anwender ermöglichen es, besonders erfolgreiche oder erfolglose Inhalte zu identifizieren und daraufhin auf die Gründe für ihren Erfolg oder Misserfolg zu analysieren. Während der Pilotphase und regelmäßig in größeren Abständen während des operativen Betriebs empfiehlt es sich auch, direkte Befragungen der Zielgruppen durchzuführen. Hier werden im direkten Gespräch, z.B. im Telefoninterview oder in schriftlichen Fragebögen, weitere Schwachstellen oder auch besondere Zustimmung durch die Teilnehmer entdeckt. Auf der Basis dieser Möglichkeiten kann ein kontinuierlicher Verbesserungsprozess, dessen grundlegender Ablauf ebenfalls Teil der Prozessdefinition in der Einführungsphase ist, durchgeführt werden.

## Wartung und Pflege

Mit der Inbetriebnahme eines Learning Management Systems ist die Arbeit – mit Ausnahme selbstverständlich des laufenden Redaktionsbetriebs – im Prinzip abgeschlossen. Dennoch treten natürlich im Rahmen eines kontinuierlichen Verbesserungsprozesses meist neue Anforderungen auf, die eine Weiterentwicklung, ein Customizing oder ähnlicher Wartungsarbeiten erfordern.

Die IT-technische Wartung des Systems wird in den meisten Firmen von den dort vorhandenen IT-Abteilungen wahrgenommen. Dazu zählen insbesondere die regelmäßige Wartung der Web-, Applikations- und Datenbankserver, die ohnehin zu den Kern-Administrationsaufgaben dieser Abteilungen zählen. Ein technischer Support des Plattform-Anbieters wird in den seltensten Fällen aufgrund von Fehlfunktionen des Lernsystems notwendig sein – zumindest, wenn die Einführungsberatung einen ausreichenden Systemtest und eine Schulung der unternehmenseigenen IT-Abteilung mit einschließt.

Eine weitaus umfangreichere Wartungsaufgabe – insbesondere in der Einführungsphase – ist der Support der Anwender des Systems. Hier tauchen erfahrungsgemäß vielfältige Probleme auf, die allerdings kaum mit der Applikation oder dem Webservice generell zusammenhängen, als vielmehr mit typischen Anwenderproblemen, wie z.B. vergessene Passwörter bzw. Schwierigkeiten beim Umgang mit der Applikation. Diesen Problemen kann durch die Bereitstellung einer Guided Tour, also eines Lernprogramms als Einführung in das neue System, begegnet werden. Häufig sind auch Einstellungen an den Clients der Anwender Ursache für Probleme – selbst wenn im Vorfeld des Projektes eine einheitliche Client-Konfiguration vom Unternehmen angegeben wurde, so zeigen doch Projekterfahrungen, dass dies selten wirklich für alle Teilnehmer gilt. Nicht installierte Plug-Ins für das Abspielen von Animationen, Video oder Audio, Probleme bei den Sicherheitseinstellungen, Proxy-Einstellungen, Cookies oder ältere, inkompatible Browserversionen sind häufigste Problemursache. Manchmal finden Anwender auch nur nicht den Regler für die Lautsprecherboxen bzw. Windows-Audiowiedergabe. Diese gerade in der Einführungsphase auftretenden Anwenderprobleme müssen durch ein entsprechend geschultes und über die Anforderungen der installierten Lernplattform informiertes User Help Desk aufgefangen werden können. Ein guter Support der Anwender ist einer der entscheidenden Faktoren für die Akzeptanz der E-Learning-Maßnahmen – fühlen sich die Anwender allein gelassen, begreifen sie E-Learning nur als Rationalisierungsmaßnahme und Verschlechterung ihrer Weiterbildungs-Aktivitäten im Unternehmen.

Die Unternehmen entwickeln sich im Laufe der Zeit selbstverständlich auch im Hinblick auf ihre IT-Umgebung weiter: Personalsysteme, Content-Management-Systeme, Veranstaltungsmanagementsysteme und viele andere mögliche Weiterentwicklungen können Einfluss auf die Lernplattform haben und ihre Anpassung z.B. durch die Entwicklung neuer Schnittstellen erfordern. Auch Veränderungen der inhaltlichen Strategie oder der Geschäftsprozesse erfordern selbstverständlich entsprechende Anpassungen des Lernsystems: die Ausweitung der Zielgruppen, die Veränderung der Buchungsprozesse oder der Leistungsverrechnung zum Beispiel. Neue Möglichkeiten der Lernplattformen ermöglichen umgekehrt natürlich auch die Realisierung neuer redaktioneller Strategien.

### Von E-Learning zum eHR – Personalentwicklungsprozesse und interkulturelles Lernen

Neben den Plattformanbietern, die umfangreiche Beratungsleistungen zur Umsetzung von E-Learning-Strategien anbieten, gibt es auf dem E-Learning Markt auch viele Unternehmen, die eine E-Learning-Lösung vorkonfiguriert und bereits mit Inhalten befüllt anbieten. Meist handelt es sich dabei um Lernportale im Internet, die eine gewisse kundenspezifische Anpassung ihrer Plattform ermöglichen. Viele Unternehmen, die den Anbietermarkt evaluieren, werden sich die Frage stellen, ob und inwieweit solche befüllten Standardlösungen nicht sogar besser und kostengünstiger ihren Bedarf nach E-Learning-Inhalten, um die es ja den Unternehmen zunächst vor allem geht, befriedigen können. Tatsächlich scheint es verlockend, einfach einen Rahmenvertrag mit einem solchen Anbieter, der meistens unter dem Label eines »E-Learning-Portals« firmiert, abzuschließen. Sicherlich hat diese Vorgehensweise durchaus seine Vorteile: die Inbetriebnahme – in diesem Fall das Lernen der Mitarbeiter – ist wesentlich schneller, quasi ad hoc, zu realisieren.

Allerdings hat diese Vorgehensweise auch erhebliche Nachteile: In diesem Beitrag wurde bereits der Ausspruch zitiert: »Content is King – But Infrastructure is God«.

Die Einführung von E-Learning ist ein E-Business Projekt. Die erhofften Effekte werden bei E-Busines-Projekten nicht durch singuläre Maßnahmen erzielt, bei denen Aktivitäten isoliert voneinander in den virtuellen Raum verlagert werden. Synergien, Rationalisierungs- und Kosteneffekte für die Organisation stellen sich erst mit der Vernetzung zusammenhängender Prozesse und Abteilungen ein. Für die Personalprozesse kann nun realisiert werden, was für die Produktionsprozesse vor einigen Jahren unter dem Begriff »CIM« (Computer Intergrated Manufacturing) [15] begonnen wurde – die Vernetzung der gesamten Wertschöpfungskette im Personalbereich und die Optimierung der Prozessketten. Der Rahmenvertrag mit einem E-Learning-Portal-Anbieter, der seine Leistungen meist auch über den Terminus der »Plattform« vermarktet, ist letztlich nur der Einkauf von E-Learning-Content. Die Vernetzung mit den spezifischen organisatorischen Anforderungen des Unternehmens kann ein solcher Anbieter nicht leisten, insbesondere die Einbindung von E-Learning in Personalprozesse, eine vielfältige, individuelle Mischung der E-Learning-Contents, die auch internes Wissen einschließt, die ganz auf das Unternehmen zugeschnittene Inhaltestrategie, die Wahl eines geeigneten Angebots- und Serviceportfolios abhängig von Zielgruppen und Themen, individuelles und zielgruppenspezifisches Marketing, die komplette Abbildung der Personal- und Geschäftsprozesse und der Schritt vom Web-Based Training zum »eHR«, also zum elektronisch gestützten Management aller Personalprozesse eines Unternehmens ist mit solchen Anbietern nicht möglich. E-Learning-Portale mögen eine interessante und richtige Entscheidung für kleinere Unternehmen sein, die insbesondere den laufenden Betrieb fürchten nicht leisten zu können oder die nur einen punktuellen Weiterbildungsbedarf für ihre Mitarbeiter haben. Allen Unternehmen sollte jedoch klar sein, dass die Entscheidung für einen Portal-Anbieter im Gegensatz zur Einführung eines eigenen Learning-Management-Systems das Unternehmen der Gestaltung eigener eHR-Prozesse beraubt und sie sich stattdessen von den Geschäftsmodelle und Bereitstellungsprozessen den Content-Lieferanten abhängig machen.

Hinzu kommt ein insbesondere für international operierende Unternehmen sehr wichtiger Faktor: die interkulturelle Kompetenz des E-Learning-Anbieters.

»Andere Länder, andere Sitten« heißt es nämlich auch beim Thema E-Learning. Projekterfahrungen zeigen, dass die Berücksichtigung von Länderspezifika beim Aufbau von Online Akademien, virtuellen Corporate Universities oder Lernportalen ein wichtiger Erfolgsfaktor für den Einsatz von E-Learning sind. Dies veranschaulichen die Analyseergebnisse des Lernverhaltens von Mitarbeitern in virtuellen Lernwelten in internationalen Konzernen: während ein Mitarbeiter in den USA von der Personalentwicklung eine klare Vorgabe erwartet und erhält, was, wann und in welcher Tiefe einzelne Lernmaßnahmen zu durchlaufen sind, und die Lerneffizienz des Mitarbeiters bis hin zur Leistungsbeurteilung auch entsprechend dokumentiert wird, wird dies sein Kollege in Deutschland meist als Bevormundung empfinden und erwartet deshalb stattdessen eine Übersicht über verschiedene Lernangebote, die mehr oder weniger explorativ selbständig erschlossen werden können. Bei der Realisierung einer Lernplattform – und besonders bei der Realisierung von (virtuellen) Corporate Universities – sollten daher im Vorfeld auf der Grundlage methodischer Klassifikationsmodelle die grundlegenden didaktischen, kommunikativen und strategischen Ziele und Instrumente geplant werden [6] [10] [7].

Diese sicherlich stark vereinfachte Betrachtung der Lernkulturen zeigt, dass sowohl die curriculare Ausrichtung als auch das Learning Management länderspezifisch zu gestalten sind. Dies bedeutet, dass im Rahmen einer Lernplattform-Realisierung unterschiedliche E-Learning-Konzepte abbildbar sein müssen. Eine unternehmensweite Einführung von E-Learning in wenigen Tagen, wie oftmals propagiert, kann deshalb nur scheitern und unterstreicht, wie mangelhaftes Lernkulturverständnis durch hilflose Marketing-Platitüden aufgewertet werden soll.

Nötig sind stattdessen globale E-Learning Konzepte mit hoher Affinität für die Bedürfnisse der Lernenden in unterschiedlichen Lernkulturen.

## Anmerkungen

[A1] 2. E-Learning Kongress in Mainz, *30.-31. Oktober 2001 – nähere Informationen unter elearning@im-c.de; z.B. Learntec 2002, Karlsruhe, 5.-8. Februar 2002 – nähere Informationen unter www.learntec.de*

[A2] vgl. Z.B. Paul Stacey: »*E-learning has passed through the awareness stage. Corporate executives, human resource professionals, and trainers everywhere are aware of the potential and promise of e-learning. Awareness is now pervasive.*«

[A3] Research Dog: *http://www.researchdog.com*

## Literatur

[1] Berlecon Research (Hrsg.): »Wachstumsmarkt eLearning.« (2001)

[2] CHAPNICK, S.: *Are Your Ready for E-Learning? In: ASTD Learning Circuits, November 2000, http://www.learningcircuits.org/nov2000/chapnick.html; http://www.learningcircuits.org/nov2000/chapnick.pdf*

[3] HABERMANN, F., KRAEMER, W.: »*Gut gedacht ist halb gemacht – E-Learning Check hilft bei der Auswahl von Lernplattformen*«, in: Computerwoche o.Jg.(2001)22, S. 62-64.

[4] HABERMANN, F.; KRAEMER, W.: *Envisioning E-Learning – Von der Strategie zum detaillierten Projektplan. In: Kraemer, W.; Müller, M. (Hrsg): Corporate Universities und E-Learning. Personalentwicklung und lebenslanges Lernen. Strategien – Lösungen – Perspektiven. Wiesbaden 2002, S. 233-258.*

[5] KPMG (Hrsg.): »*E-Learning zwischen Euphorie und Ernüchterung. Eine Bestandsaufnahme zum E-Learning in deutschen Großunternehmen.*« (2001)

[6] KRAEMER, W.: »*Corporate Universities – Ein Lösungsansatz für die Unterstützung des organisatorischen und individuellen Lernens.*« In: ZfB – Zeitschrift für Betriebswirtschaft 3/2000, S. 107-129.

[7] KRAEMER, W.; KLEIN, S.: *Klassifikationsmodell für Corporate Universities. In: Kraemer, W.; Müller, M. (Hrsg): Corporate Universities und E-Learning. Personalentwicklung und lebenslanges Lernen. Strategien – Lösungen – Perspektiven. Wiesbaden 2002, S. 3-53.*

[8] KRAEMER, W.; MÜLLER, M. (Hrsg): *Corporate Universities und E-Learning. Personalentwicklung und lebenslanges Lernen. Strategien – Lösungen – Perspektiven. Wiesbaden 2002.*

[9] KRAEMER, W.; SPRENGER, P.; SCHEER, A.-W.: *eLearning-Innovationspotenziale erkennen und –Projekte gestalten, in: Hohenstein, A., Wilbers, K. (Hrsg.): Handbuch E-Learning. Expertenwissen aus Wissenschaft und Praxis – Strategien, Instrumente, Fallstudien (Loseblattwerk). Köln 2002.*

[10] KRAEMER, W.; SPRENGER, P.; SCHEER, A.-W.: *Virtual Corporate Universities. In: Adelsberger, H. H.; Collis, B.; Pawlowski, J. M.: Handbook of Information Technologies for Education and Training. (International Handbooks on Information Systems). Heidelberg 2002, S. 599-614.*

[11] KRAEMER, W.; WACHTER, C.; SPRENGER, P.: *Learning Services als Bestandteil einer eHR-Strategie. In: Scheer, A.-W. (Hrsg.): Die eTransformation beginnt ! Lessons Learned, Branchenperspektiven, Hybrid Economy, M-Business. Tagungsband zur 22. Saarbrücker Arbeitstagung (SAT). Heidelberg 2001, S. 191-226.*

[12] KRAEMER, W.; SPRENGER, P.; WACHTER, C.: »*Integrierte Learning Services für Employee Portals.*« In: IM Information Management & Consulting 1/2002, S. 49-60.

[13]  ROSENBERG, M.: *E-Learning. Strategies for Delivering Knowledge in the Digital Age.* New York 2001, 179f.

[14]  SCHEER, A.-W. (Hrsg.): *Die eTransformation beginnt! Lessons Learned, Branchenperspektiven, Hybrid Economy, M-Business. Tagungsband zur 22. Saarbrücker Arbeitstagung (SAT).* Heidelberg 2001.

[15]  SCHEER, A.-W.: *CIM Computer Integrated Manufacturing. Der computergesteuerte Industriebetrieb.* Heidelberg 1992.

[16]  STACEY, P.: »*E-Learning: The Big 8 – Questions to Answer in Planning & Implementing E-Learning.*« July 27, 2001. http://www.bctechnology.com/statics/pstacey-jul2701.html;

[17]  Unicmind (Hrsg.): »*E-Learning und Wissensmanagement in deutschen Großunternehmen. Ergebnisse einer Befragung der Top-350 Unternehmen der deutschen Wirtschaft.*« (2001)

# Das flexible Unternehmen – Arbeitszeit, Gruppenarbeit, Entgeltsysteme

Flexibilität ist Trumpf im heutigen Wettbewerb - aber wie wird sie erreicht? Aus der Praxis werden Erfolge, aber noch öfter Misserfolge entsprechender Reorganisationsvorhaben berichtet.

»Das flexible Unternehmen« zieht daraus die Konsequenzen und zeigt, worauf es in der Praxis ankommt, auf den ganzheitlichen und differenzierten Ansatz: Eine Fülle von Fallbeispielen zeigt die Tücken und Stolpersteine in der Umsetzung auf.

»Das flexible Unternehmen« stellt die drei Maßnahmenpakete vor, die wesentlich zur Steigerung der Flexibilität in Unternehmen beitragen. In ständig aktualisierten Beiträgen zeigt es:

⇨ wie Gruppenarbeit, flexible Arbeitszeitmodelle und anforderungs- sowie leistungsgerechte Entgeltsysteme für die Flexibilisierung eingesetzt werden,
⇨ wie die drei Maßnahmenpakete zu ganzheitlichen Lösungen verknüpft werden,
⇨ wie Unternehmen ihre Flexibilität in diesen drei Bereichen erhöht haben und
⇨ welche besonderen Erfolge sie verzeichnen konnten.

Am Loseblattwerk »Das flexible Unternehmen« wirken zahlreiche Experten aus Forschung und Industrie mit. In regelmäßigen Aktualisierungen berichten sie aus der Praxis und stellen erfolgreiche Beispiele vor.


**Das flexible Unternehmen – Arbeitszeit, Gruppenarbeit, Entgeltsysteme**
Hrsg.: C. H. Antoni, E. Eyer und J. Kutscher, DIN A5, ca. 2900 Seiten, Loseblattwerk komplett mit 3 Ordnern , EUR 119,00 (inkl. MwSt., zzgl. Versandkosten), 4 Ergänzungen jährlich, Seitenpreis: EUR 0,33
**Verlag Symposion Publishing**

**Bestellung per Fax**: 0211 – 866 93 23
**Viele Kapitel im Volltext und weitere Informationen zum Thema unter:** www.flexible-unternehmen.de

# Report Wissensmanagement –
# Wie deutsche Firmen ihr Wissen profitabel machen

Prof. Dr. C. H. Antoni, Prof. Dr.-Ing. Tom Sommerlatte

Zum geschäftsrelevanten Wissen gehört heute nicht nur das Knowhow zur Fertigung hochwertiger Produkte und Dienstleistungen. In immer stärkerem Maße zählt auch die Kenntnis der Entwicklungstrends in den Abnehmermärkten und das strategische Einordnen von neuen Erfahrungen im Wettbewerb dazu.

Wo es früher noch möglich war, Wissenslücken durch Intuition zu schließen, werden Defizite bei der Erschließung des Wissens gefährlich.

Im Report Wissensmanagement geben Fachjournalisten und Experten einen profunden und leicht verständlichen Überblick über den Stand des Wissensmanagements in deutschen Unternehmen. Der Report zeigt:

- ⇨ welche Wissensmanagement-Werkzeuge es gibt und wie Sie sie einsetzen,
- ⇨ wie Sie Vorbehalte des mittleren Managements und der Mitarbeiter gegen das Erfassen ihres Know-hows überwinden,
- ⇨ welche Arbeitsformen den Wissensaustausch fördern,
- ⇨ wie Wissensmanagement die Innovationskraft ihres Unternehmens verbessert.

Mit zahlreichen Tabellen und Abbildungen, Checklisten und Software-Steckbriefen ist der Report Wissensmanagement nicht nur ein systematischer Einstieg in das Thema, sondern auch auf praktische Umsetzung hin angelegt.

**Report Wissensmanagement –**
**Wie deutsche Firmen ihr Wissen profitabel machen**
Hrsg.: Prof. Dr. C.H. Antoni, Prof. Dr-Ing. Tom Sommerlatte,
Paperback, 173 Seiten, Juni 1999; ISBN 3-933814-02-2,
EUR 29,00 (inkl. MwSt., keine Versandkosten)
**Verlag Symposion Publishing**

**Bestellung per Fax**: 0211 – 866 93 23
**Viele Kapitel im Volltext und weitere Informationen**
**zum Thema unter:** www.symposion.de/wissen

Die Vorteile des E-Learnings klingen verlockend: Mitarbeiter sollen zeitsparend im Unternehmen lernen, zugleich sinken die horrenden Kosten herkömmlicher Trainings.

Doch die Praxis zeigt, die Tücken liegen im Detail: Es genügt nicht, einfache Trainings ins Intranet zu stellen. Selbst technisch-didaktisch hervorragende Angebote riskieren, von den Mitarbeitern einfach ignoriert zu werden. Die Gründe: Lernprozesse passen nicht in den Arbeitsalltag, Zugangsmöglichkeiten stellen sich als unkomfortabel heraus oder es fehlt schlichtweg der Vorteil gegenüber dem traditionellen Schulungsangebot.

Das Buch zeigt, wie Unternehmen die Potenziale des E-Learnings erschließen können, ohne in die Kosten- und Akzeptanzfalle zu tappen. Fallstudien illustrieren, wie deutsche Unternehmen E-Learning implementieren.

⇨ Integration von E-Learning in Unternehmen
⇨ Fallstudien aus der Unternehmenspraxis
⇨ Technologien und Werkzeuge
⇨ Make-or-Buy
⇨ Return-of-Investment
⇨ Einbettung in eine Human-Resource-Strategie

Die CD-ROM zum Buch bietet mit ihrem leistungsfähigen Index eine komfortable Volltextsuche.

ISBN 3-933814-81-2

symposion